中国特色社会主义
经济理论与实践

宁福海　王　秋　张蕴萍　李　芳　迟树功　著

经济科学出版社

图书在版编目（CIP）数据

中国特色社会主义经济理论与实践/宁福海等著．
—北京：经济科学出版社，2015.11
ISBN 978－7－5141－6350－6

Ⅰ.①中…　Ⅱ.①宁…　Ⅲ.①中国特色社会主义－社
会主义经济－经济理论－研究　Ⅳ.①F120.2

中国版本图书馆 CIP 数据核字（2015）第 282261 号

责任编辑：柳　敏　段小青
责任校对：郑淑艳
责任印制：李　鹏

中国特色社会主义经济理论与实践

宁福海　王　秋　张蕴萍　李　芳　迟树功　著
经济科学出版社出版、发行　新华书店经销
社址：北京市海淀区阜成路甲 28 号　邮编：100142
总编部电话：010－88191217　发行部电话：010－88191522
网址：www. esp. com. cn
电子邮件：esp@ esp. com. cn
天猫网店：经济科学出版社旗舰店
网址：http：//jjkxcbs. tmall. com
北京汉德鼎印刷有限公司印刷
三河市华玉装订厂装订
710×1000　16 开　15.75 印张　260000 字
2015 年 12 月第 1 版　2015 年 12 月第 1 次印刷
ISBN 978－7－5141－6350－6　定价：42.00 元
（图书出现印装问题，本社负责调换。电话：010－88191502）
（版权所有　侵权必究　举报电话：010－88191586
电子邮箱：dbts@esp. com. cn）

前　　言

改革开放以来，中国不断推动经济体制的深化改革，逐步建立起中国特色社会主义市场经济体制，不断完善了社会主义初级阶段的基本经济制度，开辟了中国特色社会主义经济建设道路，以及确立了以按劳分配为主体、多种分配方式并存，走新型工业化道路，实行对外开放的基本国策等，中国特色社会主义经济理论也在实践中逐步形成并不断得到丰富和发展。

中国特色社会主义经济理论是在马克思主义理论的指导下产生和发展起来的。马克思主义理论为中国特色社会主义经济理论的产生与发展提供了科学的世界观和方法论、正确的立场和分析框架，确立了中国特色社会主义经济理论研究的正确方向，反映中国特色社会主义经济发展实践并为中国特色社会主义经济建设服务。正是基于这一认识，本书围绕中国特色社会主义经济理论问题进行了较系统的研究，包含研究中国经济发展历程，探析中国经济发展的轨迹；分析影响经济增长的因素，为经济持续发展寻求动力源；探讨中国经济发展的经验，认识到以渐进式改革能够取得长足经济发展，在不断解放思想的前提下才能实事求是地推进重大制度变革，正确处理好改革、发展和稳定的关系，善于抓住世界经济发展给中国带来的机遇等，都是中国经济发展的重要经验；探讨了我国社会主义经济制度的变迁过程、我国社会主义经济制度的本质特征；研究了社会主义市场经济体制的本质特征、中国的经济体制转轨、社会主义市场经济体系、市场机制的内涵和类型、市场机制的功能、市场机制失灵及其表现；社会主义生产资料所有制、社会主义初级阶段所有制结构的内涵、社会主义初级阶段所有制结构的确立依据；经济结构的内涵、经济结构调整的依据，二元经济结构与城乡一体化发展、区域经济的协调发展；社会主义收入分配制度的完善；现代企业制度与国有企业改革；社会主义市场经济条件下政府与市场的关系；促进城镇化、信息化、工业化、农业现代化的协调发展，实现经济发展方式的转变等。通过这些研究寻求出中国特色社会主义市场经济发展特点及规律，建立起中国特色社会主义经济理论体系，为中国特色社会主义经济发展探寻路径。

　　中国特色社会主义经济理论的探讨不可能一蹴而就，必然会随着中国社会主义经济实践的发展而不断得到丰富，并通过中国特色社会主义经济理论丰富发展的新成果服务于新的经济实践，为实现中国社会主义经济现代化做出应有的贡献。

作者

2015 年 11 月于济南

目　　录

第一章

中国经济发展历程和展望

新中国成立以来到现在，中国经济发展发生了深刻的变化，不仅经济规模已经跃居世界第二位，而且发展质量也迈上了新台阶。尽管中国经济取得了辉煌的成就，但中国经济发展并不是一帆风顺，其发展过程中经历了很多挫折和困境。为进一步推进中国经济发展，既需要总结过去，也需要展望未来。

第一节 中国经济发展历程、经济增长状况及其影响因素

中国经济发展经历了不同的发展阶段，在不同发展阶段中，有缓慢爬升，有急速跃进，当然也有个别年份的负增长。从大的阶段看，改革开放前中国经济保持了一定的经济增长，改革开放后，速度加快并且连续 30 多年保持了 10% 左右的高速增长。中国经济之所以能够得以增长并不是空穴来风，而是基于中国有着影响经济增长的可能因素。

一、新中国经济发展历程

自 1949 年 10 月 1 日新中国成立到现在，中国经济发展经历了国民经济恢复时期，社会主义改造时期，"人民公社"、"大跃进"及调整时期，"文革"时期，改革开放时期五个阶段。

（一）第一阶段：国民经济恢复时期（1949～1952 年）

中华人民共和国刚刚成立时的 1949 年，百业待兴，国穷民弱，急需

恢复国民经济。鉴于当时的基本国情和新中国对社会主义道路的选择，该时期在经济发展方面主要完成了以下四个方面的任务。

1. 治理通货膨胀

自 1935 年开始，国民政府推动用纸币代替银币的货币制度改革，即使用法币。改革的结果是随着法币的投放，中国经济就开始出现了通货膨胀问题，1937 年 7 月之前通货膨胀并不严重，但到 1937 年 7 月 7 日卢沟桥事变后，通货膨胀就越来越严重了。此时通货膨胀的主要原因有两个：第一个原因是纸币发行总量急剧膨胀。中日开战后，物资和军费需求急剧增大，导致国民党政府支出暴增，但当时的政府收入却因我国东南沿海地区相继沦陷大量锐减，逼迫政府不得不向银行借款，促进银行大印钞票。第二个原因是自然灾害形成的粮食短缺格局引致通胀。自 1940 年开始，自然灾害频发，导致粮食歉收，投机商因此大量囤积粮食哄抬粮价。再加上日本又采取海上等外围封锁政策，食品价格因此暴涨。食品价格的暴涨促使工厂劳工要求提高工资，引发消费者开支上涨，最后出现了螺旋式、持续性严重通货膨胀。

根据杨格《中国的战时财政与通货膨胀，1937～1945 年》的数字，1938 年中国的零售价格上涨率为 49%；1939 年为 83%；1940 年为 124%；1941 年为 173%；1942 年为 235%；1943 年为 245%；1944 年为 231%；1945 年 1～8 月为 251%。这种物价的急剧性暴涨既使当时的经济发展遭受严重冲击，也让百姓生活更趋艰难。

到 1945 年 8 月 15 日抗日战争取得胜利之后的短期内，基于抗战胜利因素之影响，八年抗战消耗给当时的中国带来的恶性通货膨胀看似趋于平稳，但根源并没有消除，不久之后通货膨胀再度复燃。

1947 年 2 月 16 日，国民政府宣布冻结工资，企图来遏制通货膨胀，但最后宣告完全失败。解冻工资后，物价更如脱缰野马。到 1948 年 8 月，国民政府不得不发行金圆券，实施以每元金圆券兑换法币制改革，并连续采取各项平抑物价措施。但通货膨胀仍未停止，民众叫苦连天，以致发生抢粮事件，造成社会不安。

1949 年 10 月 1 日，中华人民共和国成立，但是通货膨胀并未因此停止。为治理通货膨胀，当时共产党执政的中国采取了紧缩货币政策、平衡财政政策、打击投机资本、全国统一管理制度、加大生产增加供给、打破经济封锁等措施。这场恶性通货膨胀最终于 1950 年 3 月得以遏止。

2. 土地改革

新中国成立后共进行过四次土地制度改革。第一次土地制度改革发生于国民经济恢复时期。这次土改的实质是把没收地主的土地分给穷苦农民。它本身是延续抗日战争和解放战争时期解放区土地改革的模式，当然随着时代的发展又有一定的扩展和深化。也就是说这次土改是革命战争年代党关于农村土地问题的政策主张和根据地"分田分地"探索在夺取政权条件下的一次充分实现。为了有效推动土改，1949 年 9 月 29 日通过《中国人民政治协商会议共同纲领》规定："凡已实行土地改革的地区，必须保护农民已得土地的所有权。凡尚未实行土地改革的地区，必须发动农民群众，建立农民团体，经过清出土匪恶霸、减租减息和分配土地等项步骤，实现耕者有其田"。

到 1953 年春本次土改结束时，除了中央决定不进行土改的一些少数民族地区外，中国大陆的土改已宣告完成，3 亿多无地和少地的贫苦农民获得了土地，免除了粮食地租，实现了几代人"耕者有其田"的夙愿。

土改后的土地属于农民私有化。农民土地房产"为本户（本人）私有产业，耕种、居住、典当、转让、赠与、出租等完全自由，任何人不得侵犯"。

国民经济恢复时期的土改取得了很大的成效，1952 年与 1949 年相比：粮食总产量由 11318 万吨增加到 16392 万吨，年平均递增 13.14%；棉花总产量由 44.4 万吨增加到 130.4 万吨，年平均递增 43.15%；油料由 256.4 万吨增加到 419.3 万吨，年平均递增 21.17%。[①]

3. 没收官僚资本

官僚资本指新中国成立前遗留下来的、由原各级国民党政权及其官吏直接兴办和操纵的经济实体。它是反动政权的经济支柱，也是帝国主义垄断资本的附庸，不但剥削和压迫工人、农民和城市小资产阶级，而且损害了民族资产阶级的利益。换句话说，官僚资本是帝国主义、封建主义和官僚资本主义势力相互勾结，形成三位一体的经济基础，是近代历史上最反动的生产关系，严重阻碍了当时社会生产力的发展。新中国成立后，必须首先没收官僚资本才能够建设社会主义经济基础。因此，没收官僚资本成为新民主主义革命的三大经济纲领之一。三大纲领包括政治纲领、经济纲领和文化纲领。其中，政治纲领就是要推翻帝国主义、封建主义压迫，建立无产阶级领导的各革命阶级联合专政的民主共和国；经济纲领就是没收封建阶级的土地归农民所有，没收蒋、宋、孔、陈为首的垄断资本归新民

---

①　王景新：《中国农村土地制度的世纪变革》，载《中国国土资源报》2009 年 9 月 18 日。

主主义的国家所有，保护民族工商业；文化纲领主要指民族科学大众化。

具体到所没收的官僚资本范围，可以参见 1949 年 4 月 25 日发布的《中国人民解放军布告》，该布告明确指出：凡属国民党反动政府和大官僚分子所经营的工厂、商店、银行、仓库、船舶、码头、铁路、邮政、电报、电灯、电话、自来水和农场、牧场等，均由人民政府接管。由此看来，没收官僚资本的范围主要包括由国民党中央政府和省、县、市政府所经营的企业及国民党大官僚分子所经营的企业。小官僚和地主所办之工商业或官僚资本企业中的民族资本股份均不在没收之列。实际上，当时所没收的官僚资本企业，大都由人民政府进行了改组，统称国营企业。

4. 发展经济

新中国成立后经济领域的任务是在恢复经济的基础上发展经济。具体而言主要是从五个方面进行的：第一是平衡财政收支，稳定物价。第二是恢复交通运输业。由于战争的破坏，铁路、公路、桥梁等急需修复，其中的重点是铁路修复。该方面的工作成效卓著，到 1950 年，被战争破坏过的铁路、公路、水路和航空基本畅通。第三是恢复农业生产。主要工作是进行土改、发展农业生产互助合作社、发放农业贷款、兴修水利、堤防整修、河道疏通等。第四是恢复工业生产，主要任务是废除压迫制度继而建立民主管理制度、改造旧的经营管理机构、恢复国营工业生产、发动群众进行生产改革、创造和推广先进的生产技术和工作方法，并开展增产节约和劳动竞赛运动等。第五是调整私营工商业。在经营范围、原料供应、销售市场、财政金融政策等方面，对私营工商业进行必要的照顾，并且采用加工订货、统购包销、经销代销等方式，使私营工商业摆脱销路呆滞、生产萎缩的困境。

经过三年的经济恢复，国民经济取得了较好的成就。到 1952 年年底，工农业总产值比 1949 年增长 77.5%，农业总产值增长 48.5%。全国职工平均工资提高 70% 左右，农民收入增长 30% 以上。人民生活水平也得到了一定程度的提高，全国职工平均工资增长 70% 左右，农民的收入增长 30% 以上。①

三年中，社会经济结构也发生了巨大变化，帝国主义在华特权被取

---

① 张启华：《曲线探索时期的光辉业绩》，载《马克思主义研究》1999 年第 9 期；陶艳梅：《新中国初期三十年农业发展研究》，西北农林科技大学博士论文，2011 年；《计划经济研究》，1984 年第 4 期，等等。

消，官僚资本被没收，封建土地所有制被消灭。到 1952 年年底，公有制经济成分在国民收入生产中的比重得到了较大提高，社会主义国营经济的领导地位已经确立，为实施计划经济和社会主义三大改造的实施奠定了经济基础。

（二）第二阶段：社会主义改造时期（1953～1957 年）

该阶段任务主要包括制定和完成第一个五年计划、启动工业化和社会主义三大改造。

1. 第一个五年计划的制定和实施

第一个五年计划是指由周恩来、陈云同志主持制定的自 1953 年到 1957 年的国民经济发展计划。该计划以国民经济恢复时期取得的巨大成就为基础，以党在过渡时期的总路线和总任务为根据，以实现社会主义工业化为核心内容。该计划从 1951 年开始编制，1954 年基本定案。

五年计划的历史背景是，经过国民经济恢复时期后，我国基本遏制了恶性通货膨胀、恢复了被战争严重破坏的国民经济，基本完成了对封建土地制度的改革，提升了国营经济在整个国民经济中的比重，确立了国营经济对资本主义经济和个体经济的领导地位。

第一个五年计划的基本任务包括：进行以重工业为主的工业化基本建设；发展农业、手工业生产合作化；把资本主义工商业纳入各种形式的国家资本主义的轨道。

具体而言，就是集中主要力量进行以苏联设计的 156 个建设项目为中心的、由限额以上的 694 个大中型建设项目组成的工业建设，建立社会主义工业化的初步基础；发展部分集体所有制的农业生产合作社，并发展手工业生产合作社，以建立对农业和手工业社会主义改造的初步基础；基本上把资本主义工商业分别纳入多种形式的国家资本主义轨道，以建立对私营工商业社会主义改造的基础，并以此为中心，进行财政、信贷、市场三大平衡和安排人民生活。

在党的领导下，经过全国人民的共同努力，第一个五年计划期间取得了辉煌成就：人民生活得到较大改善；全国投资总额显著增长，过去没有的一些工业，从无到有地建设起来，从而改变了工业残缺不全状况，增加了基础工业实力；工农业总产值都实现了较快发展；全国铁路通车里程比 1952 年又有显著增加。

尽管五年计划的实施总体上取得了成功，但实施中还是出现了一些问题：一是农业生产跟不上工业生产的步伐；二是1956年出现全局性的冒进，基本建设投资增长过快，造成国家财政紧张；三是社会主义改造过急过快，为以后相当长时间留下后遗症。

2. 启动工业化

启动工业化是党在过渡时期总路线和总任务的重要内容之一，也是作为社会主义社会的中国基于当时国情发展经济的必然选择。

启动工业化的原因有三个方面：一是近代以来，我国民族资本主义以发展轻工业为主，重工业等其他工业相对极为薄弱，导致工业经济内部比例严重失调，经济发展出现畸形状态；二是新中国成立初期，工业基础薄弱，先天不足，急需提高工业水平，重工业是较好的选择；三是苏联的经验就是通过优先发展重工业实现了社会主义工业化，这对同是社会主义制度的中国的工业发展有借鉴作用。因此新中国成立之初中国就启动了以优先发展重工业的工业发展战略。

优先发展重工业导致两个结果：其一是优先发展重工业的赶超战略与要素短缺的矛盾推动了高度国有化的所有制结构的形成和发展。确定优先发展重工业的赶超战略后，新的战略需要在所有制上有个大的进展，需要加快国有的比重，当时所能够做的只有利用行政和经济的手段来推动这个高度国有化进程。其二是优先发展重工业战略与落后的农业之间的矛盾推动了农业生产的合作化进程。优先发展重工业需要直接或间接从农业方面积累，这就要求实行农产品的低价政策，而国家的低价政策降低了农民向国家出售产品的积极性，使国营商业部门难以获得保证工业化需要的足够的商品粮、棉花、油料等产品，引起了市场的紧张，解决的办法就是推行统购统销。

3. 三大改造

三大改造是新中国成立后，由中国共产党领导的对农业、手工业和资本主义工商业三个行业进行的社会主义改造。之所以进行三大改造就是为了完成过渡时期的总路线的目标任务。从新中国成立到1952年年底我国经过国民经济恢复时期以后，到1953年春全国的土地改革基本完成，国民经济基本恢复，基于这种情况，毛泽东提出了过渡时期的总路线。毛泽东同志于1953年8月在一个批示中指出："从中华人民共和国成立，到社会主义改造基本完成，这是一个过渡时期。党在这个过渡时期的总路线和总任务，是要在一个相当长的时间内，基本上实现国家工业化和对农业、手工业和资本主义工商业的社会主义改造。这条总路线应该是照耀我们各项工作的灯塔，各项工作离开它就要犯'右倾'或'左倾'的错误。"

过渡时期总路线就是要实现"一化三改"。"一化"就是要发展生产力，实现工业化。"三改"就是对农业、手工业和资本主义工商业的社会主义改造，实质就是要改变生产关系。对农业、手工业的改造是实行合作化，对资本主义工商业的改造是实行公私合营。

农业社会主义改造是从 1951 年 12 月开始的，在经历了互助组、初级社、高级社三阶段后，到 1956 年年底基本完成，全国大多数农户都加入了合作社。

手工业社会主义改造是从 1953 年开始的，采取合作化的形式和逐步过渡的步骤，从手工业生产合作小组、手工业供销合作社，再发展为手工业生产合作社。1956 年年底，全国范围内绝大多数手工业都参加了手工业合作组织。

对资本主义工商业的改造是从 1954 年开始，采取的政策是"和平赎买"。即通过国家资本主义形式，逐步将其改造成社会主义公有制企业，而且将所有制改造与人的改造相结合，努力使剥削者成为自食其力的劳动者。到 1956 年年底对资本主义工商业改造基本完成。

到 1957 年社会主义改造取得了卓著的成就。"一五"计划经济指标都大幅度超额完成，建成了飞机、汽车、重型机器、精密仪器等近 600 个重要项目，如：鞍山钢铁公司、长春第一汽车制造厂、沈阳机床厂、飞机制造厂等。开始改变我国工业落后的面貌，为社会主义工业化奠定了初步基础。农业生产任务按计划完成。交通运输业成就很大，新建宝成等三十多条铁路，建成武汉长江大桥，使南北铁路贯通，康藏、青藏、新藏公路建成，沟通了西藏和各地的联系。

生产资料私有制社会主义改造的基本完成，使社会主义经济成分在国民经济中占了绝对的优势。

新中国成立后到 1957 年年底，从国民经济恢复到社会主义改造的基本完成，仅用了 8 年的时间，成就辉煌，前景欣荣，远远超过了毛泽东同志的最初估计。当时毛泽东同志估计这个过渡时期，大约需要 18 年，即三年恢复时期，加上 3 个五年计划。他认为中国"大约在五十年到七十年的时间内，就是十个五年计划到十五个五年计划的时期内，可以建成一个强大的社会主义国家。"由此引发了"大跃进"等冒进错误。

（三）第三阶段："人民公社"、"大跃进"及调整时期
（1958～1965 年）

1. 赶超战略——"大跃进"

"大跃进"运动，是指在生产发展上追求不切实际的高速度，以实现工农业生产高指标为目标。要求工农业主要产品的产量成倍、几倍、甚至几十倍地增长。"大跃进"运动在建设上追求大规模，提出了名目繁多的全党全民"大办"、"特办"的口号，例如，全党全民大炼钢铁，大办铁路，大办万头猪场，大办万鸡山。

"大跃进"运动开端于 1958 年 5 月召开的中共八大二次会议，该会议正式通过了"鼓足干劲、力争上游、多快好省地建设社会主义"的总路线。总路线提出后，党发动了"大跃进"运动。

实际上，1956 年 9 月党的八大通过的第二个五年计划建议是比较贴合实际的，但是，由于"八大"后冒进思想的影响，"二五"计划在制定和执行中出现了严重的冒进倾向，许多计划指标不断修正和大幅度提高。

1958 年 8 月北戴河中共中央政治局扩大会议讨论并批准的《关于第二个五年计划的意见》，提高了奋斗目标，提出在第二个五年计划期间完成我国的社会主义建设，到 1962 年建成强大的独立完整的工业化体系，在若干重要产品和产量方面超过英国，赶上美国。

随后工业方面掀起了全民"大炼钢铁"运动；在农业方面，提出了不切实际的粮食生产计划指标，农村中开始大办人民公社。人民公社化运动浪费了大量资源，造成国民经济比例严重失调，农民劳动积极性受伤害，造成社会生产力的极大破坏，使得以高指标，瞎指挥，浮夸风和"共产风"为主要标志的"左"倾错误严重泛滥开来。

1959 年 7 月庐山会议（八届八中全会）错误地批判所谓"彭德怀反党集团"，及随后全党展开"反右倾"斗争，使纠正错误的努力中断，而党内"左"倾错误更加发展。1960 年提出要长期保持大跃进，继续要求工农业生产达到不切实际的高指标，对 1959 年上半年压缩指标进行不公正的指责，一味强调反对右倾，要把干劲鼓足。

2. 中苏关系恶化

20 世纪 50 年代后期，中共和苏共在有关对斯大林的评价、无产阶级专政、无产阶级国际主义等问题上产生分歧。特别是双方在中国国家主权问题上以及所谓"长波电台"和"联合舰队"的问题上，产生了不愉快。

1960 年在布加勒斯特召开的各国共产党和工人党代表会议上，赫鲁晓夫搞突然袭击，对中国共产党进行围攻。随后，双方的矛盾扩展到了国家关系上。1965 年 3 月，苏共新领导不顾中国共产党和其他一些党的坚决反对，在莫斯科举行了"共产党和工人党代表协商会晤"。会晤发表了《关于越南事件的声明》和《协商会晤公报》。公报呼吁停止公开论战，"反对一些党干涉另一些党的内部事务"，声称要"积极而全面筹备"召开"新的国际会议"。

1965 年 3 月 23 日中国谴责苏联的分裂行为，自此后，国际共产主义运动从思想分裂发展到组织上的分裂，中共与苏共及欧洲一些党关系中断，社会主义阵营不复存在。1966 年中共复信苏共不参加苏共第二十三次代表大会，从此断绝来往，决裂，引起中苏两国国家关系的恶化。1969 年，双方在珍宝岛和新疆边界问题上发生严重的武装冲突，几乎导致全面战争。

中苏关系恶化对中国经济发展的打击无疑是相当巨大的，特别是苏联撤退全部专家、几乎撕毁全部经济和科技方面的合作协定之后，形势更加严峻。

3. 三年经济困难

我国自 1959 年至 1961 年连续三年发生较大面积的严重干旱，并且"大跃进"运动以及牺牲农业发展工业的政策使农业生产没能得到足够重视，由此导致了全国性的粮食短缺和饥荒，酿成了三年的经济困难。

4. 国民经济调整

由于 1958 年以来的"大跃进"运动和"反右倾"运动，造成国民经济主要比例关系失调，连年出现财政赤字，再加上自然灾害，人民生活遇到很大困难。我国经济建设已不能按照第二个五年计划的部署继续发展，国家决定对国民经济实行调整，1960 年 9 月中共中央在批转国家计委《关于 1961 年国民经济计划控制数字的报告》中提出了国民经济"调整、充实、巩固、提高"的"八字方针"，1961 年 1 月党的八届九中全会正式批准。

从 1961 年到 1965 年，经过五年调整取得了明显成效。农轻重的比例关系实现了在新的基础上的协调发展；国民经济中积累与消费的比例关系基本恢复正常；财政收支平衡，市场稳定，人民生活有所改善。

（四）第四阶段："文革"时期（1966 ~ 1976 年）

1966 年"文革"开始后，整个社会秩序和经济活动受到"文化大革命"运动的全面冲击，"文革"十年中，国民经济损失极为严重，甚至有些方面濒临崩溃的边缘。

当然我们不能完全否定十年"文革"，实际上，"文革"期间中国经济也取得了一定的发展。在工业交通方面，基础工业和国防工业得到了长足发展，建立起攀枝花钢铁公司、六盘水工业基地、酒泉和西昌航天中心等一大批钢铁、能源、飞机、汽车、电子工业基地和成昆、湘黔、川黔铁路，初步改变了我国内地工业交通和科研水平低下的布局不合理状况，形成了较大规模、门类齐全、有较高科研和生产能力的战略后方体系，促进了经济的发展；在农业方面，农业生产条件有了较大的改善，农业机械化有大幅度提高，农业产量也得到了持续性增长；科技方面，国防科技特别是国防尖端技术得到了空前的突破。

（五）第五阶段：改革开放时期（1978 年至今）

1. 改革起步（1978 年 12 月至 1984 年 9 月）

我国经济体制改革开端于 1978 年 12 月召开的十一届三中全会，十一届三中全会明确指出了计划经济体制具有的难以解决产需脱节、资源浪费、质量差、品种少、经济效益低下等弊端，并突破了传统思想的束缚，将社会主义基本经济制度与经济体制进行了区分，明确了经济改革的方向。

此后，1981 年 6 月，《中共中央关于建国以来党的若干历史问题的决定》指出："必须在公有制的基础上实行计划经济，同时发挥市场调节的辅助作用，要大力发展社会主义商品生产和商品交换。"

1982 年 9 月召开的十二大上进一步提出"计划经济为主，市场调节为辅"的原则。此后，中国经济开始了以农村为突破口进行的整体推进。

2. 改革全面展开（1984 年 10 月至 1992 年 1 月）

这一阶段的经济改革又被称为以城市为中心的全面改革探索阶段。1984 年 10 月，党中央召开十二届三中全会并通过《中共中央关于经济体制改革的决定》，准确地评价了计划经济体制不容忽视的历史作用及其在新经济环境下所体现出的弊端，并将社会主义定义为"公有制基础上的有计划的商品经济"。

首先，扭转了将计划经济与商品经济对立起来的传统观念。

其次，否定了将社会主义条件下的商品只定义为个人消费品的狭窄定义。

最后，逐渐退出"以指令性计划为主"的时代，将逐步缩小指令性计划的实施范围，适当扩大指导性计划的实施范围作为经济体制改革的重要内容。

3. 制度创新（1992年2月至2003年10月）

本阶段以1992年邓小平的南方谈话为起点，又被称为以建立社会主义市场经济体制为目标的全面推进和深化改革阶段。1992年1月，邓小平在南方谈话中指出："计划多一点还是市场多一点，不是社会主义与资本主义的本质区别。计划经济不等于社会主义，资本主义也有计划；市场经济不等于资本主义，社会主义也有市场。计划和市场都是经济手段。"这就从根本上否定了把社会主义与市场经济对立起来的传统观念，奠定了社会主义市场经济的理论基础。随后中国共产党在1992年10月召开的十四大中又提出了"我国经济体制改革的目标是建立社会主义市场经济体制"，彻底明确了改革的方向，标志着我国经济体制改革从初期的"摸着石头过河"式的改革步伐转向在明确的目标和框架指导下进行有步骤的建立过程，使经济体制改革的内容从过去单纯破除旧体制转向建立新体制，使经济体制改革的方式从单向、局部渐进方式转为综合配套的阶段性的推进。

1992年年初邓小平南方谈话和党的十四大，确立了邓小平建设有中国特色社会主义理论在全国的指导地位，确定了我国经济体制改革的目标是建立社会主义市场经济体制。这一阶段的改革探索，取得了显著的成效：在企业改革中，提出了要进一步转换国有企业经营机制，建立适应市场经济要求，产权清晰、责权明确、政企分开、管理科学的现代企业制度，加快股份制试点；在宏观调控领域改革中，加快财政、金融、投资体制改革，有效治理经济过热，增强防范和抵御金融风险的能力；另外，粮食流通体制、住房制度、医疗制度、社会保障制度、政府机构等方面的改革也都取得了重大进展。

4. 改革攻坚（2003年10月至2013年11月）

进入21世纪，我国经济体制改革已取得全面成效，进入了改革的攻坚阶段，提出了完善社会主义市场经济体制、改革攻坚、构建社会主义和谐社会和贯彻科学发展观的伟大任务。2003年党的十六届三中全会关于完善社会主义市场经济体制的决定，明确提出了完善社会主义市场经济体制的主要任务。在这一决定的指引下，我国将完成从计划经济体制向市场经济体制的转变，建立起适合中国国情和符合世界经济形势发展要求的社会主义市场经济体制。2007 年 10 月，党的十七大报告进一步强调，要实现未来经济发展目标，关键要在加快转变经济发展方式、完善社会主义市场经济体制方面取得重大进展，要深化对社会主义市场经济规律的认识，从制度上更好发挥市场在资源配置中的基础性作用，形成有利于科学发展的宏观调控体系。

5. 改革攻坚的突破（2013 年 11 月至今）

党的十八届三中全会提出，紧紧围绕市场在资源配置中起决定性作用深化经济体制改革，坚持和完善基本经济制度，加快完善现代市场体系、宏观调控体系、开放型经济体系，加快转变经济发展方式，加快建设创新型国家，推动经济更有效率、更加公平、更可持续发展的宏伟战略。[①] 为今后的深层次改革指明了方向。

二、中国经济增长状况及其影响因素

（一）中国经济增长状况

自新中国成立到 2014 年，中国的经济增长虽然一波三折，但经济总量变化之大是"出乎预期"的，也是令人都叹服的。新中国成立后的 1952 年，中国 GDP 只有 679 亿元，到 1978 年增加到 3645 亿元，之后连续跨越，2013 年达到 568845 亿元。其中，从 1978 年上升到 1986 年的 1 万亿元用了 8 年时间；上升到 1991 年的 2 万亿元用了 5 年时间；此后 10 年每年上升近 1 万亿元，2001 年超过 10 万亿元大关；此后 5 年平均每年上升 2 万亿元，2006 年超过 20 万亿元，之后每两年上升 10 万亿元，2008 年超过 30 万亿元，2010 年超过 40 万亿元，2012 年超过 50 万亿元；扣除价格因素，2013 年我国每 3 天所创造的财富量就相当于 1952 年全年创造的财富量。[②] 而到 2014 年国内生产总值又有增长，达到 636463 亿元。[③] 这充分证明自新中国成立以来经济上的辉煌成就。

---

① 十八届三中全会报告：中共中央关于全面深化改革若干重大问题的决定．新华社 2013 年 11 月 15 日。

② 中华人民共和国国家统计局：中国国家统计局官方网站——统计百科——新中国 65 周年：http：//www. stats. gov. cn/。

③ 中华人民共和国国家统计局：《2014 年国民经济和社会发展统计公报》http：//www. stats. gov. cn/。

　　这既归功于新中国成立后我国国民经济恢复时期和"一五"、"二五"时期的经济建设，也不能彻底抹掉"文革"期间的经济发展，当然更应当归功于改革开放以后中国经济的持续快速发展。从图1-1中可以看出，中国自1978年以来经济增长率连续多年高于世界平均水平，并且多数年份全球排名第一。

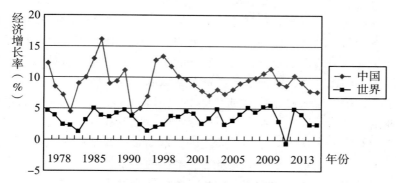

图1-1　1978～2013年中国与世界经济增长率比较图
（中国GDP按照1980年不变价计算）
资料来源：根据世界银行与中国1979年以来历年国家统计年鉴数据整理绘制。

　　然而，在中国改革开放初期，世界没有估计到中国会实现如此连续的高增长。例如，1983年世界银行发表的第一份《社会主义中国》报告曾预测，在20世纪80年代上半期，中国经济增长率在每年4%左右，乐观的估计为每年5%。在20世纪80年代下半期，中国经济增长率在每年5%左右，乐观的估计为每年6%，等于20世纪70年代达到的水平。再如，1985年世界银行发表的第二份《中国：长期的发展问题与选择》报告，预测在1981～2000年期间，中国适中的增长率是每年5.4%，乐观前景是每年6.6%。实际上这一时期中国的经济增长率为9.7%，完全出乎世界主要经济组织对中国经济增长的预期。更难以置信的是：1978～2005年世界经济平均增长率3.4%，而中国同期经济平均增长率9.6%，中国经济平均增长率是世界同期平均经济增长率的2.8倍。并且中国连续有三个五年经济增长率均衡在10%左右，成为世界为之惊讶的奇迹。①

———————————

① 本段中国经济增长率指标均根据中国统计年鉴年度增长率计算。

（二）决定和影响中国高速增长的可能因素

那么，决定和影响中国经济增长的可能因素有哪些呢？这既要从中国的战略目标的角度来思考发展因素，又要从中国经济的多重转型视域来探索。

第一，中国经济从计划经济向市场经济转型中，实现的战略目标是市场化，战略任务是体制、资源配置方式的转轨，这个角度影响中国经济增长的因素是制度因素。计划经济体制下的制度因素转变成适应市场经济体制下的制度因素的过程中，将更有效率的生产力动力充分释放出来，极大地促进了人的积极性，增强了经济资源禀赋的制度活性。

第二，中国在从农业社会向工业社会转型的过程中，工业化的目标带来产业由弹性系数较低的农产品占比较大向弹性系数较高的工业品占比较大转变，并进一步推进第三产业的发展，推动着产业结构升级换代。在这个过程中，结构调整成为影响经济快速增长的主要因素。

第三，中国在从二元结构向城乡一体化转型过程中，城镇化目标带来了发展的新需求，人们对更高档次城市生活的向往和可能极大地调动了经济的动力。我国城市化水平从由 1985 年的 22% 上升到 2005 年的 42.99%，2014 年的 54.77%①。如此快的城镇化充分绽出影响中国经济增长的另一个重要因素：城乡发展的因素。

第四，中国在从传统技术向现代技术转型过程中，以信息化为代表的技术升级成为重要战略任务，随着这一任务目标实现的进展，技术因素成为中国经济增长的重要引擎。

第五，中国从封闭经济向开放经济转型的过程中，加入 WTO 及全球经济一体化国际化目标的逐步实现，将开放因素赋予进经济增长的综合动力中，乘数化地推进了中国经济增长。

第二节　中国经济发展的经验和教训

在国穷民弱的旧中国废墟上崛起的中国经济，既取得了规模和质量的

---

① 中华人民共和国国家统计局：中华人民共和国 1985 年、2005 年、2014 年国民经济和社会发展统计公报，http://www.stats.gov.cn/tjsj/tjgb/ndtjgb/。

巨大提升——战果辉煌、成就巨大，同时也积累了丰富的经验和教训。

一、不断解放思想的前提下实事求是地推进重大制度变革

首先，中国经济发展成就归功于中国自十一届三中全会以来的重大制度变革，特别是计划经济制度向市场经济制度的重大转变，在这个重大制度变革过程中，一系列具体制度紧锣密鼓地不断创新和变革。正是制度变革的力量将生产力从各种束缚中解放出来，促进了中国经济的发展。

其次，中国重大制度变革是不断解放思想的结果。十一届三中全会将以阶级斗争为纲转变到现代化建设上来，就是建立在真理标准大讨论的基础上的思想解放的结果。此后，将计划经济体制向市场经济体制转轨中的每一个阶段，都是以不断的思想解放为基础的。

最后，中国经济发展是坚持实事求是不断推进的结果。从安徽凤阳小岗村到家庭承包责任制的广泛推行；从开始提出有计划的商品经济，到建立完善的社会主义市场经济体制；从"一大二公"的公有制，到非公有制同样是社会主义经济的重要组成部分；从较为封闭的经济体系到全面开放；从僵化的计划经济制度到健全的灵活的市场经济制度体系的建立，等等，都是在坚持实事求是的思想路线的基础上逐步进步的。

因此，不断解放思想的前提下实事求是地推进重大制度变革是中国经济发展的重要经验之一。

二、善于抓住世界经济发展给中国带来的机遇

20 世纪 70 年代中国抓住了与美国缓和关系的重要机遇，大大改善了外交环境，取得了新的突破，赢得了和平稳定国际环境；80 年代以来，当世界各国进行新一轮改革浪潮、西方发达国家正在寻找投资场所之时，中国于十一届三中全会实现了转折，确定了改革开放的重大战略，抓住了招商引资的重要战略机遇；90 年代，全球化趋势区域集团化趋势加强，东西方关系开始缓和，两极格局瓦解，多极化趋势加强，国际形势总体趋向缓和，和平与发展成为主题，中国抓住了全球化的重要机遇期，抓住了第三次科技革命转化为生产力速度加快，新经济兴起的机遇期，积极主动地推进各项改革和加入 WTO 努力；进入 21 世纪，中国更是抓住了世界性金融危机等各种经济状况给中国带来的机遇期，逐步完善中国特色社会主

义市场经济体制，转变经济发展方式，推进创新驱动战略。正是由于中国自改革开放以来抓住了世界经济发展给中国发展带来的重要机遇，中国才取得了经济社会发展的辉煌成就，才能够成为第二大经济体。这些宝贵的经验也是建立在教训基础上的，自新中国成立后到改革开放前，中国在经济发展中没有抓住"二战"后世界经济发展的重要机遇期，导致了经济发展长期徘徊落后的局面。由此可见，善于抓住世界经济发展给中国带来的机遇是非常重要的经验和教训。

三、不改变社会主要制度的前提下正确处理好改革、发展和稳定的关系

中国的改革开放是以不改变社会主要制度的前提下进行的。在改革开放之初，邓小平就提出了以经济建设为中心，坚持四项基本原则、坚持改革开放的党的基本路线。四项基本原则就是必须坚持社会主义道路，必须坚持人民民主专政，必须坚持中国共产党的领导，必须坚持马列主义、毛泽东思想。这就决定了中国的改革开放和经济建设不改变社会主要制度，同时也为处理好改革、发展、稳定奠定了制度基础。

同时，中国经济发展在不改变主要制度的前提下不断深化束缚生产力发展的各方面的体制、制度和机制的改革和完善。在改革的初步进程中，以社会稳定为基本前提，以发展为出发点和落脚点，以三个有利于为检验标准，以不断推进改革为经济发展的基本动力。随着改革开放的不断推进、经济发展的迅速升级、经济规模的逐渐扩大，中国在经济发展中更是在坚持不改变主要社会制度的前提下正确处理好改革、发展和稳定的关系，推进非公有制发展，将非公有制经济定位为社会主义市场经济的重要组成部分和我国经济社会发展的重要基础，但仍坚持公有制的主体地位，发挥国有经济的主导作用，不断增强国有经济活力、控制力、影响力。随着科学发展观的落实、和谐社会的建设、全面深化改革的推进，改革、发展、稳定更是一个中国经济发展的一个最重要的基本规则，不断贯穿于中国基本经济制度的坚持和完善中，贯穿于加快完善现代市场体系中，贯穿于政府职能转变中，贯穿于深化财税体制改革和城乡发展一体化体制机制健全中；贯穿于开放型经济新体制构建中。

四、以渐进式改革取得长足发展

中国的经济改革是以渐进式改革为主要特征、并取得长足发展的伟大经济变革，充分体现于公有制与市场机制相互融合的经济转型、经济改革与政治改革的相互协调与配合、改革过程与政府职能的逐步转变相结合、改革过程中理论与实践的充分融合等方面。①

1. 中国经济发展经历了公有制与市场经济相互融合的经济转型

中国经济改革的目标是建立社会主义市场经济，而实现这一目标必然要求实现市场经济与公有制经济相兼容。而市场经济与公有制经济相融合的过程不是一蹴而就的，而是一个长期的渐进式的探索过程。因此市场经济与公有制相兼容决定了中国经济改革需要渐进式改革，中国经济渐进式改革的目标和方向是实现市场经济与公有制经济相兼容，二者是相辅相成的。

然而，市场经济与公有制相结合并没有先例，苏联解体以及东欧国家剧变都给市场经济在社会主义国家的尝试以沉重打击，多数学者认为社会主义与市场经济完全不能融合，资本主义才是市场化改革的必要环境。但中国以渐进式改革方式，巧妙运用股份有限公司、有限责任公司等以股份制为特征的混合所有制经济形式，不仅实现了公有制经济中的乡镇经济、社团经济、合作经济和各种形式的非国有经济直接与市场经济相结合，也通过国有经济、集体经济与其他经济形式以股权制为根本纽带进行资源配置，从而实现了公有制与市场经济的有效结合，实现了生产关系的伟大变革，巨大地解放了社会主义社会的生产力。

改革开放以来，虽然我国经济改革取得了公有制与市场机制的相互融合和兼容的重要经验，但这种经济体制运行方式的兼容是一项复杂、困难且长期的任务。特别是目前国有企业面临的问题依然十分严峻，如资产负债率过高、社会负担过重、产品结构不合理、技术创新不足、经营管理不善、行为短期化、资本结构僵化等问题还比较普遍。这充分说明国有企业的市场化目标还没有完全达到。还需要一个长期的渐进式探索进步的过程。从更深层次的意义上分析，虽然实践经验证明社会主义完全可以实行市场经济，但二者之间还是存在根本差异的。这种差异性体现在社会主义经济具有自己特殊的目标和制度规定性，如消灭剥削、消除两极分化、实现

① 刘文革等：《社会主义市场经济理论与实践》，北京大学出版社 2012 年版，第 51~55 页。

以劳动为基础的社会公平和在更大的程度和范围内实现社会自觉有计划的发展等。这些制度规定性既不能脱离市场机制，又不能完全依赖于市场机制，即建立社会主义市场经济既要突破传统的计划经济思想的束缚，又必须超越资本主义市场经济所带来的局限性，更好地实现市场经济与社会整体的协调发展与长远利益，使社会主义的目标与市场机制的长处充分结合起来。

2. 中国经济发展经历的是经济改革与政治改革相互协调与配合的过程

（1）中国的政治体制改革有利于保证转型期经济和社会正常运行的基本秩序。无论是从计划经济向市场经济的转型，还是从传统农业社会向现代工业社会的转型。都会引致两大经济结构和社会结构变迁的矛盾集聚、各种利益矛盾以及社会冲突的压力成倍加大。而中国市场经济很不成熟、工业化处于发展进程中，市场体制和工业社会的自身稳定机制尚不能发挥有效作用。因此转型期经济社会秩序矛盾必然需要政治权利的相对集中的政治体制改革来协调和维稳。

（2）虽然中国的政治体制改革滞后于经济体制改革，但并不等于政治体制改革是停滞的。实际上，在中国从计划经济向市场经济过渡的过程中，资源配置方式的必然变化，也在不断引起法律、政治、意识形态以及文化的深刻变化。总的来讲，中国的政治体制改革既有利于调动各种资源进行经济建设，也有利于依靠发展来推动改革，还有利于加快工业化进程。

（3）中国渐进式经济改革的经验证明，经济与政治、经济体制改革与政治体制改革是相互配合、协调推进的。

3. 改革过程与政府职能的逐步转变相结合①

在从计划经济向市场经济过渡的过程中，无论是渐进式经济改革还是激进式经济改革，都需要完成将政府职能从完全依靠计划和行政命令干预经济的模式向"与市场相一致"的模式进行转变。苏联和东欧国家在转变政府职能时与经济改革一样采取了激进模式而失败。我国在市场经济改革时期选择的是逐步转变政府职能的方式。在渐进式改革中，为保证经济秩序的正常运行和稳定，特别强调要避免在短时期内削弱或取消原有政府干预经济的职能，代之的是在一个较长时期内逐步转换政府职能。因此我国过去的经济改革进程中政府职能转变与市场化进程大体上具有同步共进的特点，也正是由于有意识地保留了一些传统的行政干预手段，我国才比其他国家更好地应对了经济转型期突发事件的冲击，避免了因新的管理方式

---

① 刘文革等：《社会主义市场经济理论与实践》，北京大学出版社 2012 年版，第 53 页。

建设迟缓和干预传递系统失灵所造成的管理"真空"出现。

目前我国的市场经济仍处于发育不完全阶段，既需要政府维持市场平衡，更需要政府对市场提供引导以及市场无法调节时政府替代，因此政府干预的广度和深度要远远超过发达市场经济国家。

4. 中国的经济改革是理论与实践充分融合的过程

中国渐进式改革，是在社会主义的理论与社会主义的实践、统一的领导与自发的变迁、自上而下与自下而上相互结合、相互统一的过程中运行的。中国渐进式改革的成功也验证了理论与实践充分融合的巨大作用。

第三节　中国经济发展的趋势展望

从长期看，中国经济自1978年以来一直保持较快的增长速度，但这种较快的增长速度是建立在过度依赖"人口红利"和"土地红利"的要素驱动与天量信贷和海量财政投入的投资驱动，过度依赖房地产投资、城镇化建设和资源消耗来实现的，中国经济的发展阶段和资源的瓶颈约束已经证明过去粗放式发展路径不可为继，必须转变经济发展方式，主要途径是依靠创新驱动和深化改革的制度红利来驱动经济。而这一切需要一个缓慢的转轨过程，因此，中国经济较以往有所放缓是一个必然趋势。如果中国能够度过创新和深化改革的考验，中国未来的经济发展将进入集约化发展轨道，将更健康、更乐观。否则，就要进入一个缓慢调整的过程。

从短期看，中国经济仍然保持较快的发展趋势，当然速度略微放缓是一个不争的事实。具体表现在以下三个方面。

一、高增速回落，基本面向好

近年来中国经济增速有所放缓，2014年经济增长7.4%，城镇新增就业1322万，调查失业率稳定在5.1%左右，居民消费价格上涨2%；[①]2015年上半年GDP同比增长7%。[②] 虽然一些主要经济指标增幅同比回

---

① 中华人民共和国国家统计局. 中华人民共和国 2014 年国民经济和社会发展统计公报，http://www. stats. gov. cn/tjsj/tjgb/ndtjgb/。

② 中华人民共和国国家统计局. 2015 年 1～2 季度我国 GDP 初步核算情况，http://www. stats. gov. cn/tjsj/zxfb/201507/t20150716_1215900. html。

落，但上述指标综合起来可以讲中国经济继续运行在合理区间。

中国经济增速放缓、基本面向好的这种运行状态既有外部"被动"因素影响，也是一定程度主动调控的结果，特别是中央及时审时度势，采取"一带一路"宏伟策略的结果。

用世界经济论坛创始人克劳斯·施瓦布话讲，现在中国经济依然是拉动世界经济的重要引擎之一。"未来仍将继续保持在7%以上的增速。"

二、强力改革给力，精准调控显效

当前中国经济正处于深层次矛盾凸显和"三期叠加"的阶段（三期叠加：增长速度进入换挡期，结构调整面临阵痛期，前期刺激政策消化期），经济面临较大下行压力，而"强力改革"和"精准调控"成为促进经济平稳增长的"推进器"。新一届中央政府抓住关键领域强力推进一系列既利当前、更惠长远的改革，包括取消和下放大量的行政审批等事项；推行工商登记制度改革；等等。改革出活力，改革出动力。通过改革，企业的"紧箍咒"松了、准入门槛低了，市场活力也冲出"闸门"开始喷涌。

三、老动力淡出，新引擎启动

当下，中国经济驱动力正在经历新旧转换的"阵痛"。

出口改善缓慢、投资增速回落，拉动经济快速增长的两驾"马车"需求走低。但与此同时，传统产业淘汰落后产能、改造升级出现积极变化，新的增长点开始崭露头角，有望成为中国经济新的"顶梁柱"。

过去拉动中国经济的两个主要增长引擎是出口和房地产，但正在逐渐地淡出，新的增长引擎正在逐渐到位。

在新的增长点孕育过程中，创新驱动至为关键。在2014夏季达沃斯论坛开幕式上，"创新"被喻为中国经济持续发展"发动机"和更新换代升级的"金钥匙"。

从传统产业转向科技含量高、发展前景好的行业后，企业经营一片海阔天空。

第二章

经济制度变迁与社会主义基本经济制度

经济与政治紧密连接，也就是说经济的发展离不开政治内化为制度的支撑。中国社会主义经济的发展过程，也是中国经济制度变迁的过程。在这个过程的统一体中，中国经历了由计划经济向社会主义市场经济变迁的过程，伴随着这个巨大的变迁，中国经济也由落后走向辉煌。

第一节　制度与经济制度

中国有句俗语：没有规矩，不成方圆。亦即没有规则（即制度）之约束，人类的行为就会陷入混乱。制度非常重要，它不仅规范着社会人的行为，也规范着社会运行的秩序。在经济领域，制度转化为规范经济行为的规则，即经济制度。因此，经济制度对于经济能否保持良性运行同样具有非常重要的作用。

一、制度

制度通常是指在一个社会中人与人之间相互交往的规则，它对某些可能出现的、机会主义或者乖僻的个人行为具有一定的抑制作用。在经济领域，它使人们的行为更可预见并由此促进着劳动分工和财富创造。制度，须有效能，它隐含着对违规的某种惩罚。

当重复的人际交往遵循着某种可识别的模式时，此时的人际交往秩序处于主导地位。当某种交往秩序形成中已具备了多种制度，这些制度充分地结合在一起引导着人的行为，从而使人的行为基本遵循可预见的轨道，就会产生出人们普遍认同的可识别模式。

制度变迁理论中经济学意义上的制度亦被称为制度安排，是指一系列被制定出来的规则、服从程序和道德、伦理的行为规范。

制度可分为正式制度和非正式制度。正式制度就是一些成文的规定，包括国家性和区域性法律、法规、合同等，也包括企事业单位的规则规定。正式制度是由一批代理人预先设计和确立后被自上而下地强加和执行的制度。这些代理人通过一个政治过程使制度获得权威。

非正式制度，又称非正式约束、非正式规则，是指人们在长期社会交往过程中逐步形成，并得到社会认可的约定成俗、共同恪守的行为准则。非正式制度在具体表现形式上包括价值信念、风俗习惯、文化传统、道德伦理、意识形态等。由于非正式制度既蕴涵价值观念、伦理规范、道德观念和风俗习性，又可以在形式上构成某种正式制度安排的"先验"模式，因此意识形态占据制度的核心地位。违反非正式制度通常会受到共同体中其他成员的非正式惩罚，如受到明示、暗示谴责或被组织成员排异，当然，也有各种执行非正式制度的正式惩罚程序。

二、经济制度

1. 经济制度的内涵

经济制度是人类社会发展到一定阶段占主要地位的生产关系的总和，它反映生产关系的性质，是区分不同社会形态的基本依据。一定社会的经济制度构成这个社会的经济基础，并决定着这一社会的政治制度、法律制度和人们的社会意识等上层建筑。经济制度的科学概念是有马克思在创立历史唯物主义时提出的，提出这一概念也是马克思研究当时的资本主义社会的经济制度的需要。历史上任何一种经济制度均是由经济制度所处时代的社会生产力的发展状况决定的。经济制度既是区分人类历史上不同社会经济形态的标准，也是区分同一社会形态不同发展阶段的标准。

首先，经济制度是生产关系的总和。生产关系是人们在生产过程中所形成的人与人之间的关系。它由生产资料归谁所有、人们在生产中的地位和相互关系、产品如何分配三个方面构成。其中生产资料归谁所有具有基础性、决定性地位。也正是由于生产资料归谁所有是生产关系的基础，决定生产关系的性质和根本特征，因此它必然是社会经济制度的基础，是区分经济制度、社会制度的根本标志。

生产资料所有制形式的实质是生产资料归谁所有、为谁所支配，它决定了生产关系的其他两个方面。因为生产资料的占有者在生产过程中居支配地位，产品分配也必然符合生产资料占有者的利益，从而也就决定了社会生产的目的。因此，生产资料所有制决定生产关系的性质和根本特征，是社会经济制度的基础，是区分经济制度、社会制度的根本标志。由此可知，我国要坚持社会主义道路，就必须坚持生产资料公有制的经济基础。

其次，一定历史时期的社会中，占主要地位的生产关系的总和，构成了该社会的经济制度。例如，资本主义国家虽然社会生活中存在一定的小私有制经济，也有国有经济，但其生产资料的资本主义私人占有制占主要地位，决定了其经济制度是资本主义制度。中国公有制经济控制国民经济命脉，其经济制度是社会主义制度。

最后，一定社会的经济制度是由社会生产力发展的状况所决定的，由于经济制度就是生产关系，所以，生产力决定生产关系进而决定经济制度，生产力要求经济制度与其相适应；同时，生产力的发展变化决定着经济制度的发展变化。另一方面，经济制度构成一个社会的经济基础，它决定其政治制度和意识形态，并由政治法律制度所保护。先进的社会经济制度，会推动生产力的发展；落后的社会经济制度，会阻碍生产力的发展。当旧经济制度严重阻碍生产力发展时，必然会爆发社会革命，其结果是推翻旧的经济制度，建立新的经济制度。随着经济制度的变革，政治、法律、文化、思想等属于上层建筑领域的东西也会发生变革。

此外，有时经济制度也指一定社会各个经济部门和领域乃至企业和具体其他单位的各种具体的规章制度，这是中观、微观领域的经济制度。

2. 经济制度的主要类型

按照马克思主义关于人类社会发展阶段的学说，人类历史上经历了五种社会形态，即原始公社、奴隶社会、封建社会、资本主义社会、社会主义社会。按照这五种社会形态经济制度可以分为依次更替的五种经济制度，即：原始公社经济制度、奴隶制经济制度、封建制经济制度、资本主义经济制度、社会主义经济制度。其中，封建制经济制度是建立在自给自足的自然经济、以土地为经济基础之上的经济制度；资本主义经济制度是生产资料私有制，生产处于无政府状态为特征的经济制度；社会主义经济制度是生产资料公有制，允许多种经济制度并存是社会主义国家在发展中所采用的活跃经济的新常态。

第二节　经济制度变迁

经济制度具有修正、生长和改变的天性。当经济制度超过或落后于经济发展的现实状况需要时，经济运行的内在规律必然要求经济制度与其相适应，经济制度就要发生自身的革命，即制度变迁，使不相适应的经济制度转变为相适应的经济制度，推动经济沿着制度效用最优的轨道前进。

一、制度均衡与非均衡理论

1. 制度均衡

制度均衡就是人们对既定制度安排和制度结构的一种满足和满意的状态，其结果是人们无意也无力改变这种现行制度状态。至于人们对一种制度感到满足或满意，以至于无意和无力去改变它的原因，可以通过对制度进行经济分析来解释。一方面，任何一种制度安排和制度结构都具有各种各样的功能，并可以发挥多种多样的作用，并提供多种制度服务，保证人们从集体活动中获得某种利益和好处；另一方面，任何一项制度的建立、运行和维护都需要花费一定的成本和费用。也就是说任何制度安排既要带来收益也会产生成本。当既定制度安排和制度结构相比其他制度安排和制度结构净效益最大（收益与成本之差），人们既无改变现行制度的动机和要求，也无改变的能力和力量，更不会采取改变既定制度的行动。这种状态就是制度均衡状态。可见制度均衡是一种行为均衡。

2. 制度非均衡

制度非均衡就是对现存制度的一种不满意或不满足，意欲改变而尚未改变的状态。也就是说，制度非均衡就是人们已经对既定制度产生了不满但还没有采取任何有效行动让这种制度得以改变的状态。之所以出现了对既定制度的不满意或不满足，就由于现行制度安排和制度结构的净收益小于另一种可供选择的制度安排和制度结构的净收益。这就产生了新的潜在的制度需求和潜在的制度供给。人们为了捕捉新的盈利机会，就会力图改变原来的制度安排和制度结构，选择和建立新的更有效的制度。只是由于外部效应和搭便车等方面的原因，归根到底是由于制度变革成本的关系，制度变革的动力和力量还不够强或不够大，或者说只有变革的动机没有变革的力量，潜在的制度需求虽然能够变成现实的制度需求，但潜在的制度供给却不能变成现实的制度供给。因而出现意欲改变而尚未改变的制度状态，这就是制度的非均衡。

二、制度变迁理论

1. 制度变迁、诱致性制度变迁、强制性制度变迁

所谓制度变迁是指新的制度或新的制度结构的产生、替代或改变旧制度或旧的制度结构的动态过程。制度变迁实际上是一种效率更高的制度替代既有的效率相对不高的制度；在制度替代的过程中，既需要一种更有效率的制度的生产，也需要制度的交易；制度变迁也是由制度非均衡到制度均衡的过程。

制度变迁的原则是：制度可以视为由个人或组织生产出来的一种公共产品，这就是制度的供给。由于人们的有限理性和资源的稀缺性，决定了制度的供给是有限的、稀缺的。随着外界环境的变化或自身理性程度的提高，人们会不断提出对新的制度的需求，以实现预期增加的收益。当制度的供给和需求基本均衡时，制度是稳定的；当现存制度不能使人们的需求满足时，就会发生制度的变迁。制度变迁的成本与收益之比对于促进或推迟制度变迁起着关键作用，只有在预期收益大于预期成本的情形下，行为主体才会去推动直至最终实现制度的变迁，反之亦然。

根据推动制度变迁经济主体的不同，可以把制度变迁分为"自下而上"的制度变迁和"自上而下"的制度变迁。

"自下而上"的制度变迁又叫诱致型制度变迁，是指由个人或一群人，受新制度获利机会的引诱，自发倡导、组织和实现的制度变迁。换句话说，诱致型制度变迁就是由微观经济主体在响应获利机会时自发倡导、组织和实施的对现行制度安排的变更、替代或新制度安排的创造。在现行制度安排的相对价格体系使一部分经济主体无法得到它应得收益时，这部分经济主体就存在进行制度变迁的动机。如果这部分经济主体进行制度变迁的收益大于成本，那么新的制度安排就会出现。

诱致型制度变迁的特点有：改革主体来自基层；程序为自下而上；具有边际革命和增量调整性质；在改革成本的分摊上向后推移；在改革的顺序上，先易后难、先试点后推广、先经济体制改革后政治体制改革相结合和从外围向核心突破相结合；改革的路径是渐进的。

"自上而下"的制度变迁又叫强制型制度变迁，指由政府充当制度变迁的第一动力，以政府命令和法律形式引入和实行的制度变迁。换句话说，就是以政府为主体、自上而下、具有激进性质的制度变迁。强制性制度变迁的优势在于，制度出台的时间短，制度实施时的推动力度较大，政府利用它的政治权威能够顺利地保证制度安排较好地运行。

强制性制度变迁的特点有：政府为制度变迁的主体；程序是自上而下的；激进性质；具有存量革命性质。

2. 制度变迁理论沿革及其内容

（1）制度变迁理论大体经历了三个阶段：

第一阶段是以凡勃伦为创始人的制度变迁理论开创阶段，制度的概念得以创立并用"累积因果论"来对制度变迁进行解释。

累积因果论是缪尔达尔（Karl Gunnar Myrdal）对梯度发展的效应做了大量研究后提出的著名理论。他认为梯度发展中同时起作用的有 3 种效应，即极化效应、扩展效应和回程效应，它们共同制约着地区生产分布的集中与分散状况。极化效应的作用结果会使生产进一步向条件好的高梯度地区集中；扩散效应会促使生产向其周围的低梯度地区扩散；回程效应的作用则是削弱低梯度地区，促使高梯度地区进一步发展。

凡勃伦用缪尔达尔的累积因果论来分析制度和制度变迁，认为制度演进的每一步由以往的制度状况所决定，制度的变迁或演进是一个累积因果过程。制度变迁过程的关键因素是技术，属于现存制度系统功能的技术变迁的速度和方向决定着制度变迁的速度和方向。凡勃伦认为，新知识特别是技术知识改变了生活的基本模式，并最终改变制度和文化规范。

对于制度变迁，凡勃伦认为包括习惯、规范和法律的制度变迁，当其最初发生时往往是个人行为模式变化的无意结果，但这些无意结果最终将推动审慎的、主要是政府的法律修改和重组过程，当然这些过程可能是缓慢的迟疑不决的。

第二阶段是主要指以约·莫·克拉克为代表对制度变迁理论继承和发展阶段，涉及对资本主义企业的分析，制度与技术变迁的关系等问题。

第三阶段是以加尔布雷斯为代表的新制度经济学和以科斯、诺斯等人为代表的新制度学派蓬勃发展阶段。该阶段的成果内容也包括马克思、博弈论者、混沌经济学对制度变迁理论的理论解释。

（2）制度变迁理论的内容：

制度变迁理论主要由新制度经济学代表人物道格拉斯·C·诺斯

（Douglass C. North）创建的。其制度变迁理论主要由三部分构成：描述一个体制中激励个人和团体的产权理论；界定实施产权的国家理论；影响人们对客观存在变化的不同反映的意识形态理论。诺斯认为制度变迁就是制度创新。诺斯是怎样提出这个理论的？

诺斯早起研究也将制度作为外生变量，经济增长是资本、劳动和技术参数的函数。但由于诺斯热衷于用统计方法分析历史上一些国家、地区和行业的经济增长过程，并进行数理化处理。由此发现：1600～1850年，世界海洋运输没有发生技术进步，但此期间的效率却大大提高了。对这种现象做出解释是：技术没变，但船运制度和组织方式发生了变化，导致运输成本降低，提高了海洋运输生产率。

因此，诺斯认为，新古典经济增长模型不完善需要"修补"，他在《西方世界的兴起》里，提出了制度因素是经济增长的关键的观点，认为，一种能够对个人提供有效激励的制度是保证经济增长的决定性因素，其中产权最重要。"一个有效率的经济组织在西欧的发展正是西方兴起的原因所在"。[①]

诺斯揭示出，英国优于法国和西班牙率先兴起工业革命并取得成效，在于18世纪前其有效的产权结构、专利法的颁布，而同时期的法国和西班牙落后的根源在于其没有建立类似的能有效保护私人财产和限制皇权的制度结构，无法对个人创新提供适当的激励。[②] 诺斯还认为当代拉丁美洲、非洲和亚洲的相对落后都是经济组织无效率的结果。当然，制度不足使技术进步的积累和潜在的巨大市场不起作用，也是亚洲没有出现工业革命的重要原因，这已被很多经济学家广泛认同。

诺斯在《西方世界的兴起》仅仅阐述了不同制度变革怎样导致不同的经济绩效，而对制度变迁理论的完整构建是在其另一本书《经济史中的结构与变迁》完成的。在《经济史中的结构与变迁》中，诺斯提出了制度变迁的三块基石：[③] 描述一个体制中激励个人和集团的产权理论；界定实施产权的国家理论；影响人们对"客观"存在变化的不同反应的意识形态

---

① ［美］道格拉斯·诺斯、［美］罗伯特·托马斯著：《西方世界的兴起》，厉以平、蔡磊译，华夏出版社2014年版，第3页。

② ［美］道格拉斯·诺斯、［美］罗伯特·托马斯著：《西方世界的兴起》；厉以平、蔡磊译，华夏出版社2014年版，第22～23页。

③ ［美］道格拉斯·诺思著：《经济史中的结构与变迁》，陈郁等译，三联书店上海分店1991年版，第8页。

理论。

①制度变迁中的产权理论。诺斯在制度变迁理论上的一大贡献是对产权理论与制度变迁的结合。他认为，科斯等人创立的产权理论有助于解释人类历史上交易费用的降低和经济组织形式的替换。根据产权理论，在现存技术、信息成本和未来不确定因素的约束下，在充满稀缺和竞争的世界里，解决问题的成本最小的产权形式将是有效率的。竞争将使有效率的经济组织形式替代无效率的经济组织形式，为此，人类在为不断降低交易费用而努力着。有效率的产权应是竞争性的或排他性的，为此，必须对产权进行明确的界定，这有助于减少未来的不确定性因素并从而降低产生机会主义行为的可能性，否则，将导致交易或契约安排的减少。

诺斯认为，产权结构通过创造有效率的市场、推动技术进步来推动制度变迁的。

②制度变迁中的国家理论。诺斯的独到之处在于将产权理论与国家理论结合起来。因为国家并不是"中立"的，国家决定产权结构，并且最终要对造成经济增长、衰退或停滞的产权结构的效率负责。诺斯认为，关于制度变迁的国家理论既要解释造成无效率的产权的政治或经济组织的内在的活动倾向，又要说明历史上国家本身的不稳定性，即国家的兴衰。为此，诺斯把自己的国家理论称为"界定实施产权的国家理论"。

对于国家模型，诺斯认为，要使其福利或效用最大化，须有三个基本特征：一是国家为获取收入，以一组被称之为"保护"或"公正"的服务作为交换；二是为使国家收入最大化，它将选民分为各个集团，并为每一个集团设计产权；三是国家面临着内部潜在竞争者和外部其他国家的竞争。

按照诺思的思想，国家提供的基本服务是博弈的基本规则，国家有两个目的：一是界定形成产权结构的竞争与合作的基本规则，使统治者的租金最大化；二是降低交易费用以使社会产出最大化，从而使国家税收最大化。诺思研究发现，在历史上的许多阶段，在使统治者的租金最大化的产权结构与减低交易费用促进经济增长的有效率体制之间，存在着持久的冲突。这种基本矛盾是使社会不能实现持续经济增长的根源。① 也就是说，国家上述两个目的之间存在的冲突并导致相互矛盾乃至对抗的行为出现，

---

① ［美］道格拉斯·诺思著：《经济史中的结构与变迁》；陈郁等译，三联书店上海分店1991 年版，第 24 页。

是国家兴衰的根本原因所在。

③制度变迁中的意识形态理论。关于意识形态对经济增长和制度变迁的作用，西方正统的经济学理论持忽视或排除的态度，但却得到了马克思主义理论家的重视。诺斯通过借鉴吸收两种理论的精华，创建了具有意识形态成分的制度变迁理论。该理论认为，新古典理论不能解释"搭便车"在内的机会主义行为，也不能解释利他主义行为，即对自我利益的计较并不构成动机因素的行为。诺斯的突破了新古典理论限于严格的个人主义的功利性假设的制度变迁理论，清晰地表达了：变迁与稳定需要一个意识形态理论，并以此来解释新古典理论的个人主义理性计算所产生的偏差。

诺斯认为，市场机制得以有效运行的一个重要条件，就是人们能遵守一定的意识形态，因此意识形态是降低交易成本的一种制度安排。例如，在界定和执行产权的成本大于收益的情况下，不能用产权来解决获得利益而逃避付费的"搭便车"问题，这时就要靠意识形态来约束人们的行为。

"搭便车"行为妨碍市场的自动调节过程，克服"搭便车"行为需要构筑一个成功的意识形态。诺思指出，意识形态是一种行为方式，它通过提供给人们一种"世界观"而使行为决策更为经济。如果集团的每个成员具有共同的意识形态，具有共同的利益，就容易组织起来实现集团的目标；反之，如果存在分歧的意识形态，利益目标互不相同，且不了解对方的行为信息，则在集体行动时，就有人不承担任何代价而享受集体行动的利益，"搭便车"现象就不可避免。因此，解决"搭便车"问题，需要针对持不同意识形态的成员进行宣传教育，以形成统一的意识形态和对集体行动的"虔诚"来节省集体行动的组织成本和信息费用。或者是制定精确的规则并加以实施，对成员的"搭便车"行为进行监督和惩罚。

④制度变迁的"路径依赖"问题。路径依赖与物理学中的"惯性"类似，一旦进入某一路径或某一趋势状态，无论是好的还是坏的，就可能对这种路径或趋势状态产生依赖。对于路径依赖的研究，开端于阿瑟（W. BrianArthur，1988）针对技术演变过程中自我强化机制的探索。诺斯将技术演变过程中的自我强化现象的既往论证加以推广，形成了制度变迁的路径依赖理论。

诺斯关于制度变迁的路径依赖理论认为，制度变迁过程与技术变迁过程同样存在着报酬递增和自我强化的机制，这使得制度变迁的方向会在以后的发展过程中沿着既往形成的轨道得到自我强化。因此，人们既往的选择决定了其现在可能的选择。沿着既定路径，经济和政治制度的变迁既可能进入良性循环轨道；也可能继续错误路径，乃至锁定在某种无效状态而停滞。诺斯关于制度变迁的路径依赖理论表明，要制度变迁的国家或地区必须不断解决"路径依赖"问题。

三、激进式制度变迁与渐进式制度变迁

1. 激进式制度变迁

人们预先设计和构建合乎理想的"制度模式"，然后将既有旧制度以尽可能快的速度过渡到新制度。激进式制度变迁往往基于人们对制度变迁的过程具有完全的知识和信息，然后通过"一揽子计划"一步到位地实现新、旧制度的转换。"激进式变迁"主张一步到位，认为经济制度是一个完整的体系，认为一点一点地进行变革是不现实的。J. 萨克斯曾在一篇文章中形象地指出"假如英国人决定将靠马路左边行驶的交通规则改为靠右边行驶，难道你能提议他们逐步完成这一改革，先是卡车，一年以后才是小轿车吗？"[①]

2. 渐进式制度变迁

在理论逻辑上，"渐进式制度变迁"基础于"演进经济学"，"演进经济学"奠基于熊彼特的经济思想，到理查德·R·纳尔逊与理查德·G·温特，发展成为较为完整的理论。"渐进式制度变迁"认为，成长于旧制度和人文环境中的人或组织与一个新的人或组织在行为上必然存在较大差异，正因如此，人和组织很难理解和支持较大规模的制度变迁运动；由于人与具体的人构成的组织都不是无所不知的，即"有限理性"，决定了"激进式制度变迁"并不现实；由于现存组织资源和信息存量的作用，从旧制度变迁到新制度并发挥作用之前，会有一个时滞期。就是说，如果新制度得以有效运行的条件并未基本就绪，此时如果简单放弃旧制度，就有可能形成新旧制度衔接上的"制度真空"，表现为制度的断裂、脱节和错位，导致经济利益主体突然失去稳定的行为参照，难以稳定地预期未来，造成经济秩序混乱。

3. "激进式制度变迁"之劣势与"渐进式制度变迁"的优势

"激进式制度变迁"的劣势在于忽略了利益分配和利益冲突对制度创

---

① J. 萨克斯：《东欧经济改革：波兰案例》，载《美国经济评论》，第 36 卷，1992 年秋季刊，第 35 页。

新的影响，从而使制度变迁的成本集中分布于一个较短的时期，以至于人们总是感到得不偿失，因此可能将制度变迁置于一个危险的境地。而"渐进式制度变迁"的好处是，可以将制度创新的矛盾和利益冲突，在时间上和空间上部分散开来，从而为社会提高、提供一个化解和消化制度创新风险和成本的缓冲区，它使得原有制度的若干可取之处继续发挥余热，使新制度得以逐步发育成长和酿成优势，直到潜移默化地实现新、旧制度的更新。①

第三节　社会主义经济制度变迁与我国社会主义基本经济制度

伴随着我国社会主义经济建设的成功探索和不断推进，我国社会主义经济制度也随之经历了由初步确立、不断调整和不断完善的探索过程，最终形成了比较完善的社会主义基本经济制度。当然，这个基本经济制度并不是一成不变的永恒真理，也需要根据我国未来经济建设不断变化的需要进行调整、改革和提高。

一、社会主义经济制度认识上的变迁过程

在对社会主义经济制度认识的历史上，人类大致经历了三个阶段，即由最初的共产主义单阶段理论，演变成较为成熟的社会主义和共产主义双阶段理论，直至发展成为如今的初级阶段社会主义、发达阶段社会主义和共产主义三阶段理论。

1. 单阶段论——社会主义经济制度建立的雏形

19世纪70年代中期以前，马克思和恩格斯最初提出资本主义经济制度崩溃之后，将直接进入共产主义社会。共产主义社会的经济制度在经济上具有全社会共同占有生产资料，由全社会统一的计划直接分配各种经济资源，不存在商品生产与交换，在个人消费品分配方面实行各尽所能、按需分配等特征——即共产主义单阶段理论，但由于这一理论当时尚处于不

---

① 刘江会：《为什么是"渐进式制度变迁"——基于中国经济改革的一种经验分析》，载《江苏社会科学》2001年第11期。

成熟阶段，且缺乏实践检验的基础，其所包含的较多的空想主义成分在一定程度上受到各方学者的质疑。

2. 双阶段论

19 世纪 70 年代中期，马克思对单阶段理论存在的缺陷有所察觉，进而提出了社会主义和共产主义双阶段理论；该理论在苏联社会主义经济制度建立后得到了基于实践经验的丰富和发展。

（1）马克思的共产主义双阶段理论。19 世纪 70 年代中期，马克思在《哥达纲领批判》一书中将共产主义分为低级和高级两个阶段。他认为，在共产主义低级阶段就会完全实现生产资料的社会公有制，全社会统一分配规划资源，并充分实现按劳分配。在共产主义社会高级阶段，迫使个人奴隶般地服从分工的情形已经消失，脑力劳动和体力劳动的分化消失；劳动已不仅是谋生手段，而是生活的第一需要；人与生产力都得到全面发展，分配方式上实行各尽所能、按需分配！

（2）苏联发展了的双阶段理论。俄国"十月革命"之后，苏联在原设想模型的基础上做了两方面的修改：一是在所有制方面，将原设想的全民所有制这一单一形式演变为全民所有制和集体所有制，并最终允许非公有制经济的存在；二是在商品经济方面，由完全否定商品货币的存在性转向承认商品货币在社会主义经济制度中的合理性。

（3）三阶段理论。十一届三中全会以后，我国开始了市场取向的经济体制改革，提出了社会主义初级阶段的概念。1997 年党的十五大又再次强调和丰富了社会主义初级阶段理论，使共产主义双阶段理论发展成为包含初级阶段社会主义、发达阶段社会主义和共产主义的三阶段理论。三阶段理论使得市场经济在人们心中的地位发生了根本变化，具体体现在两个层面：理论层面，市场经济在社会主义经济制度理论体系中的地位由外生转向内生；实践层面，在新的理论基础上，社会主义不仅不能否定商品生产和交换，反而要大力发展市场经济。随着对市场经济观念的转变，社会主义经济理论在所有制、分配制度等基本理论上也相应地发生了深刻变化。

二、我国社会主义经济制度实践上的变迁过程

我国的社会主义经济制度是在无产阶级夺取政权后，通过没收官僚资本主义经济和改造民族资本主义经济，建立社会主义全民所有制；通过对由个体农业和个体手工业组成的个体私有制进行改造，建立社会主义劳动

集体所有制。进而完成由新民主主义社会向社会主义社会的过渡，建立起以生产资料公有制为基础的社会主义经济制度。改革开放以前，我国的经济制度是"一大二公"纯而又纯的公有制。1978 年改革开放至今，我国以渐进式改革方式逐步建立起了以公有制为基础，其他所有制经济成分共同发展的经济制度，而且十八届三中全会已经将非公有制经济也认定为我国经济社会发展的重要基础。

三、我国社会主义经济制度的本质特征

目前我国的经济制度是中国特色的社会主义市场经济体制下的经济制度，其本质特征主要体现了以下两方面内容。

（1）公有制为主体、多种所有制经济共同发展的所有制结构构成了中国特色社会主义市场经济的所有制基础。这个制度框架决定了中国经济制度建设的三大任务：

一是必须毫不动摇地巩固和发展公有制经济。首先，国有经济控制国民经济命脉，主要体现于控制力而不强求国有经济在经济结构中追求较高的比例关系。当然，发展壮大国有经济对于发挥社会主义制度的优越性，增强国家经济实力、国防实力和民族凝聚力，具有关键性作用。其次，集体经济也是公有制经济的重要组成部分，对于消除两极分化、实现共同富裕有重要的作用。最后，在市场经济条件下发展壮大公有制经济，必然遇到市场经济与公有制的兼容性问题。该问题已经通过公司制和混合所有制形式等创新得以解决，今后需要进一步深化改革和创新公有制实现形式，让公有制经济真正成为有效率的合格市场主体。

二是必须毫不动摇地鼓励、支持和引导非公有制经济的发展。非公有制经济主要包括个体经济、私营经济和外资经济。公有制与非公有制经济都是社会主义市场经济的重要组成部分，都是我国经济发展的重要基础。[①]首先，要鼓励非公有制经济的发展，因为非公有制经济对于调动社会各方面的积极性，对于积累资金、扩大就业、增加税收、满足消费者多样化的需求以及加快生产力的发展等方面具有重要的作用。其次，要支持非公有制经济的发展，不断消除不利于非公有制经济健康发展的不合理限制，改

---

① 《中国共产党第十八届中央委员会第三次全体会议报告：中共中央关于全面深化改革若干重大问题的决定》，新华社 2013 年 11 月 15 日。

善非公有制经济发展的体制和政策环境，最后，要引导非共有制经济的发展，非公有制经济产权明晰、机制灵活、竞争力强，这些是它们的优势，但有时为了追求利润最大化也可能会损害他人或社会利益，如假冒伪劣等，这就需要依靠经济、法律以及必要的行政手段来引导非公有制经济的发展。

三是坚持公有制为主体，促进非公有制经济发展，统一于社会主义现代化建设的进程中。在社会主义市场经济条件下，公有制与非公有制经济之间的关系是相互促进、相互融合、相互渗透和协调发展的关系，而不是相互割裂、相互排斥的，更不是相互对立的。因此，各种所有制经济完全可以在市场竞争中发挥各自的优势，相互促进，在社会主义现代化的建设进程中共同发展。

（2）按劳分配为主、多种分配方式并存的分配制度是社会主义市场经济的分配方式。按劳分配是社会主义公有制中个人消费品分配的基本原则，它既反映了人们对生产资料占有的平等关系，又体现了劳动力的个人所有和与此相联系的劳动者之间等量劳动互换的关系。它既有利于以实现消灭两极分化和共同富裕为主要内容的社会主义目标，又有利于提升劳动者的积极性和创造性，进而提高社会主义公有制经济的运行效率。按劳分配充分体现了社会主义制度中公平与效率的统一原则。尤其是在社会主义市场经济条件下，按劳分配的实现是与市场机制直接联系在一起的，按劳分配的实现在完善市场机制的同时，也对社会主义市场经济的健康发展具有积极的推动作用。然而，按劳分配原则的彻底实现又必须依赖若干充分必要条件，而这些条件至少在社会主义初级阶段是无法全部具备的，因此社会主义市场经济条件下的分配制度应是以按劳分配为主、多种分配方式并存的分配制度。

一方面，坚持以按劳分配为主体、多种分配方式并存的分配制度是由以公有制为主、多种所有制经济共同发展的所有制结构决定的，而在非公有制经济中，按生产要素分配就是生产要素私人所有制在经济上的实现，即资本得利息，劳动得工资，土地得地租；另一方面，由于企业和劳动者的个别劳动无法直接转化为社会劳动，其劳动所创造的价值必须依靠商品交换才能符合社会必要劳动时间的要求，才能被社会所承认，在社会主义市场经济条件下，按劳分配原则需要通过市场交易关系才能实现。

四、完善我国社会主义市场经济制度的思路①

公有制为主体、多种所有制经济共同发展的基本经济制度，是中国特色社会主义制度的重要支柱，也是社会主义市场经济体制的根基。公有制经济和非公有制经济都是社会主义市场经济的重要组成部分，都是我国经济社会发展的重要基础。必须毫不动摇巩固和发展公有制经济，坚持公有制主体地位，发挥国有经济主导作用，不断增强国有经济活力、控制力、影响力。必须毫不动摇鼓励、支持、引导非公有制经济发展，激发非公有制经济活力和创造力。

1. 完善产权保护制度。产权是所有制的核心

健全归属清晰、权责明确、保护严格、流转顺畅的现代产权制度。公有制经济财产权不可侵犯，非公有制经济财产权同样不可侵犯。

国家保护各种所有制经济产权和合法利益，保证各种所有制经济依法平等使用生产要素、公开公平公正参与市场竞争、同等受到法律保护，依法监管各种所有制经济。

2. 积极发展混合所有制经济

国有资本、集体资本、非公有资本等交叉持股、相互融合的混合所有制经济，是基本经济制度的重要实现形式，有利于国有资本放大功能、保值增值、提高竞争力，有利于各种所有制资本取长补短、相互促进、共同发展。允许更多国有经济和其他所有制经济发展成为混合所有制经济。国有资本投资项目允许非国有资本参股。允许混合所有制经济实行企业员工持股，形成资本所有者和劳动者利益共同体。

完善国有资产管理体制，以管资本为主加强国有资产监管，改革国有资本授权经营体制，组建若干国有资本运营公司，支持有条件的国有企业改组为国有资本投资公司。国有资本投资运营要服务于国家战略目标，更多投向关系国家安全、国民经济命脉的重要行业和关键领域，重点提供公共服务、发展重要前瞻性战略性产业、保护生态环境、支持科技进步、保障国家安全。

划转部分国有资本充实社会保障基金。完善国有资本经营预算制度，

① 中国共产党第十八届中央委员会第三次全体会议报告：《中共中央关于全面深化改革若干重大问题的决定》，新华社 2013 年 11 月 15 日。

提高国有资本收益上缴公共财政比例，2020 年提到 30%，更多用于保障和改善民生。

3. 推动国有企业完善现代企业制度

国有企业属于全民所有，是推进国家现代化、保障人民共同利益的重要力量。国有企业总体上已经同市场经济相融合，必须适应市场化、国际化新形势，以规范经营决策、资产保值增值、公平参与竞争、提高企业效率、增强企业活力、承担社会责任为重点，进一步深化国有企业改革。

准确界定不同国有企业功能。国有资本加大对公益性企业的投入，在提供公共服务方面作出更大贡献。国有资本继续控股经营的自然垄断行业，实行以政企分开、政资分开、特许经营、政府监管为主要内容的改革，根据不同行业特点实行网运分开、放开竞争性业务，推进公共资源配置市场化。进一步破除各种形式的行政垄断。

健全协调运转、有效制衡的公司法人治理结构。建立职业经理人制度，更好发挥企业家作用。深化企业内部管理人员能上能下、员工能进能出、收入能增能减的制度改革。建立长效激励约束机制，强化国有企业经营投资责任追究。探索推进国有企业财务预算等重大信息公开。

国有企业要合理增加市场化选聘比例，合理确定并严格规范国有企业管理人员薪酬水平、职务待遇、职务消费、业务消费。

4. 支持非公有制经济健康发展

非公有制经济在支撑增长、促进创新、扩大就业、增加税收等方面具有重要作用。坚持权利平等、机会平等、规则平等，废除对非公有制经济各种形式的不合理规定，消除各种隐性壁垒，制定非公有制企业进入特许经营领域具体办法。

鼓励非公有制企业参与国有企业改革，鼓励发展非公有资本控股的混合所有制企业，鼓励有条件的私营企业建立现代企业制度。

第三章

健全市场机制与完善社会
主义市场经济体系

经过三十多年的改革开放，我国社会主义市场经济体制已初步建立并得到不断完善。然而，我国目前的社会主义市场经济，市场的决定性作用没有得到较为充分的发挥。尤其是资源要素价格改革及其市场发育明显滞后，土地、技术等重要生产要素市场化程度还相对较低，重要的资源类产品的价格形成机制还有待理顺。同时，我国垄断行业改革进展缓慢、政府过度干预市场行为仍然存在，各种问题更加深化、各种矛盾更加复杂化。因此，迫切需要深化经济体制改革，加大突破重大领域和关键环节障碍的力度，真正使市场机制得以健全，并不断完善社会主义市场体系。

第一节 社会主义市场经济中的市场体系

建立和完善社会主义市场经济体制，充分实现市场机制在资源配置中的决定性作用，就必须对现代市场经济体制的一项基本构成要件——市场体系进行培育和发展，促进其统一、开放、竞争、有序。培育和发展我国社会主义市场经济中的市场体系，既需要对市场体系的含义、特点、构成及其形成和发展的规律进行探索，还需要分析我国市场体系的现状。

一、市场体系的内涵及其内容

何为市场体系？市场体系就是市场主体结构与由不同功能的各类市场组成的市场客体结构相互影响、相互作用、相互融合的紧密联系的有机整体。

　　市场主体是市场经济的最基本要素，它主要由从事市场交易活动的人和社会组织构成。市场资源配置的功能是由市场主体的运作完成的，因此市场主体是市场体系中具有主动作用的核心要件。另一方面，市场主体也只有在市场体系中作用于市场客体（用于交换的物品和劳务），才能实现资源配置功能。也正是市场主体作用于市场客体从而不断地、重复地、多层次地进行市场交易活动，才形成了市场主、客体赖以互动的活动场所——市场体系，因此可以这样讲，市场体系是市场主体之间交易活动的产物，也是市场主体之间经济关系的总和。

　　不同类型的市场主体构成了市场体系的市场主体结构，也就是说，"市场体系的主体结构是由以企业和个人为核心，并以政府机构和其他社会组织为外围所构成的一个系统，这些市场主体元素构成了生产者和消费者结构、供应者和需求者结构"；① 按照市场客体即交易对象的经济功能划分为各种不同类型的细分市场，构成了市场体系的客体结构。现代市场经济中市场体系的客体结构已经发展成为由商品市场、劳动力市场、金融市场、房地产市场、技术市场、信息市场等组成的结构体系。该结构体系在与市场主体结构相互影响、相互作用、相互融合的过程中不断发展演变，不断满足市场资源配置的最基本要求，促进了统一、开放、竞争、有序的市场体系的不断完善和有序发展。

　　"通观世界市场的演变发展，市场体系并不是自古就有的，而是伴随市场结构的日益复杂化逐渐产生的"。② 最初的市场都只是商品市场，而且主要是消费品市场，形不成市场体系，随着商品经济的不断发展，开始出现了将某些商品作为生产资料来生产另外的商品，由此出现了生产资料市场。后来，随着商品经济的再度发展，活劳动像物化劳动一样被当作生产要素投入生产，劳动力成为可买卖的对象，导致了劳动力市场的出现。再后来，随着商品经济的普遍化，金融市场开始出现并得以发展，这极大地促进了整个经济的市场化、货币化，市场体系的雏形开始形成。进入现代社会，科学技术的进步、信息技术的蓬勃发展、房地产需求的扩大，形成了新型的细分市场：科技市场、信息市场、房地产市场等等，这些细分市场与既往的生产资料市场、劳动力市场、金融市场融为互相联动的整体，形成了一个包含复杂结构系统的市场体系。

---

　　①② 刘文革等：《社会主义市场经济理论与实践》，北京大学出版社 2012 年版，第 67 页。

二、社会主义市场体系的含义及其特征

"社会主义市场体系指的是在社会主义公有制为主体的条件下，各种具备不同功能的细分市场及其相互之间的制约关系所组成的统一体"。[①]社会主义市场体系既具有现代一般市场体系的共性特征，也具有特殊性。现代一般市场体系的共性特征包括以下五个方面：一是市场体系由商品、资金、劳动力三大基本市场构成，分别执行着商品交换、资金融通、劳动者流动的职能。二是市场体系中都有商品和劳务等的交换行为共同遵守的价值规律和供求规律，都发挥着自由交换和契约原则的持久效力。三是竞争成为市场体系框架下商品价值形成、资源有效配置、生产力发展不可缺少的基本要素。四是市场体系具有国家统一性，确保了商品生产者平等竞争、生产要素的合理转移。五是市场体系的开放性。开放性的具体表现在融入国际环境、广泛的对外贸易和对外经济技术交流与合作、承认并遵守国际价值规律、国际惯例和国际规则。

社会主义市场体系基于社会主义的制度属性也必然有其特殊性，主要体现在三个方面：一是社会主义市场体系的市场主体是以公有制经济占主导地位的多种所有制经济成分构成的。虽然公有制和非公有制都是社会主义市场经济的重要组成部分，但坚持公有制在所有制结构中的主体地位，发挥国有经济的主导作用，不断增强国有经济的经济活力、控制力和影响力。这就决定了市场体系的性质是社会主义的。二是社会主义市场体系中的主要经济关系充分体现了社会主义本质的属性要求。社会主义本质是解放生产力，发展生产力，消灭剥削，消除两极分化，最终达到共同富裕。这一要求决定了社会主义市场体系中的商品关系主要是劳动者内部之间的交换关系和利益配置关系，而不是资本关系，资本关系仅是补充而已。三是社会主义市场体系发挥作用的特殊性。社会主义市场体系既发挥市场机制在配置资源中的决定性作用，又充分发挥政府的宏观调控作用。虽然资本主义市场体系也发挥市场作用和政府作用，但社会主义制度属性决定了社会主义市场体系中的政府宏观调控与资本主义市场体系中的宏观调控有很大的不同，突出表现在调控的目标、调控的内容、调控的基本方式和发挥的作用等方面。

---

① 刘文革等：《社会主义市场经济理论与实践》，北京大学出版社 2012 年版，第 68 页。

第二节　市　场　机　制

市场中的商品交易是按照市场规则来进行的，也就是说市场经济得以实现是依靠市场机制的运作来完成，但市场机制并不是万能的，社会经济资源在依靠市场机制配置中也存在功能缺陷，即市场失灵，不能实现资源的有效配置。通常，市场失灵具有不同形式，具体表现在外部性问题、垄断问题、公共品供给不足问题、逆向选择问题、失业问题等方面。

一、市场机制的内涵和类型

机制最初的含义是指机器的构造和工作原理，后来机制的含义逐渐衍生为有机体的构造、功能及其相互关系。现代市场经济实现资源配置离不开市场体系，市场体系的内在功能的实现是与市场中的价格、供求、竞争、利率、工资等市场要素相互联系、相互制约、相互作用分不开的。我们把市场体系内价格、供求、竞争、利率、工资等因素之间的相互联系、相互制约、相互作用的机理称为市场机制。进一步讲，市场机制是市场体系的内在功能，"是市场体系中谋求自身利益的市场主体在进行竞争和承担风险的基础上，由它们的交易行为引起价格变动和供求变化来实现资源配置的机理和功能"。① 现代市场经济条件下的市场机制，已经发展成为由价格机制、供求机制、竞争机制、风险与收益对称机制、优胜劣汰机制等相互作用、相互联结的机制整体。

1. 价格机制

所谓价格机制，是指在市场竞争过程中，因供求关系的变化引致的市场价格的形成和运行机制。价格机制包括价格形成机制和价格调节机制。在价格机制中，商品价格的变动，会引起商品供求关系变化；而供求关系的变化，又反过来引起价格的变动，因此，价格变动与供求变动之间是相互联系、相互制约的。价格机制是市场机制中最敏感、最有效的调节机制，价格的变动对整个社会经济活动有十分重要的影响。

价格机制在市场机制中居于核心地位，所以市场机制要发挥作用，必

---

① 刘文革等:《社会主义市场经济理论与实践》，北京大学出版社 2012 年版，第 69 页。

须由价格机制来实现。价格机制对商品生产经营者来说，是竞争工具，对国家宏观调控来说，是市场供求状况的晴雨表。同时，价格机制能解决社会生产什么、生产多少；如何生产；为谁生产这三大基本问题；价格能调节多次收入分配；价格机制还直接影响消费者购买行为。尤其是价格机制能自发地调节总供给和总需求，实现其在市场资源配置过程中总供给与总需求的平衡：

一方面，价格机制通过影响利益关系进而促进商品生产者推进技术创新、改善经营管理来提升总供给量，还通过影响利益关系促使生产者调整生产导向，实现社会劳动在不同部门之间的重新分配，进而调节社会的总供给结构。另一方面，价格机制通过价格变化引导消费倾向。对一般商品而言，价格机制的结果是，价格上升，需求下降；价格下降，需求上升。由此诱导着消费倾向的波动乃至改变。此外，价格机制为国家宏观调控提供信号。伴随着价格机制作用下的商品价格上下波动的规律和趋势变化，能够为国家宏观调控市场提供反映市场供求状况的规律性的信息。

2. 供求机制

供求机制就是市场经济中商品、资金、信息、技术和劳动力等交易对象的供给与需求之间相互影响关系的规律性。供求机制中的供求，是指市场上某种商品或要素的供给量和需求量。供给强调的是市场主体向市场提供的某种商品或要素的使用价值量，需求强调的是受购买力限制的、对该种商品或要素使用价值的需要量。

供求机制发挥作用的三种基本状态：（1）当某种商品或要素的供给量大于需求量时，会引起该种商品或要素价格的下降，卖方之间的竞争会随之增强，卖方不得不缩小生产规模，利率和工资随着卖方生产规模的缩小而下降。此种状态对买方即消费者有利，可以买到质优价廉的商品或要素。（2）当某种商品或要素的供给量小于需求量时，会引起该种商品或要素价格的上升，买方之间的竞争会随之增强，卖方会不断扩大生产规模，利率和工资随着卖方生产规模的扩大而提高。此种状态对卖方即生产者有利，不仅可以将商品或要素卖得更多，而且价格高获利大。（3）当某种商品或要素的供给量等于需求量时即达到供求均衡状态。如果这种状态持续很长一段时间，那么供求规律就暂时失去作用。但现实生活中，供求均衡只是转瞬即逝的一种状态，也就是说当某种商品或要素的供给量大于需求量时，供求机制的作用促进供给量向小于需求量的方向转化，转化的过程中要经过供求均衡这一时间非常短暂的时点；反过来，当某种商品或要素的供给量小于需求量时，供求机制的作用促进供给量向大于需求量的方向转化，转化的过程中也要经过供求均衡这一时间非常短暂的时点。因此供求均衡是前两种状态互相转化的中转站，而并非一种常态。供求失衡是绝对的，而均衡是相对的，从失衡转向均衡，又由新的均衡导致新的失衡，不断循环往复。

3. 竞争机制

竞争是市场经济得以运行的必然条件。商品价值的决定，价值规律的实现，都离不开竞争。竞争的实质是不同商品生产经营者在生产经营过程中劳动耗费的比较。现代市场经济中，竞争越来越深化和复杂化，不仅买者之间、卖者之间存在竞争，而且买者和卖者之间也存在竞争。竞争的主要手段，在同一生产部门内主要是价格竞争，以较低廉的价格战胜对手。在部门之间，主要是资金的流入或流出，资金由利润率低的部门流向利润率高的部门。一句话，竞争已经遍及到市场经济的各个领域、各个方面。

竞争机制是市场主体为实现自身利益最大化，而争取盈利条件的客观要求，是商品经济活动中优胜劣汰的手段和方法。市场上的交易者，通过竞争机制的充分发挥，决出了谁优胜，谁劣汰，由此推动了经济质与量的螺旋式上升。所以，竞争机制是市场经济最重要的经济机制，是市场经济的固有规律。

竞争机制的存在及其功能的发挥必须具备以下条件：一是商品的生产者和经营者应是独立的经济实体，有权参与竞争，进而在竞争中抓住机遇，根据市场动向决定自己的生产经营方向和投资规模。二是承认商品的生产者和经营者在竞争中所获得的相应的利益。商品生产经营者不是为竞争而竞争的，如果竞争而不能获得独立利益，则竞争机制必然停滞。三是要有竞争所必需的环境，就是说竞争场所或市场体系完善。只有在各类市场齐备、市场体系完善的条件下，才能充分发挥市场的竞争机制，展开有序竞争。此外，还要有健全的竞争法律法规，才能保证公平有序的竞争环境。

竞争机制对市场经济的运行和发展具有重要作用：一是使商品的个别价值转化为社会价值；二是促使生产者改进技术、改善经营管理，提高劳动生产率；三是促使生产者根据市场需求组织和安排生产，使生产与需求相适应。

4. 风险与收益对称机制

市场主体从事生产、交换、分配、消费等活动中都会面临着盈利、亏损和破产的风险，这是市场经济的必然规律。在利益的诱惑下，风险作为一种外在压力同时作用于市场主体。而在风险面前，可能孕育着更大的获利机会。风险小的市场行为一般获利较小，亏损也较小；风险大的市场行为，一般获利较大，亏损也较大。因此人们在市场上追逐利益的过程中经受着风险与收益的博弈，这场博弈使风险与收益趋于对称均衡状态。

其中的风险机制对市场行为形成约束，它以竞争可能带来的亏损乃至破产的巨大压力，鞭策市场主体努力改善经营管理，增强市场竞争实力，提高自身对经营风险的调节能力和适应能力。

5. 优胜劣汰机制

竞争的结果是优胜劣汰，优胜劣汰机制就是适者生存不适者被淘汰的机制。

二、市场机制的功能与市场失灵

1. 市场机制的功能

现代市场经济中的市场机制具有多种功能，具体有自发平衡供求、自发调节资源配置、自发传递市场信号、自发促进技术创新、自动调节收入分配、自发降低交易成本等功能。

2. 市场机制失灵

市场机制失灵亦称市场失灵或市场缺陷，是指市场机制无法有效率地配置市场资源的情况。单纯依靠市场机制实现资源合理配置是有一定条件的，最主要的条件有四个：一是经济活动过程中的一切产权关系是清晰的；二是经济活动中所需的信息是完全充分和分布是完全对称的；三是经济活动中不产生垄断；四是有效的货币制度与灵敏的价格机制等。

当这些条件中的任何一个条件缺失、不足或发生偏差时，市场机制功能的发挥就要受到限制，就容易引起市场失灵。

三、市场机制失灵的具体表现

1. 外部性问题

当个人或企业在行动时并不付出行动的全部代价或享受行动的全部收益时，经济学家就认为存在着外部性，或者说指一个人或一群人的行动和决策使另一个人或一群人受损或受益的情况。外部性又称为溢出效应、外部影响或外差效应。外部性效应是不以市场为媒介而对其他经济体产生的，即经济主体的经济活动对他人和社会造成的非市场化的影响。正是由于"不以市场为媒介"，具有外部性的产品的市场价格是不完全的市场价格，是扭曲的市场价格，人们从事具有外部性的活动，是不通过市场价格信号实现社会资源的有效配置的，这就产生了市场失效状态。

外部性分为正外部性和负外部性。正外部性也叫外部经济，是某个经济行为个体的活动使他人或社会受益，而受益者无须花费代价。负外部性也叫外部不经济，是某个经济行为个体的活动使他人或社会受损，而造成外部经济的人却没有为此承担成本。

工厂在生产中排放污染物，尽管工厂自身可能获得生产利润，但却增大了社会成本：既使政府增加了治理污染的耗费，也导致自然资源的减少，还对人类健康造成伤害，这就是一种负外部性。建设一栋造型美观的建筑，既让建筑的所有者获得了内部收益，也让这个地区的所有人都可以欣赏到这一道风景线，这是一种正外部性。

当前，外部性问题已经不再局限于同一地区的企业与企业之间、企业与居民之间的纠纷，而是扩展到了区际之间、国际、代际之间的大问题了。不仅代内外部性的空间范围在扩大。同时，代际外部性问题日益突出，生态破坏、环境污染、资源枯竭、淡水短缺等，都已经危及我们子孙后代的生存。

外部性发展经历了三个阶段，形成了三个里程碑：

第一个里程碑是马歇尔的"外部经济"理论。该理论认为，所谓内部经济，是指由于企业内部的各种因素所导致的生产费用的节约，这些影响因素包括劳动者的工作热情、工作技能的提高、内部分工协作的完善、先进设备的采用、管理水平的提高和管理费用的减少，等等。所谓外部经济，是指由于企业外部的各种因素所导致的生产费用的减少，这些影响因素包括企业离原材料供应地和产品销售市场远近、市场容量的大小、运输通讯的便利程度、其他相关企业的发展水平，等等。实际上，马歇尔把企业内分工而带来的效率提高称作是内部经济，而把企业间分工而导致的效率提高称作外部经济。[①]

第二个里程碑是庇古的"庇古税"理论。庇古通过分析边际私人净产值与边际社会净产值的背离来阐释外部性。外部性实际上就是边际私人成

---

①　阿弗雷德·马歇尔著：《经济学原理》，朱志泰译，商务印书馆 1964 年版，第 327～331 页。

本与边际社会成本、边际私人收益与边际社会收益的不一致。在边际私人收益与边际社会收益、边际私人成本与边际社会成本相背离的情况下，依靠自由竞争是不可能达到社会福利最大的。于是就应由政府对边际私人成本小于边际社会成本的部门实施征税，即存在外部不经济效应时，向企业征税；对边际私人收益小于边际社会收益的部门实行奖励和津贴，即存在外部经济效应时，给企业以补贴。[①]

第三个里程碑是"科斯定理"。科斯在批判庇古理论的过程中形成科斯定理的。科斯对庇古理论的批判包括三方面内容：第一，外部效应往往不是一方侵害另一方的单向问题，而具有相互性。第二，在交易费用为零的情况下，庇古税根本没有必要。第三，在交易费用不为零的情况下，解决外部效应的内部化问题要通过各种政策手段的成本——收益的权衡比较才能确定。也就是说，庇古税可能是有效的制度安排，也可能是低效的制度安排。

科斯定理：如果交易费用为零，无论权利如何界定，都可以通过市场交易和自愿协商达到资源的最优配置；如果交易费用不为零，制度安排与选择是重要的。这就是说，解决外部性问题可能可以用市场交易形式即自愿协商替代庇古税手段。

2. 垄断问题

垄断指少数大企业或企业集团为了共同控制某个或若干部门的生产、销售和经营活动，以获取高额垄断利润而实行的一种联合。

在市场经济的发展过程中，自由竞争引起生产集中，生产集中发展到一定阶段就必然引起垄断。当垄断代替自由竞争而在经济生活中占了统治地位，就扭曲了市场有序竞争，市场机制就失去作用，由此导致市场失灵。

形成垄断的主要原因有三个：一是最常见的自然垄断。生产成本使一个生产者比大量生产者更有效率。二是资源垄断。关键资源由一家企业拥有。三是行政性垄断。政府给予一家企业排他性地生产某种产品或劳务的权利或者由政府自行垄断（专卖）。

垄断的危害是行业垄断导致有效投资不足，行政垄断滋生腐败毒瘤。

3. 公共品问题：即公共产品供给不足

公共产品是供全社会成员所共同消费的产品——它在消费过程中具有

---

① 庇古著：《福利经济学》，金镝译，华夏出版社2007年版，第103～112、131～134页。

非排他性和非竞争性。私人生产者不会主动生产公共产品，而由政府等公共部门来承担。因此，市场中的非政府主体不直接承担公共产品的生产成本和维护成本，但却可以自由享用公共产品。正因如此，由于生产者受市场机制追求最大化利润的驱使，往往会对这些公共资源出现掠夺式使用，而不能给资源以休养生息，导致公共产品的过度使用。有时尽管使用者明白长远利益的保障需要公共资源的合理使用，但因市场机制自身不能提供制度规范，又担心其他使用者的过度使用，出现使用上的盲目竞争，导致市场机制失灵。

4. 逆向选择问题

逆向选择指的是这样一种情况，市场交易的一方如果能够利用多于另一方的信息使自己受益而对方受损时，信息劣势的一方便难以顺利地做出买卖决策，于是价格便随之扭曲，并失去了平衡供求、促成交易的作用，进而导致市场效率的降低。

"逆向选择"指的是由交易双方信息不对称和市场价格下降产生的劣质品驱逐优质品，进而出现市场交易产品平均质量下降的现象。这种"市场失灵"具有"逆向选择"的特征，形成了"劣币驱逐良币"效应。传统市场的竞争机制导出的结论是——"良币驱逐劣币"或"优胜劣汰"；可是，信息不对称导出的是相反的结论——"劣币驱逐良币"或"劣胜优汰"。

5. 失业问题

失业是市场机制作用的主要后果，一方面从微观看，当资本为追求规模经营，提高生产效率时，劳动力被机器排斥。另一方面从宏观看，市场经济运行的周期变化，对劳动力需求的不稳定性，也需要有产业后备军的存在，以满足生产高涨时对新增劳动力的需要。劳动者的失业从宏观与微观两个方面满足了市场机制运行的需要，但失业的存在不仅对社会与经济的稳定不利，而且也不符合资本追求日益扩张的市场与消费的需要。因此，市场机制无法解决失业问题——市场机制失灵。

6. 区域经济不协调问题

市场机制的作用只会扩大地区之间的不平衡现象，一些经济条件优越，发展起点较高的地区，发展也越有利。随着这些地区经济的发展，劳动力素质，管理水平等也会相对较高，可以支付给被利用的资源要素的价格也高，也就越能吸引优质的各种资源，以发展当地经济。

那些落后地区也会因经济发展所必需的优质要素资源的流失而越发落

后，区域经济差距会拉大。再是因为不同地区有不同的利益，在不同地区使用自然资源过程中也会出相互损害的问题，可以称之为区域经济发展中的负外部效应：江河上游地区林木的过量开采，可能影响的是下游地区居民的安全和经济的发展。这种现象造成了区域间经济发展的不协调与危害。

7. 收入与财富分配不公

这是因为市场机制遵循的是资本与效率的原则。资本与效率的原则又存在着"马太效应"（马太效应：强者愈强、弱者愈弱、好的愈好，坏的愈坏，多的愈多，少的愈少的现象）。从市场机制自身作用看，这是属于正常的经济现象，资本拥有越多在竞争中越有利，效率提高的可能性也越大，收入与财富向资本与效率也越集中；另一方面，资本家对其雇员的剥夺，使一些人更趋于贫困，造成了收入与财富分配的进一步拉大。这种拉大又会由于影响到消费水平而使市场相对缩小，进而影响到生产，制约社会经济资源的充分利用，使社会经济资源不能实现最大效用。

第三节　加速完善现代市场体系与健全市场机制①

党的十八届三中全会提出，紧紧围绕使市场在资源配置中起决定性作用深化经济体制改革，这必然要求加快完善现代市场体系，健全社会主义市场机制。否则，我国在经济资源配置中就很难发挥好市场的配置作用，其配置效率就要大打折扣。

一、加速完善社会主义市场经济中的现代市场体系

经过三十多年的经济改革，我国在建立市场体系方面取得了较大进展，但由于我国商品经济尚不发达，各种市场的发展参差不齐，很不成熟，建立和完善我国市场体系，是发挥市场调节决定性作用的重要前提，是建立社会主义市场经济新体制的需要。市场机制功能的充分发挥，也要以完善的市场体系为基础。适应我国社会主义市场经济的发展要求，必须

---

① 《中国共产党第十八届中央委员会第三次全体会议报告：中共中央关于全面深化改革若干重大问题的决定》，新华社 2013 年 11 月 15 日。

健全现代市场体系。按照十八届三中全会的要求，这个现代市场体系是统一开放、竞争有序的，是企业自主经营、公平竞争，消费者自由选择、自主消费，商品和要素自由流动、平等交换的现代市场体系。这个现代市场体系是有利于更好地清除市场壁垒，提高资源配置效率和公平性的市场体系。

1. 建立公平开放透明的市场规则

实行统一的市场准入制度，在制定负面清单基础上，各类市场主体可依法平等进入清单之外领域。探索对外商投资实行准入前国民待遇加负面清单的管理模式。推进工商注册制度便利化，削减资质认定项目，由先证后照改为先照后证，把注册资本实缴登记制逐步改为认缴登记制。推进国内贸易流通体制改革，建设法治化营商环境。

改革市场监管体系，实行统一的市场监管，清理和废除妨碍全国统一市场和公平竞争的各种规定和做法，严禁和惩处各类违法实行优惠政策行为，反对地方保护，反对垄断和不正当竞争。建立健全社会征信体系，褒扬诚信，惩戒失信。健全优胜劣汰市场化退出机制，完善企业破产制度。

2. 完善主要由市场决定价格的机制

凡是能由市场形成价格的都交给市场，政府不进行不当干预。推进水、石油、天然气、电力、交通、电信等领域价格改革，放开竞争性环节价格。政府定价范围主要限定在重要公用事业、公益性服务、网络型自然垄断环节，提高透明度，接受社会监督。完善农产品价格形成机制，注重发挥市场形成价格作用。

3. 发展和完善金融要素市场

金融市场在社会主义市场体系中处于核心的地位。在现代市场经济条件下，没有发达的金融市场，就没有发达的市场经济，发展社会主义市场经济，必须建立和完善金融市场。

新形势下，完善金融市场体系。就要扩大金融业对内对外开放，在加强监管前提下，允许具备条件的民间资本依法发起设立中小型银行等金融机构。推进政策性金融机构改革。健全多层次资本市场体系，推进股票发行注册制改革，多渠道推动股权融资，发展并规范债券市场，提高直接融资比重。完善保险经济补偿机制，建立巨灾保险制度。发展普惠金融。鼓励金融创新，丰富金融市场层次和产品。

完善人民币汇率市场化形成机制，加快推进利率市场化，健全反映市场供求关系的国债收益率曲线。推动资本市场双向开放，有序提高跨境资本和金融交易可兑换程度，建立健全宏观审慎管理框架下的外债和资本流动管理体系，加快实现人民币资本项目可兑换。

落实金融监管改革措施和稳健标准，完善监管协调机制，界定中央和地方金融监管职责和风险处置责任。建立存款保险制度，完善金融机构市场化退出机制。加强金融基础设施建设，保障金融市场安全高效运行和整体稳定。

4. 发展和完善技术信息要素市场

随着世界科技革命的发展和知识经济的出现，科学技术和信息作为重要的生产要素，其作用日益突出。实践证明，技术和信息市场是促进科研与生产结合的纽带，发展技术信息市场，可以使科研单位的科技成果及时向商品转化，为经济建设服务，同时也强化了这些单位的实力，大大促进社会主义市场经济的发展。要发展和完善技术信息市场，必须引入竞争机制，保护知识产权，实行技术成果有偿转让，实现技术产品和信息商品化、产业化。采取鼓励、扶植政策，吸引企业进入技术市场，完善技术、信息交易法规，加强技术信息市场的管理。

新形势下重点要深化科技体制改革。建立健全鼓励原始创新、集成创新、引进消化吸收再创新的体制机制，健全技术创新市场导向机制，发挥市场对技术研发方向、路线选择、要素价格、各类创新要素配置的导向作用。建立产学研协同创新机制，强化企业在技术创新中的主体地位，发挥大型企业创新骨干作用，激发中小企业创新活力，推进应用型技术研发机构市场化、企业化改革，建设国家创新体系。

加强知识产权运用和保护，健全技术创新激励机制，探索建立知识产权法院。打破行政主导和部门分割，建立主要由市场决定技术创新项目和经费分配、评价成果的机制。发展技术市场，健全技术转移机制，改善科技型中小企业融资条件，完善风险投资机制，创新商业模式，促进科技成果资本化、产业化。

整合科技规划和资源，完善政府对基础性、战略性、前沿性科学研究和共性技术研究的支持机制。国家重大科研基础设施依照规定应该开放的一律对社会开放。建立创新调查制度和创新报告制度，构建公开透明的国家科研资源管理和项目评价机制。

改革院士遴选和管理体制，优化学科布局，提高中青年人才比例，实行院士退休和退出制度。

5. 发展和完善劳动力要素市场

劳动力市场能够促进劳动力的合理流动和布局，把市场经济资源配置的功能和分配机制的作用落实在劳动力流动的过程。劳动力市场的主要价格信号是工资，它调节着劳动力市场的供求。各类劳动力市场，如人才招聘会、职业介绍所、专门网站等都是劳动力市场的具体形式。我国劳动力资源丰富，就业压力大，因此，要通过积极发展劳动力市场来扩大劳动就业和择业的范围，促进劳动力的合理流动，发展社会主义市场经济。

6. 发展和完善房地产要素市场

房地产市场是我国市场体系的重要组成部分，发展和完善房地产市场，对于加快我国城市化进程，带动相关产业发展，促进居民消费结构调整等方面都有积极的推动作用。我国人均用地匮乏，必须十分珍惜和有效合理使用土地资源，加强土地管理，切实保护耕地，严格控制土地农转非情况的出现。土地国有制是我国的优势，国家要垄断土地一级市场，同时加强土地二级市场的管理，建立正常的土地使用权价格的市场形成机制。要加快城镇住房制度深层改革，促进住房商品化和住房建设的发展。

建立城乡统一的建设用地市场。在符合规划和用途管制前提下，允许农村集体经营性建设用地出让、租赁、入股，实行与国有土地同等入市、同权同价。缩小征地范围，规范征地程序，完善对被征地农民合理、规范、多元保障机制。扩大国有土地有偿使用范围，减少非公益性用地划拨。建立兼顾国家、集体、个人的土地增值收益分配机制，合理提高个人收益。完善土地租赁、转让、抵押二级市场。

二、加速健全社会主义市场经济中的市场机制

以价格机制、供求机制和竞争机制为主要内容的市场机制是价值规律作用的机制，这些机制在社会主义市场经济中依然具有非常重要的作用。发展社会主义市场经济，必须充分发挥市场机制的功能，使其在资源配置中起决定性作用。具体分析来看，在社会主义条件下，市场机制应从两方面加速健全以促进其功能的有效发挥。

1. 在资源配置中将市场机制的作用与政府导向结合在一起

在社会主义市场经济中，充分发挥市场机制作用，并不是放弃政府宏观调控，解决我国资源配置"强政府、弱市场"低效状态，实现市场在资源配置中起决定性作用的最有效状态，既要对市场和政府关系边界进行重塑，还要注重与政府对国民经济的宏观管理相结合，市场调节不到位或失灵的地方由政府调节，政府作用的发挥要最大限度地让渡给市场，以保证

配置效率最大化。这具体表现在两方面：首先，针对关系国计民生、国家安全、技术尖端等的重要资源，政府应适度参与配置；其次，针对一般性的市场资源配置，政府应运用宏观调节手段对资源配置中市场机制作用过程进行引导和调节。

2. 在经济利益调节中将市场机制的作用与社会协调结合在一起

在社会主义市场经济中，虽然从根本上说国家、企业和个人三者的利益是一致的，但由于目前社会主义市场体系发展仍不完善，且依然存在较多的外部不经济，如企业、个人在因追求私人利益而造成的环境污染等，只依靠市场机制的自主调节尚不能满足我国社会主义市场经济的发展需要，因此为了符合社会整体和长远利益的发展要求，客观上需要国家代表全社会在市场机制调节经济利益的基础上，进行经济利益的再协调，这种关系在社会主义市场经济中表现得较为明显。我们应该看到，自改革开放以来，我国社会主义市场机制在长期计划经济条件下的那种扭曲状态已经发生了根本改变。但也应该认识到，市场机制距离其功能作用的充分发挥还有很长的路要走，还需要进一步深化经济体制改革，真正按照市场经济的要求创造更加适合市场机制发挥作用的经济环境和体制环境。

第四章

经济体制转轨与建立社会主义市场经济体制

新中国成立后最初选择的是计划经济体制，在当时国穷民弱的现实背景下，能够迅速集聚资源，较大地推进了社会主义制度的建立和经济的初步发展。但随着经济的不断发展，传统的计划经济体制逐渐暴露出人浮于事、效率不高的弊端。改革开放以后，我国选择了由计划经济体制向社会主义市场经济体制的过渡和转轨，到目前为止，基本上初步建立了社会主义市场经济体制。中国经济体制的转轨，不仅让中国经济释放出巨大的制度红利，也为实现中华民族的伟大复兴中国梦奠定了坚实的经济基础。

第一节　资源配置的三种方式

资源配置是指对相对稀缺的资源在各种不同用途上加以比较作出的选择。就是说，由于资源的稀缺性，资源配置就是通过一定的方式把有限的资源合理分配到社会的各个领域中去，以实现资源的最佳利用，即用最少的资源耗费，生产出最适用的商品和劳务，获取最佳的效益。

资源配置的类型按照资源配置方式的内容的不同可以划分为三种类型，即自然经济、计划经济和市场经济。

一、自然经济

自然经济就是鲜有商品交换的自给自足的经济，其生产的目的是为了直接满足生产者生存需要，而不是为了商品交换。

最早的自然经济产生于原始社会时期，该时期生产力极为低下，氏族之间进行极少的剩余产品交换；真正实现完善的自然经济是在原始社会末期，以家庭为生产单位、采用金属工具生产、以土地为生产资料；在原始社会末期与早期封建社会时期，自然经济发展成为生产力发展的有力支持。

自然经济具有四个方面的特点：一是自给自足，极少有商品交换；二是具有封闭性，生产技术落后，生产规模小；三是因循守旧，忽视技术革新和创造；四是自然经济是简单的再生产。

二、计划经济

计划经济是在社会化大生产条件下以计划为主要的资源配置手段的一种经济形态。当然社会化大生产条件下的资源配置有计划经济和市场经济两种方式。

具体而言，计划经济就是计划部门根据社会需要和可能，以计划配额、行政命令来统管资源和分配资源。该方式源于马克思主义创始人的理论设想，即在社会主义社会，生产资料将由全社会占有，商品货币关系将不再存在，因而资源配置的方式主要是计划，即通过社会的统一计划来决定资源的配置。苏联和东欧国家，正是按照这一理论设想把计划作为资源配置的主要方式来实践的。我国改革开放以前的一段时间里，也曾经把计划作为资源配置的主要方式，而市场的作用受到很大的限制。在一定条件下，计划资源配置方式有可能从整体利益上协调经济发展，集中力量完成重点工程项目。例如新中国成立后很长一段时期内，计划经济确实为我国经济发展发挥了重要作用。但是，配额排斥选择，统管取代竞争，市场处于消极被动的地位，从而易于出现资源闲置或浪费的现象。

三、市场经济

市场经济是依靠市场运行机制即以市场为主要手段进行资源配置的方式。市场成为资源配置的主要方式是从资本主义制度的确立开始的。在资本主义制度下，社会生产力有了较大的发展，所有产品、资源都变成了可以交换的商品，市场范围不断扩大，进入市场的产品种类和数量越来越多，从而使市场对资源的配置作用越来越大，市场成为资本主义制度下资源配置的主要方式。这种方式可以使企业与市场发生直接的联系，企业根据市场上供求关系的变化状况，根据市场上产品价格的信息，在竞争中实现生产要素的合理配置。但这种方式也存在着一些不足之处，例如，由于市场机制作用的盲目性和滞后性，有可能产生社会总供给和社会总需求的失衡，产业结构不合理，以及市场秩序混乱等现象。

市场经济作为资源配置的主要方式，有以下三个方面的积极作用：

第一，市场作为主要手段配置资源，有利于企业推动科技进步，经营管理，促进劳动效率提高。

企业是以利润最大化为目标从事生产经营活动的市场主体。企业要使产品价格具有竞争力和实现利润最大化，必须使自己生产商品的个别劳动时间即个别价值低于社会必要劳动时间即社会价值。在竞争的作用下，劳动生产率较高、个别价值较低的企业，在竞争中处于主动地位，能够以高于个别价值的价格出售产品，以此获得较高的收入。相反，劳动生产率较低，个别价值较高的企业，在竞争中处于被动地位，可能按低于其个别价值的价格出售产品，获得较少的收入以致亏本。这样，作为市场主体的企业，在市场机制的调节下，从自身利益出发，会主动地采用先进的科学技术，改进经营管理，以提高劳动生产率，进而带动整个社会生产力的迅速发展。

第二，市场作为主要手段配置资源，有利于引导企业按照市场需要优化生产要素组合，实现产需衔接。

企业作为市场调节信号的接收者，主要通过市场价格的涨落，了解市场供求状况，并据此安排和调整生产经营方向、品种、数量和规模，进行生产要素的优化组合，实现产需衔接。当某种商品的价格上涨，意味着该商品在市场上供不应求，企业就会自动扩大生产经营规模。反之，若某种商品价格下跌，表明该种商品在市场上供过于求，企业则会缩小生产规模，或调整经营方向，转而生产其他商品。

第三，市场作为主要手段配置资源，有利于发挥竞争和优胜劣汰机制，推动企业提高商品生产经营能力。

企业从事商品生产经营必然为争夺市场份额展开激烈的竞争。竞争以外部的强制力，迫使企业在生产经营中强化管理，降低成本，提高效益；激励企业面向市场自主经营、自负盈亏、自我积累和自我发展；促使企业增强创新意识和锐意进取的活力。

第二节　中国的计划经济体制

建立于 1949～1957 年，并于 1992 年 1 月党的十四大以后逐步退出历史舞台的中国的计划经济体制，其被选择的理由、演变过程、存在的弊端及其成因，都有着丰富的内容。

一、新中国成立后选择计划经济体制的原因

中国最初选择和建立的是传统的高度集中的计划经济体制。中国之所以选择计划经济体制，既有主观因素，也有客观因素。

1. 主观因素

一是对社会主义理论认识上的制约，把计划经济看成社会主义的本质特征，把单一的计划调节看作经济运行的唯一机制。

这要归于中国共产党将马克思主义作为指导思想，也归于马克思经典理论对未来社会的构想。马克思经典理论对未来社会的构想包括以下四个方面：

（1）个人自由的全面发展。马克思经典理论认为，在一个更高级的社会中，"以每个人的全面而自由的发展为基本原则"。[1]

（2）公有制取代私有制，消除剥削的基础。马克思经典理论认为，未来的高级社会是建立在公有制取代私有制、消灭剥削的基础上的。

在 1848 年的《共产党宣言》中，马克思、恩格斯提出了"消灭私有制"；[2] 在《1848 年至 1850 年的法兰西阶级斗争》中，马克思提出了未来社会"使生产资料受联合起来的工人阶级支配"[3] 的社会公有制思想；在《经济学手稿（1857～1858 年）》中，马克思提出了未来社会"共同占有和共同控制生产资料"、"共同的社会生产能力成为他们的社会财富"；[4] 在 1867 年的《资本论》第 1 卷中，马克思设想，在"自由人联合体"的未来社会中，联合体"用公共的生产资料进行劳动"；"这个联合体的总

---

[1] 马克思：《资本论》第 1 卷，人民出版社 1975 年版，第 649 页。

[2] 《马克思恩格斯文集》，第二卷，人民出版社 2009 年版，第 47 页。

[3] 《马克思恩格斯选集》第 1 卷，人民出版社 1995 年，第二版，第 409 页。

[4] 《马克思恩格斯全集》第 46 卷，人民出版社 1975 年，第 104～105 页。

产品是社会的产品"；"这些产品的一部分重新用作生产资料。这一部分依旧是社会的"；"另一部分则作为生活资料由联合体成员消费，因此，这一部分要在他们之间进行分配"。①

（3）消灭商品货币关系，实行有计划调节。马克思经典理论认为，在社会主义社会中，"社会的生产无政府状态让位于按社会总体和每个成员的需要对生产进行的社会的有计划的调节"。② 恩格斯1878年的《反杜林论》中明确提出："一旦社会占有了生产资料，那么商品生产将被消除"。③

（4）分配制度：低级阶段——按劳分配；高级阶段——按需分配。马克思经典理论认为，在未来社会中，低级阶段（社会主义阶段）的分配是按劳分配，高级阶段（共产主义社会）的分配实行按需分配。

综上所述，马克思经典理论对未来社会的构想形成了这样的一体性逻辑：个人自由的全面发展—公有制—计划调节—按劳（按需）制度；由此奠定了以马克思主义为指导思想的中国共产党领导中国经济建设实行计划经济体制的理论基础。

二是由于缺乏经验，照搬了苏联及斯大林模式。苏联早期采用的计划经济体制模式促进了那一时期苏联的经济发展，苏联当时的经济发展成就必然影响到同是共产党领导的社会主义阵营的中国的资源配置方式的选择——计划经济体制。再加上中国当时没有经验，借鉴苏联模式就顺理成章了。

主观因素对于当初中国选择计划经济体制是有一定影响的，但并不具有决定性的意义，决定当初选择的更主要的是中国的客观因素。

2. 客观的因素

一是社会所有制结构单一化的影响。社会主义改造消灭了中国的生产资料私有制和大部分的个体经济，改变了新民主主义多元型的所有制结构，形成了国有制和集体所有制的单一公有制的所有制结构。单一所有制结构使得自上而下的、行政化的统一管理成为可能，为计划体制的建立提供了前提条件。

二是新中国成立初期由稳定物价的斗争而带来的商业和财政金融管理

① 《马克思恩格斯选集》第2卷，人民出版社1995年第二版，第141页。
② 《马克思恩格斯选集》第3卷，人民出版社1995年第二版，第319页。
③ 《马克思恩格斯选集》第3卷，人民出版社1995年第二版，第151页。

集中统一化的影响。① 新中国刚刚建立时，面临的情况很复杂。通货膨胀、市场混乱，是我们必须面对的历史遗留问题。在战争仍在进行、经济很艰难、物资短缺的情况下，国家只能采取集中统一地调拨和管理全国的物资和资金的方法和手段，以保证物资的集中使用。适应这种需要，我们首先改变了商业体制，由自由流通改为集中统一调拨，要求国家商业机构担负起全国粮棉物资的集中收购、调拨平衡、集中抛售的任务，打击物价涨风。自1949年起，人民政府开始建立国营的粮食和棉纱布公司，组织粮棉纱的收购和调运；通过城乡供销合作社、消费合作社进行直接配售，初步把商业的供销、调运统一起来。在这一基础上，中央统一全国的内外贸易，建立起自上而下的全国性专业公司和主要领导农村商业的中华供销合作社联合总社及地方联社、基层社，实行物资大调拨和资金大回笼制度。这样，商业流通便走向了全国统一。它对于市场和物价的稳定起了重要作用，也为计划经济实行集中统一的物资调拨提供了条件。在稳定物价的斗争中，国家的财政金融管理体制也发生了变化。通货膨胀的出现除了历史的原因，还有一个现实的因素，就是中央政府为弥补财政赤字，过量发行了纸币。以1948年为基数，到1949年11月，人民币的发行额增加到11倍。1949年11月到1950年1月，人民币发行额由2万亿元（旧币，下同）增至4.1万亿元，增长1倍，引起同期物价上涨40%。中央财政收支的不平衡在于财金管理体制的不统一。这种状况的出现要上溯到根据地时期。当时，中央根据各根据地被分割和分散的状况，采取了"统一领导、分散经营"的方针，各根据地在统一政策下，各有货币，各管收支，各自供给。全国大陆逐步解放和统一后，这种体制仍未改变，中央政府在缺乏地方财政收入的情况下，却要负担全国900万军政人员的开支，造成财政收支失衡。为扭转困局，中央决定实行国家集中统一的财政管理，改变收支脱节状况，于1950年3月发布了《关于统一全国财经工作的决定》，将财政收支、物资调拨、货币发放和现金管理的主要权力收归中央，形成中央统收统支的管理体制。这一措施迅速稳定了全国经济形势，但又严重限制了地方的机动性。1951年3月，中央又作了相应的调整，实行"划分收支、分级管理"的体制，建立了中央、大行政区、省三级财政，1954年大行政区撤销后，又成立了县级财政。这种体制带有明显的纵向隶属关系，中央控制了财政收入的80%，基本上是集中统一的体制，为建立计划

① 杨明清、穆敏：《当代中国经济体制的两次转型》，载《党史研究资料》2002年第10期。

经济体制提供了另一个条件。

　　三是发展战略和经济自身环境的影响。经济落后、物资短缺是新中国成立初期的基本情况。这种情况带来了两个方面的问题：一方面是迫切要求加快发展，推动了工业特别是重工业的优先发展，建立比较完备的工业体系，奠定经济发展的基础。以重工业为中心的"一五"计划正是这种要求的体现，这实际上是实行重点赶超的经济发展战略。另一方面，生产力水平不高，物资、资金的不充裕，又影响和限制着我们这种快速发展的要求。这是一种矛盾。怎样解决这个矛盾呢？利用外部条件是个好办法，而当时我们并没有这样的国际经济环境。在西方资本主义国家对我国实行封锁禁运的情况下，利用他们的资金或援助是不可能的，我们需要的是国内经济活动的全盘统筹，统一对外。于是，我们只能把对外利用的重心转向苏联东欧。而这些国家只愿意以协定贸易的方式同我国开展贸易，苏联的援助也主要是 156 项工程。这种援助方式和工程的内容与布局，也只能由中央决策和管理，而且许多物资和人力也需由国内来筹集和统一使用。这样，解决矛盾的办法只能是有利于物资、资金集中使用的高度集中的计划经济体制，可以说这也是当时能选择的最有效的办法。物质的短缺也要求政府对经济实行行政化干预。20 世纪 50 年代的中国，总的情况是国民经济在短缺中紧运行。紧运行的表现是物资、资金、技术人员在总量上需求大于供给。改变这种状况有两种办法：第一是市场调节的办法，即通过提高价格来抑制需求。对于那些能够较快扩大供给或降低需求的产品来说，这种办法是有效的，但对于那些短期内既不能扩大供给又不能降低需求的产品（如生活必需品），则可能带来社会动荡。这种社会动荡对于刚刚建立的新政权是危险的。第二是政府调节，即通过行政手段来分配短缺产品。对于那些短期内不能扩大供给并不能降低需求的产品来说，这种办法往往是最有效的。这时期，我国的短缺物品主要是后一种情况，如农副产品、布匹、生产资料、信贷资金、技术人员等。这就要求政府高度集中的管理。正是因为以上背景和因素，计划经济就成为新中国唯一的选择。计划体制就是在此背景下建立和开始运作的。1952 年 11 月，中央成立国家计划委员会，随后，又成立了完整的自上而下的各级计划机构，推行直接计划和间接计划相结合的管理体制，对国有企业下达指令性的直接计划，对私营经济和农业下达指导性计划，并利用价格、税收、信贷、原料供给和产品购销等办法，使计划调节向私营、个体经济渗透。从 1953 年起，国家又先后对粮、油、棉实行统购统销，以后又把生猪、蛋品、烤烟等纳入统购统销范围，商业也对主要轻工业产品实行定购包销。这样，直接计划逐步扩展到整个社会生活，间接计划缩小。总之，中国计划体制的建立大体经历了这样几个步骤：首先通过直接计划把国有企业纳入计划轨道；尔后通过间接计划向私营、个体经济渗透，压缩市场调节；最后，通过统购统销向整个社会渗透，压缩间接计划。①

二、中国计划经济演变的过程

我国以计划经济为主的经济体制，经历了建立、调整、改革和逐步退出的历史演变过程。

（一）计划经济体制的建立和调整时期（1949～1976年）

自1949年新中国成立到1957年是我国计划经济体制的建立时期。该时期随着社会主义改造的全面完成，中国逐渐恢复和发展了国民经济，完成了向社会主义过渡的任务。在此过程中，国家采取了一系列措施，初步建立起了高度集中的计划经济体制。

自1957年到1976年是计划经济体制的调整时期。八大召开后，党对经济体制改革进行了积极探索，开始提出了许多正确主张；但随着反右派斗争的扩大化，党内"左"倾思想严重，探索一度出现不少失误。该时期主要经历了三次大调整：

第一次调整是1958年将管理权限下放的体制改革。实行在中央集中领导下，以地区综合平衡为基础的、专业部门和地区相结合的计划管理制度；在中央和地方的计划权限划分上，扩大地方计划权限。

第二次调整是1961年加强中央集权的体制改革。由于当时"大跃进"出现偏差，归因于权力下放过多、没有搞好综合平衡，从而提出要统一领导、中央集权。这次调整正式开始于1961年中央正式提出"调整、巩固、充实、提高"的方针并且做出了《关于调整管理体制的若干暂行规定》，随后经济管理体制得到了相应调整。

第三次调整是"文革"时期对管理权限再次下放的体制改革。自1961年三年调整后，国民经济进入正常发展轨道，但当1966年进入第三个五年计划后不久就爆发"文化大革命"，此时出现了集中过多的问题，

---

① 杨明清、穆敏：《当代中国经济体制的两次转型》，载《党史研究资料》2002年第10期。

于是中央又提出了下放管理权限的问题。中央决定改革先从下放企业开始，把包括很多大中型骨干企业在内的央属企事业单位下放给地方管理，例如 1969 年将鞍钢下放给辽宁省，下放之后，在计划体制上实行"块块为主，条块结合"的制度。

（二）改革开放时期计划经济体制的变化和逐渐退出（1978~1992 年）

1978 年 7~9 月国务院召开会议提出经济体制改革中计划与市场关系问题，随后党的十一届三中全会提出要转移全党工作重点，针对计划经济体制权力过于集中的缺陷问题开始了对经济体制进行改革的步伐，开始触动高度集中的计划经济体制；1984 年 10 月十二届三中全会党的《关于经济体制改革的决定》，首次突破了把计划经济同商品经济对立起来的传统观念，明确提出了社会主义经济是"在公有制基础上的有计划的商品经济"的论断，提出改变主要依靠行政手段进行计划管理的状况，充分运用经济杠杆和发挥市场调节的作用。1987 年党的十三大提出了建立计划与市场内在统一的体制，深化了"有计划的商品经济"；1992 年 10 月党的十四大决议明确提出：我国经济体制改革的目标是建立社会主义市场经济体制。至此，计划经济体制从我国的历史舞台上逐渐退出。综上所述，从计划经济体制在我国的演变过程，可以看出，它作为一种体制，其存在有深刻的原因，随着社会的发展，其消亡也是必然的。对其的评价，既不能全面肯定，也不能全盘否定，而要坚持实事求是的态度，而要按照唯物主义的原则，辩证地分析之。我们要善于从中吸取经验教训，从而为我国的社会主义市场经济提供强有力的支持，保证我国地经济健康、稳定、有序地发展。

三、传统社会主义计划经济的实践结果

新中国成立后，我国的经济基础非常薄弱，生产力资源极其贫乏，如果不运用计划经济体制，不举全国之力无法承担原苏联设计的 156 个建设项目为中心的、由限额以上的 694 个大中型建设项目组成的工业建设的任务，甚至就连日常规模较小的生产经营的很多环节、很多方面也都需要依靠计划来集聚资源。新中国成立后，中国就是充分发挥了计划经济体制的时代性优势建成了我国的庞大的工业体系，完成了工业、农

业、交通业、商业服务业和银行业等各行各业的恢复和发展。所以，计划经济体制，在中国的过去是发挥了极其重要的作用的。然而，随着经济规模的逐步壮大，社会经济结构的不断变迁，计划经济体制逐渐失去魅力，由最初适应生产力发展到不适应生产力发展，最后演变成为生产力发展的阻碍。

从我国计划经济发展体制的演变过程，可以发现，我国高度集权的计划经济体制有以下四个方面的弊端。一是过去的计划经济体制是中央集权的经济体制，这种体制在施行过程中，计划的刚性约束限制了人的自由，制约了人的全面发展。例如城乡隔离的户籍制度，铸成城乡二元结构，加重了城乡差别，割裂了城乡社会间的正常联系；再如，计划经济体制的集权属性衍生出的僵化的思想政治运动，蔓延到经济领域，阻碍了宏观、微观经济的正常运行；还有指令性的就业制度阻碍了人力资源的合理流动等等。二是"一大二公"的单一所有制——形成了僵化的缺乏公平竞争的经济体制。三是计划体制及其行政手段——导致了资源配置的低效率和结构的严重扭曲。四是按劳分配及其"大锅饭"——形成了平均主义和共同贫穷。

四、传统社会主义计划经济弊端的原因

导致传统社会主义计划经济弊端的原因有以下三个方面：一是僵化思想的制约、教条地照搬马克思经典作家地设想；二是生产力水平的制约、社会主义经济都是建立在落后生产力水平基础上；三是计划体制立足要受到一些条件的制约。第一个制约条件是中央计划经济秉有信息收集和处理的困难。具体而言，中央计划者的指导要替代工业企业管理者个人的主动决策和作用，只有将经济体系的一切知识都应用于中央计划者的计算之中才可以做出恰当的决策，但这一数据信息收集的任务就已超越了人类的能力。即使搜集到了数据，还需做出具体的决策。每一个决策都要根据若干差不多的联立微分方程的解做出，这个任务从已知的手段看是中央计划者终身都完成不了的。第二个制约条件是中央计划经济存在激励方面的问题。问题并不在于中央权威能否合理地决定生产和分配，而在于那些既非财产主人又对自己管辖的生产资料无直接兴趣的个人能否成功地担当其责并做出合理的决策。第三个制约条件是计划经济体制忽略了千变万化的价格机制的真正作用。因此，计划经济体制需要具备充分信息条件以保证计

划制订的科学性；利益的高度一致性条件，保证计划的严格执行，但现实几乎是无法做到的。

第三节 社会主义市场经济体制

我国所初步建立的社会主义市场经济体制，既具有市场经济的一般特征，也充分体现了社会主义社会的本质特征。

一、市场和市场的特点

1. 什么是市场

最初的市场不叫市场而叫市井，在原始社会人们都到一口井边去打水，久而久之，人们开始将狩猎或采摘的野果或种植收获等消费剩余就趁打水碰头时交换，这样水井旁边就逐渐变成了人们交换的场所，所以最初的市场人们叫它市井。因此市场后来的含义变成了人们在固定时段或地点进行交易的场所的称呼——即买卖双方进行交易的场所。发展到现在，市场具备了两种意义，一个意义是交易场所，如传统市场、股票市场、期货市场，等等，另一个意义为交易行为的总称。即市场一词不仅仅指交易场所，还包括了所有的交易行为。故当谈论到市场大小时，并不仅仅指场所的大小，还包括了消费行为是否活跃。广义上，所有产权、使用权发生转移和交换的关系都可以成为市场。决定市场规模和容量的三要素有：购买者、购买力、购买欲望。

2. 市场的三大特点

自发性：在市场经济中，价值规律自发调节生产资料和劳动在各部门的分配、对资源合理配置起积极的促进作用的同时，也使一些个人或企业由于对全身的利益的过分追求而产生不正当的行为，价值规律还容易引起社会各阶层的两极分化，由此而产生的矛盾将不利于经济和社会的健康发展。

盲目性：在市场经济条件下，经济活动的参加者都是分散在各自的领域从事经营，单个生产者和经营者不可能掌握社会各方面的信息，也无法控制经济变化的趋势，因此，单个生产者进行经营决策时，也就仅仅观察市场上什么价格高、有厚利可图，并据此决定生产、经营什么，这显然有一定的盲目性。这种盲目性往往会使社会处于无政府状态，必然会造成经济波动和资源浪费。

滞后性：在市场经济中，市场调节是一种事后调节，即经济活动参加者是在某种商品供求不平衡导致价格上涨或下跌后才做出扩大或减少这种商品供给的决定的。这样，从供求不平衡—价格变化—做出决定—到实现供求平衡，必然需要一个长短不同的过程，有一定的时间差。也就是说，市场虽有及时、灵敏的特点，但它不能反映出供需的长期趋势。当人们相互竞争追求市场上的高价而生产某一产品时，该商品的社会需求可能已经达到饱和点，而商品生产者却还在那里继续大量生产，只是到了滞销引起价格下跌后，才恍然大悟。

二、市场经济、社会主义市场经济的内涵

市场经济是一种经济体系，在这种经济关系下，产品和服务的生产及销售完全由自由市场的自由价格机制所引导，而不是像计划经济一般由国家所引导。可以进一步概括为：市场经济就是指从市场出发，通过市场机制的作用进行资源配置的一种方式、手段或体制。对市场经济进行这样的理论概括有两点意义：第一，能够准确地界定市场经济与计划经济的区别。计划经济的资源配置方式是非市场的，可以认定是从国家经济发展目标或经济发展规划指标出发，运用行政手段进行资源配置的一种方式、手段或体制。第二，能够准确地反映市场经济与社会制度之间的关系。一个国家的社会制度可以在一定的历史阶段有根本性的变化，或者，在同一历史时期，不同的国家可以实行不同的社会制度，但只要有市场，有产品交换的必要性，有市场机制的作用，就可以实现相同的资源配置方式——市场经济。市场经济自身的发展可以经历不同的历史阶段，但无论在什么阶段上，只要是市场经济，其资源配置的基础就离不开市场，市场机制在资源配置中就要始终发挥基础性或决定性作用。

社会主义市场经济说到底是社会主义制度与市场经济相结合的产物。

三、市场经济体制与社会主义市场经济体制

市场经济体制是指以市场机制作为配置社会资源基本手段的一种经济体制。它是高度发达的、与社会化大生产相联系的大商品经济，其最基本

的特征是经济资源商品化、经济关系货币化、市场价格自由化和经济系统开放化。市场经济体制（主要是指现代市场经济体制）下的政府只能作为经济运行的调节者，对经济运行所起的作用只是宏观调控。

社会主义市场经济体制：是在社会主义国家宏观调控下使市场在资源配置中发挥决定性作用的经济体制。它与社会主义基本制度紧密结合在一起。

四、社会主义市场经济体制的本质特征

1. 社会主义市场经济体制具有市场经济体制的一般特征

（1）社会的一切经济活动都直接或间接地处于市场关系之中，市场机制是推动生产要素流动和促进资源优化配置的基本运行机制；整个社会建立了统一开放的市场体系。

（2）市场上的所有企业都具有进行商品生产经营所应拥有的全部权力，其经济活动自觉地面向市场。

（3）政府不直接干预企业的生产经营，而是通过各项经济政策与法规等来调节和规范企业的生产经营活动。

（4）所有生产经营活动都按照完整的法规体系来进行，整个经济运行有一个比较健全的法制基础。

2. 社会主义市场经济体制不同于一般市场经济体制的特征

社会主义市场经济体制除具有市场经济体制共性特征外，还具有体现社会主义本质属性的特征。其主要表现是：

（1）在所有制结构上，以公有制为主体，多种所有经济共同发展。不同所有制经济的企业可以自愿实行多种形式的联合经营。

（2）在分配制度上，以按劳分配为主体，多种分配方式并存把按劳分配和生产要素分配结合起来，兼顾效率与公平。

（3）在宏观调控上，社会主义国家能够把人民当前利益与长远利益、局部利益与整体利益结合起来，更好地发挥计划和市场两种手段的长处。

当然，我们应当看到，我国的市场经济制度至今还保留着一些早期市场经济制度的痕迹。具体表现为：法律不健全，政府行政干预过多，许多生产要素价格由政府决定而非市场竞争形成，市场在资源配置上不能发挥决定性作用。世界上有一些国家还不承认我国是市场经济国家。因此，我

们应该力争尽快由早期市场经济制度转向现代市场经济制度，转向有宏观调控的市场经济。

第四节　中国的经济体制转轨

自十一届三中全会开始到十八届三中全会35年，我国逐步实现了由计划经济体制向社会主义市场经济体制的转轨，但这个转轨并没有真正完成，还需要全面深化改革，并在推动改革中不断完善社会主义市场经济体制。

一、中国经济体制转轨的过程

我国由计划经济体制向市场经济体制转轨开始于1978年十一届三中全会，采用的是渐进式改革的思路，开端于思想解放。思想解放的渐进性决定着对市场经济认识的渐进性，从而决定着改革的渐进性进程。

（一）向以计划经济为主、市场调节为辅的经济体制转轨阶段（1979～1984年）

1979年3月，陈云提出，整个社会主义时期的经济必须有两个部分：计划经济部分；市场调节部分。前者是主要的，后者是从属的次要的，但又是必需的。

1982年9月中共十二大正式提出计划经济为主，市场调节为辅的改革目标。1978年12月，安徽凤阳小岗村18户农民秘密签订契约，决定将集体耕地承包到户，搞大包干。由此，农业经营体制改革起步并广泛拓展。伴随着农业经济体制的改革，农副产品的流通和定价开始由市场调节；1982年，宪法赋予了个体经济的合法地位；1984年4月，国务院决定开放14个沿海城市和海南岛。

（二）向有计划的商品经济体制转轨阶段（1984～1987年）

该阶段开端于1984年10月召开的党的十二届三中全会，会议通过了《中共中央关于经济体制改革的决定》。决定全面深刻剖析了传统体制的弊端，第一次提出我国社会主义经济是公有制基础上的有计划的商品经济的观点，突破了把计划经济同商品经济对立起来的传统观念；提出将改革重点由农村转移到城市；提出国有企业改革是经济体制改革的中心环节；提出价格改革是经济体制改革成败的关键。

会后，一系列改革逐步展开：1985年2月后，长江三角洲、珠江三角洲、浦东新区、天津新区、重庆等先后开辟为新的经济开发区，开放程度不断扩大；乡镇企业快速发展；放权让利及企业承包制推广；股份制试点启动，1984年11月，上海飞乐音响公司向社会公开发行股票，成为我国第一家真正意义的股份有限公司；价格双轨制改革顺利实施；等等。

（三）向国家调节市场、市场引导企业的经济体制转轨阶段（1987～1991年）

该阶段开端于1987年10月党的十三大。十三大报告提出，社会主义有计划的商品经济体制应该是计划与市场内在统一的体制，计划与市场的关系是国家调节市场，市场引导企业。

随后，七届全国人大一次会议通过了宪法修正案，将"国家允许私营经济在法律规定的范围内存在和发展，私营经济是社会主义公有制经济的补充。国家保护私营经济的合法的权利和利益，对私营经济实行引导、监督和管理"以及"土地的使用权可以依照法律的规定转让"等规定载入宪法。会议还通过了国务院机构改革方案、《全民所有制工业企业法》、《中外合作经营企业法》。

该阶段主要发生了以下改革：一是价格改革"闯关"。1988年9月中共十三届三中全会确定今后两年改革和建设的重点突出地放到治理经济环境和整顿经济秩序上来；全会原则通过了《关于价格、工资改革的初步方案》。二是1990年12月和1991年7月，上海和深圳证券交易所相继成立。

（四）向全面的社会主义市场经济体制转轨（1992～）

1992年1月18日～2月21日邓小平视察武昌、深圳、珠海、上海等地并发表重要谈话，提出，基本路线要管一百年，动摇不得。判断各方面工作的是非标准，应该主要看是否有利于发展社会主义社会的生产力，是否有利于增强社会主义国家的综合国力，是否有利于提高人民的生活水平。社会主义的本质，是解放生产力，发展生产力，消灭剥削，消除两极分化，最终达到共同富裕。计划多一点还是市场多一点，不是社会主义与资本主义的本质区别。

1992 年 6 月 9 日江泽民在中央党校省部级干部进修班上做《深刻领会和全面落实邓小平同志的重要谈话精神，把经济建设和改革开放搞得更快更好》的讲话，主张我国经济体制改革的目标，使用"社会主义市场经济体制"这一提法。

1992 年 10 月中共十四大正式确定我国经济体制改革的目标是建立社会主义市场经济体制。

1993 年 11 月，十四届三中全会通过《中共中央关于建立社会主义市场经济体制若干问题的决定》。会后，建设社会主义市场经济体制的改革和发展全面拓展。

税制改革：1993 年 12 月 15 日国务院作出关于实行分税制财政管理体制的决定——税制改革；

金融改革：1993 年 12 月 25 日国务院作出关于金融体制改革的决定，确立中国人民银行作为独立执行货币政策的中央银行的宏观调控体系；实行政策性银行与商业银行分离的金融组织体系。1995 年八届全国人大三次会议通过《中国人民银行法》。从 1996 年 12 月 1 日起，我国实现了人民币在经常项目下的可兑换。

外贸改革：1994 年 1 月 11 日国务院作出关于进一步深化对外贸易体制改革的决定。1996 年 4 月 1 日，我国对 4000 多种商品进口关税进行大幅度削减，关税总水平降至关税总水平降至 23%。

企业改革及国有资产管理体制改革：国有企业改革从建立现代企业制度、债转股、三年脱困到"抓大放小"、"有进有退"战略布局，战略性重组和股份制改造，改革"由表及里"，逐步深入到了国有企业改革最核心、最本质的问题。

二、建立完善的社会主义市场经济体制今后需要进一步改革的重点和方向

（一）顶层设计

紧紧围绕使市场在资源配置中起决定性作用深化经济体制改革，坚持和完善基本经济制度，加快完善现代市场体系、宏观调控体系、开放型经济体系，加快转变经济发展方式，加快建设创新型国家，推动经济更有效

率、更加公平、更可持续发展。

经济体制改革核心问题是处理好政府和市场的关系，使市场在资源配置中起决定性作用和更好发挥政府作用。市场决定资源配置是市场经济的一般规律，健全社会主义市场经济体制必须遵循这条规律，着力解决市场体系不完善、政府干预过多和监管不到位问题。

必须积极稳妥从广度和深度上推进市场化改革，大幅度减少政府对资源的直接配置，推动资源配置依据市场规则、市场价格、市场竞争实现效益最大化和效率最优化。政府的职责和作用主要是保持宏观经济稳定，加强和优化公共服务，保障公平竞争，加强市场监管，维护市场秩序，推动可持续发展，促进共同富裕，弥补市场失灵。

（二）具体重点内容①

1. 坚持和完善基本经济制度

公有制为主体、多种所有制经济共同发展的基本经济制度，是中国特色社会主义制度的重要支柱，也是社会主义市场经济体制的根基。公有制经济和非公有制经济都是社会主义市场经济的重要组成部分，都是我国经济社会发展的重要基础。

完善产权保护制度。健全归属清晰、权责明确、保护严格、流转顺畅的现代产权制度。公有制经济财产权不可侵犯，非公有制经济财产权同样不可侵犯。

积极发展混合所有制经济。国有资本、集体资本、非公有资本等交叉持股、相互融合的混合所有制经济，是基本经济制度的重要实现形式。允许更多国有经济和其他所有制经济发展成为混合所有制经济。国有资本投资项目允许非国有资本参股。允许混合所有制经济实行企业员工持股，形成资本所有者和劳动者利益共同体。

完善国有资产管理体制，以管资本为主加强国有资产监管，改革国有资本授权经营体制，组建若干国有资本运营公司，支持有条件的国有企业改组为国有资本投资公司。

推动国有企业完善现代企业制度。国有资本继续控股经营的自然垄断行业，根据不同行业特点实行网运分开、放开竞争性业务，推进公共资源

---

① 《中国共产党第十八届中央委员会第三次全体会议报告：中共中央关于全面深化改革若干重大问题的决定》，新华社 2013 年 11 月 15 日。

配置市场化。深化企业内部管理人员能上能下、员工能进能出、收入能增能减的制度改革。强化国有企业经营投资责任追究。探索推进国有企业财务预算等重大信息公开。

国有企业要合理增加市场化选聘比例，合理确定并严格规范国有企业管理人员薪酬水平、职务待遇、职务消费、业务消费。

支持非公有制经济健康发展。坚持权利平等、机会平等、规则平等，废除对非公有制经济各种形式的不合理规定，消除各种隐性壁垒，制定非公有制企业进入特许经营领域具体办法。

鼓励非公有制企业参与国有企业改革，鼓励发展非公有资本控股的混合所有制企业，鼓励有条件的私营企业建立现代企业制度。

2. 加快完善现代市场体系

建设统一开放、竞争有序的市场体系，是使市场在资源配置中起决定性作用的基础。

3. 加快转变政府职能

健全宏观调控体系。企业投资项目，除关系国家安全和生态安全、涉及全国重大生产力布局、战略性资源开发和重大公共利益等项目外，一律由企业依法依规自主决策，政府不再审批。

全面正确履行政府职能。市场机制能有效调节的经济活动，一律取消审批；直接面向基层、量大面广、由地方管理更方便有效的经济社会事项，一律下放地方和基层管理。推广政府购买服务，凡属事务性管理服务，原则上都要引入竞争机制，通过合同、委托等方式向社会购买。逐步取消学校、科研院所、医院等单位的行政级别，建立事业单位法人治理结构。

严格控制机构编制，严格按规定职数配备领导干部，减少机构数量和领导职数，严格控制财政供养人员总量。

4. 深化财税体制改革

实施全面规范、公开透明的预算制度。清理规范重点支出同财政收支增幅或生产总值挂钩事项，一般不采取挂钩方式。建立跨年度预算平衡机制，建立权责发生制的政府综合财务报告制度，建立规范合理的中央和地方政府债务管理及风险预警机制。

完善一般性转移支付增长机制。中央出台增支政策形成的地方财力缺口，原则上通过一般性转移支付调节。清理、整合、规范专项转移支付项目，逐步取消竞争性领域专项和地方资金配套。

完善地方税体系，逐步提高直接税比重。推进增值税改革，适当简化税率。调整消费税征收范围、环节、税率，把高耗能、高污染产品及部分高档消费品纳入征收范围。加快房地产税立法并适时推进改革，加快资源税改革。

建立事权和支出责任相适应的制度。适度加强中央事权和支出责任。

5. 健全城乡发展一体化体制机制

推进家庭经营、集体经营、合作经营、企业经营等共同发展的农业经营方式创新。赋予农民对承包地占有、使用、收益、流转及承包经营权抵押、担保权能，允许农民以承包经营权入股发展农业产业化经营。鼓励承包经营权在公开市场上向专业大户、家庭农场、农民合作社、农业企业流转，发展多种形式规模经营。

鼓励农村发展合作经济，允许财政项目资金直接投向符合条件的合作社，允许财政补助形成的资产转交合作社持有和管护，允许合作社开展信用合作。鼓励和引导工商资本到农村发展适合企业化经营的现代种养业，向农业输入现代生产要素和经营模式。

赋予农民更多财产权利。保障农民集体经济组织成员权利，赋予农民对集体资产股份占有、收益、有偿退出及抵押、担保、继承权。保障农户宅基地用益物权，推进农民住房财产权抵押、担保、转让。建立农村产权流转交易市场，推动农村产权流转交易公开、公正、规范运行。

推进城乡要素平等交换和公共资源均衡配置。保障农民工同工同酬，保障农民公平分享土地增值收益，保障金融机构农村存款主要用于农业农村。鼓励社会资本投向农村建设，允许企业和社会组织在农村兴办各类事业。推进城乡基本公共服务均等化。

推进以人为核心的城镇化。推进农业转移人口市民化，加快户籍制度改革，全面放开建制镇和小城市落户限制，有序放开中等城市落户限制，合理确定大城市落户条件，严格控制特大城市人口规模。稳步推进城镇基本公共服务常住人口全覆盖，把进城落户农民完全纳入城镇住房和社会保障体系，在农村参加的养老保险和医疗保险规范接入城镇社保体系。建立财政转移支付同农业转移人口市民化挂钩机制。

6. 构建开放型经济新体制

推进金融、教育、文化、医疗等服务业领域有序开放，放开育幼养老、建筑设计、会计审计、商贸物流、电子商务等服务业领域外资准入限制，进一步放开一般制造业。

　　扩大企业及个人对外投资，确立企业及个人对外投资主体地位，允许发挥自身优势到境外开展投资合作，允许自担风险到各国各地区自由承揽工程和劳务合作项目，允许创新方式走出去开展绿地投资、并购投资、证券投资、联合投资等。

　　加快同有关国家和地区商签投资协定，改革涉外投资审批体制，完善领事保护体制，提供权益保障、投资促进、风险预警等更多服务，扩大投资合作空间。

第五章

社会主义生产资料所有制

社会主义生产资料所有制结构是社会主义的基本经济制度。中国共产党立足我国基本国情，围绕完善社会主义初级阶段所有制结构进行了不懈探索，确立了生产资料公有制为主体，多种所有制经济并存的社会主义生产资料所有制结构，既保证了我国的社会主义性质，又与我国社会主义初级阶段的生产力水平相适应，是社会主义初级阶段必须长期坚持的基本经济制度。本章节主要对社会主义初级阶段的所有制结构进行探讨，并分别介绍了我国公有制经济和非公有制经济，及其实现形式。

第一节　社会主义初级阶段的所有制结构

社会主义生产资料所有制是社会主义经济制度的基础。党的十五大报告指出：必须坚持生产资料公有制作为社会主义经济制度的基础。《中华人民共和国宪法》第 6 条明确规定：中华人民共和国的社会主义经济制度的基础是生产资料的社会主义公有制，即全民所有制和劳动群众集体所有制。由于我国还处于社会主义初级阶段，所有制结构除了要反映社会主义这一本质外，还要由初级阶段的国情来决定，这就需要在以公有制为主体的前提下，坚持多种所有制经济成分共同发展。因此，我国社会主义初级阶段的所有制结构是公有制为主体，多种所有制经济共同发展。

一、社会主义初级阶段所有制结构的确立依据

（一）社会主义性质决定了必须坚持生产资料公有制为主体

我国是社会主义国家，以公有制为主体是我们必须坚持的社会主义的根本原则。只有确保公有制经济的主体地位，才能保障创造的财富牢牢掌握在国家和人民手里；才能不断巩固和发展人民政权，保证劳动人民当家做主；才能保证整个国民经济的社会主义方向。如果丧失了公有制的主体地位，社会主义经济就成了无源之水，无水之木。①

（二）我国初级阶段的国情和社会主义市场经济体制决定了必须发展多种所有制经济

一方面，我国初级阶段的国情决定了我国所有制形式的多样性。我国现阶段经济发展的总体水平不高，且发展不平衡，经济发展受人口、资源等多方面因素制约，客观上限制了人们在整个社会范围内统一支配生产的能力。因此，只有建立起多种所有制经济共同发展的所有制结构，才能积极调动起国内国外各方面的积极因素，使各种经济成分的优势充分发挥，满足现实生产力发展的需求。另一方面，我国实行社会主义市场经济体制，通过实现市场投资主体多元化，可以形成充分的公平竞争环境，以实现资源优化配置，促进经济发展。因此，建立社会主义市场经济体制，客观上要求打破传统经济体制下所有制结构过于单一的格局，发展多种所有制经济形式，培育多元化、相互竞争的独立经济主体。②

二、中国共产党对社会主义初级阶段生产资料所有制结构的探索

改革开放以来，中国共产党立足我国基本国情，围绕完善社会主义初级阶段所有制结构进行了不懈探索，不断取得重大突破。

---

① 王军旗、花昊：《社会主义市场经济理论与实践》，中国人民大学出版社 2012 年版，第99页。

② 王军旗、花昊：《社会主义市场经济理论与实践》，中国人民大学出版社 2012 年版，第100页。

　　党的十一届三中全会提出：要依据我国社会主义建设的具体实际，改革同生产力发展不相适应的生产关系和上层建筑，并指出非公有制经济是社会主义经济的必要补充。党的十四届三中全会进一步提出：必须坚持以公有制为主体，多种经济成分共同发展的方针。党的十五大首次明确提出：公有制为主体，多种所有制经济共同发展，是我国社会主义初级阶段的一项基本经济制度。党的十六大报告针对深化经济体制改革的深层次矛盾和问题，明确提出：根据解放和发展生产力的要求，坚持和完善以公有制为主体，多种所有制经济共同发展的基本经济制度，毫不动摇地巩固和发展公有制经济，毫不动摇地鼓励、支持、引导非公有制经济发展。党的十七大报告中，在坚持"两个毫不动摇"的基础上，提出要"坚持平等保护物权，形成各种所有制经济平等竞争、相互促进新格局"。党的十八大报告指出：保证各种所有制经济依法平等使用生产要素，公平参与市场竞争，同等受到法律保护。

　　中国共产党对社会主义生产资料所有制的阐述，由"必要补充"到"基本方针"，由"基本方针"明确为"基本经济制度"，进而强调"两个毫不动摇"、"两个平等"和"平等使用生产要素、公平参与市场竞争、同等受到法律保护"，进一步表明，以公有制为主体，多种所有制经济共同发展的"基本经济制度"，是社会主义初级阶段必须长期坚持的经济制度，由此标志着中国共产党对社会主义初级阶段生产关系本质特征的认识达到了新的高度。

第二节　生产资料公有制

　　社会主义与资本主义制度最根本、最有决定意义的区别在于：社会主义制度是以公有制为基础，而后者以私有制为基础。我国是社会主义国家，社会主义制度的大厦，必须建立在公有制的根基上，生产资料公有制体现了我国的社会主义性质，是劳动人民当家做主的前提，只有实行公有制经济，才能挖掉剥削制度和剥削阶级赖以存在的经济基础。我国公有制的主体地位主要体现在公有资产在社会总资产中占优势，国有经济控制国民经济命脉，对经济发展起主导作用。

一、生产资料公有制的内涵

按照马克思和恩格斯的设想，在"剥夺剥夺者"后建立的"自由人联合体"中，私有制将被彻底废除，代替它的是一切生产资料归全体社会成员共同所有的社会所有制，即单一所有制。而这种所有制的实行的前提是，生产力水平已经有了相当程度的发展，比如取得无产阶级革命的胜利的西欧国家。对于生产力水平不高的东方国家如何建立社会主义制度，马克思和恩格斯认为应该从各国实际出发，实事求是地加以选择。

在苏联，俄国十月革命胜利后，力求以革命的手段实现全部生产资料的国有化，并且把国有化的深度和广度作为社会主义成功的标志。但是，随着实践的不断发展，人们逐步认识到，单一的公有制与苏联当时的生产力状况并不相适应。斯大林首先突破了"公有制等于全民所有制"的教条，于1936年明确把社会主义公有制划分为全民所有制和集体所有制两种形式。1952年，他在《苏联社会主义经济问题》一书中，再次提出了社会主义公有制包括全民所有制和集体所有制的二元公有制模式。

在我国，新中国成立以后，全民所有制和集体所有制的二元公有制模式对我国的经济恢复起到了很大作用。但在后来的发展中，我们国家盲目追求纯而又纯，公有制经济比重一度超过了99%，不但没有促进经济的快速发展，反而由于违背经济发展规律，导致生产效率低下，经济发展缓慢。改革开放后，中国共产党把马克思主义与中国实践相结合，推进非公有制经济不断发展，成为推动经济发展的重要力量。随着改革实践的不断发展，中国共产党需要重新认识社会主义公有制。由此，党的十五大提出了社会主义公有制的新内涵："公有制经济不仅包括国有经济和集体经济，还包括混合所有制经济中的国有成分和集体成分。"这一论断扩大了公有制的内涵和外延，明确了"公有制经济＝国有经济＋集体经济＋混合所有制中的国有、集体成分"，是对马克思主义所有制理论的重大突破。

二、坚持社会主义公有制主体地位的必要性

（一）坚持公有制为主体是坚持和发展社会主义的根本原则

一定的所有制是一定社会经济制度的基础。马克思恩格斯在《共产党

宣言》中指出：共产党人可以把自己的理论概括为一句话：消灭私有制。① 社会主义与资本主义制度最根本、最有决定意义的区别在于，社会主义制度是以公有制为基础，而后者以私有制为基础。我国是社会主义国家，社会主义制度的大厦，必须建立在公有制的根基上，生产资料公有制是社会主义生产关系和经济制度的本质特征，是劳动人民当家做主的前提，只有实行公有制经济，才能挖掉剥削制度和剥削阶级赖以存在的经济基础。邓小平同志明确指出：社会主义的经济是以公有制为基础的。② 他还指出：一个公有制占主体，一个共同富裕，这是我们必须坚持的社会主义的根本原则。③ 由于我国目前处于社会主义初级阶段，为了与生产力发展水平相适应，公有制只能是主体，不能是全体，正如邓小平同志指出：我们允许个体经济发展，还允许中外合资经营和外资独营的企业发展，但是始终以社会主义公有制为主体。④ 因此，始终坚持生产资料的社会主义公有制在所有制结构中占据主体地位，这样才能保证我国的改革是在坚持社会主义方向的前提下解放和发展生产力，削弱和取消公有制的主体地位，就是削弱或取消社会主义。

（二）坚持公有制为主体是为了解放和发展生产力

公有制作为社会主义的本质特征，并不是人们出于善良愿望的主观臆想，而是由生产力的社会性质所决定的一种客观的必然性。⑤ 与从伦理道德观念出发研究社会主义的空想社会主义者不同，马克思、恩格斯认为：道义上的愤怒，无论多么入情入理，经济科学总不能把它看作证据，而只能看作象征。任务在于，从资本主义经济运动形式内部发现未来的新的生产组织和交换组织的因素。⑥ 随着生产力的不断发展，生产过程日益社会化，而资本主义经济制度下生产资料的私人占有不能适应这一发展的要求，生产的社会化与生产资料私人占有之间的矛盾构成了资本主义的基本矛盾，资本主义国家不断出现的经济危机正是这一矛盾不断激化的结果。解决这一矛盾的唯一办法是使生产资料的所有制形式适应社会化大生产，

---

① 《马克思恩格斯选集》第 3 卷，人民出版社 1995 年版，第 286 页。

② 《邓小平文选》第二卷，人民出版社 1994 年版，第 167 页。

③ 《邓小平文选》第三卷，人民出版社 1993 年版，第 111 页。

④ 《邓小平文选》第三卷，人民出版社 1993 年版，第 110 页。

⑤ 周新成：《毫不动摇地坚持公有制为主体、多种所有制经济共同发展》，载《当代经济研究》2010 年第 4 期。

⑥ 《马克思恩格斯选集》第 3 卷，人民出版社 1995 年版，第 492 页。

以生产资料的公有制代替私有制，以社会主义取代资本主义。因此，以生产资料公有制为主体的社会主义生产关系是为适应社会化大生产这一生产力发展的客观要求而产生的，也就是说，社会主义公有制的发展壮大符合经济发展的客观规律，是不以人的意志为转移的。几十年来社会主义经济建设和发展的实践也证明，社会主义以生产资料公有制为主体的所有制结构，适应了生产力发展的要求，极大地解放和发展了生产力。

（三）坚持公有制为主体是实行按劳分配，实现共同富裕的重要保障

分配是社会生产和再生产的重要环节，确立合理的分配机制有利于社会各阶层利益关系的和谐，也有利于社会生产再生产的正常运行和经济的长期稳定发展。"消费资料的任何一种分配，都不过是生产条件本身分配的结果"，① 即生产资料所有制的性质决定分配的性质，生产资料所有制不同，分配形式也就不同。因此，只有在所有制结构中坚持以生产资料公有制为主体，才能实施按劳分配为主的分配方式。因为生产资料公有制意味着全社会所有劳动者对生产资料拥有完全平等的所有权，全社会劳动者或部分劳动者对生产资料进行直接占有和支配，任何人都不能够凭借生产资料的所有权而剥削他人劳动，获得经济利益，生产成果将在全社会范围内根据劳动者的劳动能力和劳动贡献进行按劳分配，从而能够有效地避免贫富两极分化，实现共同富裕，同时对于提高劳动者的积极性和创造性也具有积极的作用。

（四）坚持公有制为主体是不断健全完善社会主义市场经济体制的重要保障

市场经济是比较有效的资源配置方式，在市场经济中，企业以追求自身利益的最大化为目的，能够充分激发市场经济活力，但同时也存在着一些负面效应，比如在发挥效率的同时很难兼顾公平，比如往往存在市场的外部不经济和市场失灵等现象。针对市场存在的缺陷，政府可以通过对公有制经济进行适时有效的宏观调控，弥补市场存在的不足。比如在依托市场机制配置资源的过程中，一些投资大，利润低的公共服务项目往往无人问津，而公共服务项目对于优化社会环境和投资环境，保障民生，促进社会长远发展等方面是不可或缺的。在这种状况下，公有制的主体地位使得

---

① 《马克思恩格斯选集》第 3 卷，人民出版社 1972 年版，第 306 页。

国家掌握国民经济命脉，拥有强大财力，因此可以进行宏观调控，解决公共服务产品供给不足问题。对于一些生态工程、文化设施、水利工程、公共交通等项目，对于水、电、气、暖、电信、网络等基础设施项目，对于基础科研、医疗卫生、教育、社会保障事业等社会公益事业，可以采取由政府主导的投资方式进行建设，对于保证社会的整体利益和长远利益，对提高居民的物质文化生活水平，改善和保障民生具有重要意义，同时也能够保证市场经济体制沿着社会主义方向不断健全和完善。

三、社会主义公有制经济的实现形式

党的十五大指出：公有制经济不仅包括国有经济和集体经济，还包括混合所有制经济中的国有成分和集体成分。我国实行公有制为主体，多种所有制经济并存的所有制结构，公有制的主体地位主要体现在公有资产在社会总资产中占优势，国有经济控制国民经济命脉，对经济发展起主导作用。公有资产占优势，既要有量的优势，更要注重质的提高。国有经济起主导作用，主要体现在控制力上，对关系国民经济命脉的重要行业和关键领域，国有经济必须占支配地位。

（一）国有经济

国有经济即全民所有制经济，是指全体社会成员共同占有生产资料的公有制形式。现阶段，国有经济的生产资料由国家代表全体人民所有，采取国家所有制形式。

（二）集体经济

集体经济即社会主义集体所有制经济，是由部分劳动群众共同占有生产资料的一种公有制形式，它由劳动群众根据自愿互利的原则组织起来，实行自主经营、独立核算、自负盈亏。

（三）混合所有制经济

混合所有制经济中的国有经济成分和集体经济成分，同属于公有制范畴。①

---

① 杨干忠：《社会主义市场经济概论》，中国人民大学出版社 2008 年版，第 164 页。

第三节　非公有制经济及其实现形式

非公有制经济是我国除了公有制经济形式以外的所有制经济形式，是社会主义市场经济的重要组成部分。现阶段我国处于社会主义初级阶段，生产力总体发展水平比较低，并且发展不平衡，决定了我国的所有制结构不能搞单一的公有制，要在坚持生产资料公有制为主体的基础上，积极发展非公有制经济，以此充分调动各方面的积极因素发展经济，促进生产力的快速发展。非公有制经济有多种经济类型，主要包括个体经济，私营经济，外资经济以及混合型非公有制经济。

一、非公有制经济对我国经济发展的重要作用

（一）发展非公有制经济是现阶段促进生产力提升的现实需求

目前我国还处于社会主义初级阶段，生产力发展水平总体比较低，并且发展不平衡，多层次的生产力水平并存，社会主义初级阶段生产力发展的多层次性决定了我国的所有制结构不能搞单一的公有制，要在坚持生产资料公有制为主体的基础上，积极发展非公有制经济，以此充分调动国内外各方面的积极因素，动员一切资源发展经济，促进生产力的快速发展。个体经济和私营经济一般从事那些群众需要而公有制经济又不能有效经营的生产活动，因此能够促进商品流通，极大方便城乡居民的生活，有效弥补市场供应不足，同时又能调动闲散资金，搞活市场经济。在引进外资企业资金的同时，也引进了先进的技术，设备和管理经验，大大提高了企业的现代化管理水平和企业的核心竞争力，也有效弥补了资金缺口。同时通过进出口贸易，也使我国经济更加广泛地参与国际市场分工。改革开放三十多年来，非公有制经济为我国经济的发展做出了巨大贡献。实践证明，以公有制为主体，多种所有制经济共同发展的所有制结构适应了现阶段生产力发展的要求，大大解放和发展了生产力。

（二）发展非公有制经济有利于促进社会主义市场经济体制的不断完善

在单一的公有制体制下，由于没有竞争对手，难以引入竞争机制，社

会经济运行中市场主体往往效率不高，公有制经济缺乏活力。非公有制经济的加入形成了多种所有制经济并存的局面，一方面由于非公有制经济本身所特有的灵活性和对市场的适应性，与公有制经济形成公平竞争，促使企业不断进行体制创新、机制创新、科技创新和管理创新，由此能够提升各自的生产效率，多元市场主体的竞争也为市场经济的发展注入了生机和活力，并且有利于形成公平、公开、公正的竞争秩序，完善了社会主义市场竞争体制；另一方面不同性质的所有制经济在社会主义市场经济条件下能够互为补充，各种所有制经济在不同的产业、行业、地区的合理配置和有机结合，能够形成一种合力，可以共同促进国民经济的发展和市场经济体制的完善。

（三）发展非公有制经济有利于解决城乡居民就业压力，提高人民生活水平

我国人口众多，在生产资料和资源有限的情况下，完全依靠公有制经济提供的就业岗位远远不能满足劳动者的就业需求，并且随着劳动生产率的不断提高和机械化程度的不断提升，所需劳动力将会大幅降低，只能依靠新的生产或产业部门吸纳劳动者。非公有制经济的发展为劳动者提供了大量的就业岗位，特别是一些个体经济和私营经济，就业门槛比较低，并且大部分为劳动密集型企业，对劳动者的吸纳能力比较强，成为城乡居民就业的主要渠道。国有企业下岗职工大多在非公有制企业中实现了再就业，近些年也成为高校毕业生就业的主渠道，除此以外也吸纳了大量的农民工，因此非公有制企业能够大大缓解我国的就业压力，在促进经济发展的同时，也保障了居民能够劳有所得，促进了社会的稳定和谐。

（四）非公有制经济能够有效提高市场资源配置效率

公有制经济由于存在"所有者缺位"的问题，并且还要兼顾很多非市场的社会目标，资源配置效率并不高，单靠公有制经济的发展很难提升经济运行效率。非公有制经济不存在"所有者缺位"问题，发展目标相对单一，因此资源配置效率相比较公有制经济而言更高，社会主义市场经济体制下要提高社会资源的总体配置效率，促进经济高效运行，就要在一般性竞争领域多鼓励支持重点发展非公有制经济。

二、我国对非公有制经济的认识历程

（一）第一阶段：并存论

新中国成立初期，我国为了尽快恢复国民经济，我国对非公有制经济采取发展的正确方针。1949 年 9 月 29 日颁布的《中国人民政治协商会议共同纲领》规定，对中国的国营经济、合作社经济、农民和手工业者的个体经济、私人资本主义经济和国家资本主义经济，实行"以公私兼顾、劳资两利、城乡互助、内外交流的政策，达到发展生产、繁荣经济之目的"的方针。由于实行了国营经济领导下多种经济成分并存的所有制制度，调动了各种经济成分的积极性，使我国国民经济在极其困难的情况下得到恢复和发展。

（二）第二阶段：对立论

1956 年，我国完成了对资本主义工商业的社会主义改造，至此，中国的私人经济基本消失。此后 20 多年，受传统的马克思所有制理论和苏联的影响，急于实现所有制的过渡，把非公有制经济当作"资本主义尾巴"大加砍伐，试图"跑步进入共产主义"，形成了"一大二公三纯"为鲜明特点的社会主义模式。片面强调单一的公有制模式，批判、否定、取消个体、私营等非公有制经济，"宁要社会主义的草，不要资本主义的苗"，忽视非公有制经济对社会主义经济的推动作用，把非公有制经济看作社会主义基本经济制度的对立物。

（三）第三阶段：有益补充论

党的十一届三中全会召开后，中国共产党认真总结在所有制问题上的经验教训，全面纠正"左"的错误，在坚持生产资料公有制为主体的前提下，开始对生产关系中不适应生产力发展的方面和环节进行改革，初步认识到非公有制经济也是推动社会生产力发展的重要形式。党的十一届六中全会提出：一定范围的劳动者个体经济是公有制经济的必要补充。党的十三大进一步指出，除了个体经济外，还可以存在有雇佣关系的私营企业，作为"公有制经济的必要和有益的补充"。1992 年，党的十四大明确了中国经济体制改革的目标是建立社会主义市场经济体制，并提出要以公有制包括全民所有制和集体所有制为主体，个体经济、私营经济、外资经济为补充，多种经济成分长期共同发展。至此，明确把坚持社会主义公有制为主体的多种经济成分并存的所有制结构写进党代会报告，并作为建设有中国特色社会主义的重要方针确定下来。

（四）第四阶段：重要组成论

改革开放三十多年来，在"有益补充论"的指引下，我国个体、私营经济得到了快速发展。但是，受传统马克思主义所有制理论的教条式理解，人们对发展多种所有制形式仍然存在疑虑。针对这种情况，1997 年 9 月，党的十五大明确"公有制为主体，多种所有制经济共同发展，是我国社会主义初级阶段的一向基本经济制度"，确认"非公有制经济是我国社会主义市场经济的重要组成部分"。1999 年 3 月，第九届全国人民代表大会第二次会议通过的《中华人民共和国宪法修正案》明确规定，"在法律规定范围内的个体经济、私营经济等非公有制经济，是社会主义市场经济的重要组成部分"。这标志着非公有制经济从"制度外"进入"制度内"，由社会主义经济的必要的和有益的补充转变为社会主义市场经济的重要组成部分。

（五）第五阶段：融合发展论

党的十六大报告指出："必须毫不动摇地鼓励、支持和引导非公有制经济发展"。"坚持公有制为主体，促进非公有制经济发展，统一于社会主义现代化建设的进程中，不能把这两者对立起来，各种所有制经济完全可以在市场竞争中发挥各自优势，相互促进，共同发展"。这不仅进一步强调了各种所有制经济是相互融合、相互促进的，而且进一步指明了共同发展的结合点，也为非公有制经济与公有制经济共同发展提供了广阔空间。

三、非公有制经济的实现形式

非公有制经济是我国现阶段除了公有制经济形式以外的所有经济结构形式，它也是社会主义市场经济的重要组成部分。非公有制经济有多种经济类型，主要包括个体经济，私营经济，外资经济以及混合型的非公有制经济。

1. 个体经济

个体经济是指生产资料归劳动者个人或家庭所有和支配，以劳动者个人或家庭成员参加劳动为主的一种经济形式。个体经济投资少，规模小，经营灵活，一般来说，个体经济同低水平、分散的生产力相适应。

2. 私营经济

私营经济是一种生产资料归私营企业主所有，以雇佣劳动为基础，劳动产品归企业主占有和支配，以获取利润为目的的私有制企业。按照《中华人民共和国私营企业暂行条例》规定，私营企业是指"企业资产属于私人所有，雇工8人以上的赢利性的经济组织"。目前我国的私营经济主要包括独资企业、合伙企业和有限责任公司。

3. 外资经济

外资经济是指由外国的企业或个人在我国投资，用我国的经济组织进行合作或独立经营的一种经济形式，主要包括中外合资，合作经营和外商独资企业。

4. 混合型的非公有制经济

混合所有制企业是指由公有制经济成分和非公有制经济成分共同构成的一种经济形式。依据现行的国家法律法规，它一般包括股份有限责任公司、其他有限责任公司、其他联营企业以及其他企业等经济形式。其中，最典型的是股份有限责任公司，由于其股份形式的多元化，已经越来越成为非公有制经济形式的主体，并在一定程度上代表着中国非公有制经济的发展方向。

第六章

现代企业制度与国有企业改革

现代企业制度的建立是我国国有企业改革的方向和最终目标。在社会主义市场经济和经济全球化大背景下，要提升我国国有企业的核心竞争力，解决国有企业改革中面临的一系列深层次问题和矛盾，就要在国有企业中进一步建立和完善现代企业制度，以促进国有企业的健康发展，保证国有企业改革顺利进行。本章节主要介绍了现代企业制度和国有企业改革两部分内容。

第一节　现代企业制度

企业制度是一个不断发展的过程，先后经历了个体业主制阶段、合伙企业制阶段和现代企业制度阶段。20世纪30年代后，尤其是第二次世界大战后，公司制得到长足发展，进入现代企业制度阶段。现代企业制度是以市场经济为基础，以完善的企业法人制度为主体，以有限责任制度为核心，以公司企业为主要形式，以产权清晰、权责明确、政企分开、管理科学为特点的新型企业制度，能够极大地促进企业的发展。

一、企业的内涵

（一）企业的目标是追求利润最大化

对利润的追求是企业的内在驱动力，企业主创办企业是为了赚钱。虽然企业有时表现为追求别的目标（如增长率、市场份额等，甚至赞助社会公益事业），但从长远看，这些行为与利润最大化目标并不矛盾。利润最大化是我们研究企业行为的假设前提，虽然这一假设与现实中的企业并不完全吻合，但是它相当成功地解释和预测了企业的行为。

（二）企业是具有行为能力的经济组织

企业可以自由支配、使用和处置由自己经营的财产，并承担财产经营的风险和责任。只有这样，企业才可以做到自主经营、自负盈亏、自我约束和自我发展，真正具备参与市场交易、市场竞争等市场活动的行为能力。

（三）企业是生产要素的需求者和商品的供应者

企业进行生产经营活动，首先需要通过市场筹措资金，购买技术、生产资料和劳动力，然后将它们组织起来进行生产，产品生产出来以后再通过市场销售出去，收回投资，获取利润。这个过程充分说明了正是无数企业的存在，构成了对生产要素的巨大需求，同时又为市场提供了各种各样的商品和服务。

（四）企业具有资源配置功能

市场和企业是两种不同的资源配置机制，有时候用企业代替市场完成交易活动，可以节约交易成本。一方面，企业根据市场的价格信号从事生产经营，在微观领域中实现资源优化配置。另一方面，在市场经济中，无数企业分工协作，同时又展开竞争，可以带来资源的节约和劳动生产率的提高。

社会主义的企业具有二重属性，既是生产力的组织者，又体现出一定的生产关系。从生产力的角度看，社会主义企业与资本主义企业没有本质的区别。从生产关系角度看，社会主义企业的性质主要体现在：第一，以生产资料公有制为基础，生产资料和劳动产品归全民所有，在一定程度上实现了劳动者和生产资料的直接结合，消灭了剥削；第二，企业的生产经营活动受到社会主义经济规律支配，在国家宏观指导和管理下，发展各种商品生产，创造社会财富，以此满足人民群众日益增长的物质文化生活需要；第三，劳动者之间确立了互助合作关系，他们在生产资料的占有关系上处于平等的地位；第四，劳动者所创造的社会产品不再被少数剥削者凭借生产资料的私有权无偿占有，而是归劳动者共同占有，并兼顾国家、企业和个人三者利益进行分配，个人消费品实行按劳分配。职工之间、企业之间虽然存在劳动收入和经济利益的差别，但不存在资本主义企业中那种人剥削人的现象；第五，实行职工群众当家做主的民主管理制度。

二、企业制度的发展

（一）个体业主制阶段

个体业主制企业是最早产生、也最原始的企业制度形式，当手工业从农业中分离出来之后，就产生了这种企业制度形式。这种企业制度就是马克思所描述的工场手工业的企业制度。个体业主制企业是最简单的企业制度形式，业主制企业只有一名产权所有者，企业财产属于业主所有，并由业主直接经营管理。业主享有该企业的全部经营所得，同时对它的债务负有无限责任。如果经营失败，出现资不抵债的情况，业主要用自己的家产来抵偿债务。

（二）合伙制企业阶段

合伙制企业制度是在社会化大生产和商品经济进一步发展的情况下，由个体业主制转化而来的一种企业制度形式。由于个体业主制企业规模小，生产能力小，在社会化大生产和商品经济的冲击下，个体业主制企业进一步发展为合伙制企业。合伙制企业是在两个或两个以上业主个人财产的基础上进行经营的。合伙人分享企业所得，共同对企业债务承担责任。

（三）现代企业制度阶段

随着社会化大生产和市场经济的发展，尤其是现代工商业的进一步发展，企业规模不断扩大，业务日益复杂化。同时，随着股东人数的增多，股权越来越分散，高层经理人员由支薪的雇员担任的情况变得越来越普遍。这些高层经理人员往往不是公司的股东，只是由于有较强的经营管理能力而被代表股东权益的董事会所聘用。20 世纪 30 年代以后，与垄断资本主义和国家干预经济相联系，公司制得到了长足的发展，进入新的发展阶段，尤其是第二次世界大战后，公司制得到进一步发展，成为占主导地位的企业组织形式，进入了现代企业制度阶段。

三、现代企业制度的基本特征

(一) 产权明晰

现代企业制度具有明晰的产权关系，这是现代企业制度的核心内涵。完整的企业产权从现代意义上来讲主要包括两方面的内容：一是出资者的资产所有权，又叫企业财产的终极所有权；二是企业的法人财产权，又叫法人所有权。终极所有权是指以各种形式对企业投资和投资收益所形成的财产，以及在此基础上依据法律法规认定的出资者所拥有的各项权利；法人所有权是指企业对资产所有者授权其经营管理财产，在此基础上享有占有、使用和依法处分的权利。在现代企业制度下，企业的产权关系是明晰的，企业财产的终极所有者拥有终极所有权，这是一种归属意义上的权利，它包括资产所有者对资产收益、重大决策和选择经营管理者等方面的权利，并对企业经营后果承担最终财产责任，任何破产破的都是所有者的财产而不是经营者的财产。法人财产权属于经营者所有，它是支配意义的权利。从我国国有企业建立现代企业制度来看，企业财产的终极所有权归属国家，企业经营者拥有依法授予的法人财产权，以其全部法人财产依法自主经营、自负盈亏、照章纳税，并对出资者承担资产保值增值的责任。

(二) 权责明确

现代企业制度要求明确界定出资者与经营者各自所应承担的责任和权利，同时还要明确出资者、经营者、劳动者的经济利益关系。从责任关系上说，按《中华人民共和国公司法》的规定，企业所有者对企业所承担的责任只是有限责任，即企业破产以后，所有者承担的经济责任只限于出资者的份额，而不承担连带无限责任。企业在日常生产经营活动中的亏损，由企业用法人财产进行补偿，这就是我们平常所说的企业自负盈亏。从权利关系上说，资产的终极所有者享有的权利有：（1）对企业重大的生产经营目标和方向进行决策；（2）对企业的经营者和管理者做出选择；（3）企业资产的收益权。法人所有者享有的权利有：（1）运用企业的法人财产自主经营；（2）对企业的整个生产经营管理进行统一指挥，对企业的员工进行奖励、考核等。从经济利益关系上看，经济利益关系是市场经济要解决的核心问题。在现代企业制度下，企业追求利润最大化，在此基础上明确界定出资者、经营者、劳动者三方面的物质利益关系。企业劳动者的收入以按劳分配为原则，由企业经营者按照劳动者劳动的质量好坏、技能高低和贡献大小决定；企业经营者的收入以按经营效果分配为原则，由所有者按企业的实际情况将企业的年收入与经营者的经营业绩挂钩，决定企业经营者的收入；所有者的收入以按资本投入的大小为分配原则，按税后利润进行分配，获取资产收益。

（三）政企分开

现代企业制度要求企业自主经营，自负盈亏，所以必须改变传统体制下国家对企业统得过死的做法，将企业从国家的行政束缚中解放出来。政府行政机关不能再去干涉企业的日常生产经营活动，必须退出微观经济活动领域。要实现政企分开，必须从以下四方面着手：第一，转变政府职能，进行行政体制改革；第二，分清什么属于政府行为，什么属于企业行为，明确政府和企业各自的职责和权利；第三，政府对企业的管理职能进行宏观层次的管理，通过经济杠杆去进行；第四，企业按利润最大化原则，以市场导向进行自我行为的调整。

（四）管理科学

现代企业制度是适应现代市场经济和社会化大生产要求的，其突出的特点就是科学管理，这是现代企业制度在管理方面的一个内涵。现代企业制度所要求的科学管理涉及许多方面，在以产权制度为核心的现代企业制度建设中，至少涉及以下方面的科学管理：（1）企业领导制度的科学化；（2）企业组织制度的科学化；（3）企业分配制度的科学化；（4）企业劳动用工制度的科学化；（5）企业财务管理制度的科学化；（6）企业生产指挥制度的科学化；（7）企业监督制度的科学化；（8）员工保障制度的科学化，等等。

四、现代企业制度的治理结构

（一）股东大会制度

股东大会是公司的最高权力机构，它是由公司全体股东所组成、在公司内部行使股东权利的法定组织，凡是股东大会决定的事情董事会必须执行。股东大会是股份公司实行民主管理的体现，也是公司行使所有权与经营权分离的表现。股东大会的权限主要体现在法定报告事项和法定决议事项两个方面。法定报告事项包括：董事会在公司亏损额达到资本总额三分之一时，应作出报告；对募集公司债券的原因及募集的结构进行报告；对清算完结所作出的检查事项进行报告。法定决议事项包括：负责选举董事会和监事会成员；讨论决定公司的利润分配方案；批准或变更公司章程；审查董事会提出的经营报告书以及各种账目；决定公司是否分立、合并或解散等。

（二）董事会制度

董事会的规模与企业的规模没有固定的比例关系，而是主要取决于公司董事会所承担的任务。由本公司经理人员担任的董事为内部董事，非本公司职工担任的董事为外部董事，多数股份公司的董事会都由这两部分人构成。董事会是股份公司的常设机构，设董事长一名，作为公司的常设业务执行人和法定代表人。董事会的职责如下：执行股东会议决议；审定公司的重要规章制度；审定公司生产经营计划、财务预算和决算；拟定公司年度利润分配方案；拟定公司增资、减资、合并和转让等方案；具体负责公司的清算工作；召集股东大会；行使公司章程规定的其他职权。独立董事制度是为保护中小股东的利益而设立的一种董事制度。由于公司股权的多样化，一个公司不仅有大股东，而且有相当数量的小股东，大股东凭借自己占有多数的股权影响着公司的决策，维护着自己的利益，而中小股东的利益难以得到保护。为了保护中小股东的利益，在原有董事会制度的基础上产生了独立董事制度。独立董事一般由社会上的知名学者，律师等非投资人组成，他们站在中立的立场上在董事会发表意见，维护中小股东的利益。

（三）监事会制度

监事会即公司的监察委员会，是股份有限公司监督检查公司的财产及董事会业务执行状况的常设机构。从职能上看，监事会是一个监督机关，对董事会执行公司的业务活动实行监督并对公司会计事务进行审核，也就是通常所说的一般业务上的监察和会计事务上的监察。监事会由股东大会选举产生并对股东大会负责，与董事会处于平等和相对独立的地位。

（四）经理负责制

总经理是公司执行系统中的最高首脑，全权对董事会负责。总经理对公司的一切业务工作及行政工作进行综合管理和统一领导，处理日常对内对外事务。总经理的职责为：主持理事会的工作，并在其中发挥核心作用；主持公司的日常业务和行政工作，在董事会授权范围内，对外独立代表公司；组建经营管理班子，包括理事会成员，职能部门负责人，产品分部负责人、地区分部负责人、任免副总经理，向董事会报告工作，行使公司章程规定和董事会赋予的其他权力。

第二节 国有企业改革

国有企业是我国公有制经济的重要组成部分。改革开放以来，随着我国由计划经济体制向市场经济体制的过渡，我国国有企业改革也在不断推进，旨在建立产权清晰、权责明确、政企分开、管理科学的现代企业制度。针对国有企业改革，党的十八大报告指出："要毫不动摇巩固和发展公有制经济，推行公有制多种实现形式，深化国有企业改革，完善各类国有资产管理体制，推动国有资本更多投向关系国家安全和国民经济命脉的重要行业和关键领域，不断增强国有经济活力、控制力、影响力"。

一、国有企业改革的历史进程

（一）第一阶段（1978～1993年）

以放权让利为主的国企改革初步探索阶段。这一时期改革的基本思路建立在"两权分离"的基础上，即企业的所有权和经营权分离，由国家掌握国有企业的所有权，国有企业掌握生产经营权。计划经济体制下，政府对国有企业管辖过紧，盈亏都由国家负责，以致企业缺乏自主经营和创新能力。党的十一届三中全会提出，要让企业有更多的经营管理自主权。按照十一届三中全会提出的改革方向，政府颁布了一系列扩大企业自主权的文件，推动了国企经营权层面的改革，意在使国企成为自负盈亏、自主经营、自我约束、自我发展的经济实体。政府先后在国有企业进行了扩大企业经营自主权改革、"利改税"改革和承包经营责任制改革，这一系列改革，调整了政府与企业的责权利关系，进一步明确了企业的利益主体地位，使得企业可以通过改善生产经营状况来获取利润，激发了国有企业的盈利动机，调动了企业和职工的生产经营积极性，增强了企业活力，提高了企业生产效率。

（二）　第二阶段（1993～2003 年）

以抓大放小为主的国企改革攻坚阶段。从十四届三中全会到十六届三中全会的十年里，一是国企改革坚持抓大放小，收缩战线，采取有进有退的国有经济战略布局，对于不适宜国有经济生存或经营不善、资不抵债的国有企业，通过主动退出的方式解决，把国有资本集中到关系国民经济命脉和国家安全的领域；二是转变企业经营机制，建立现代企业制度；三是分离企业办社会的职能，减少企业包袱。十四届三中全会明确了国有企业改革的方向是建立"产权清晰、权责明确、政企分开、管理科学"的现代企业制度。党的十五大提出，要把国有企业改革同改组、改造、加强管理结合起来，要着眼于搞好整个国有经济，抓好大的，放活小的，对国有企业实施战略性改组。在十五届四中全会通过的决定中进一步阐明了国有企业改革发展的基本方向、主要目标和指导方针，明确了国有经济布局战略性调整的方向。这十年间，在国有大中型企业推进建立现代企业制度试点，采取改组、联合、兼并、租赁、承包经营、出售等形式放开搞活国有中小企业，促进国有企业的优胜劣汰，实现了国有企业的整体扭亏为盈，为国有企业持续快速健康发展打下了良好基础。

（三）　第三阶段（2003 年至今）

以规范治理为主的国企改革深入推进阶段。这个阶段是以国有资产管理体制改革推动国有企业改革的发展阶段。针对长期制约国有企业改革发展的体制性矛盾和问题，十六大提出深化国有资产管理体制改革的重大任务，明确提出：国家要制定法律法规，建立中央政府和地方政府分别代表国家履行出资人职责，享有所有者权益，权利、义务和责任相统一，管资产和管人、管事相结合的国有资产管理体制。为贯彻落实十六大精神，中央、省、市（地）三级国有资产监管机构相继组建，《企业国有资产监督管理暂行条例》、《企业国有资产法》等法规规章相继出台，在国有企业逐步实施了企业负责人经营业绩考核，国有资产保值增值责任层层落实，国有资产监管进一步加强，国有资产管理体制的创新进一步激发了国有企业的活力，国有企业改革取得了重大进展，进入了一个新的发展阶段。

二、国有企业分类改革战略

社会主义市场经济下，不同类型的国有企业，它们的地位和目标不尽相同，在市场经济中扮演着不同的角色，发挥着不同的功能。因此，国有企业改革应该针对不同类别的国有企业，进行分类改革、分类治理，有的放矢。

（一）公益性国有企业

公益性国有企业的作用是直接提供公共服务，而非盈利。这类企业应被赋予强制性社会公共目标，没有经济性目标，即不以盈利为目的，其作用是直接提供公共服务，如公交、地铁、环卫、国防设施、公共卫生保健、义务教育等。以社会和谐和稳定为唯一目标。这类企业由国家单独出资，不负盈亏而靠财政维持，政府依法对其产品价格进行控制。

（二）竞争性国有企业

这类企业以追求利润最大化为首要目标，没有任何强制性社会公共目标。但其自觉提供公共服务是履行社会责任的行为，如电信、汽车、电子、钢铁、医药、金融、建筑等。竞争性国有企业完全按市场规则来运作，追求利润最大化，这类企业国有持股多少由市场来决定，政府作为出资人代表，只负责监督，随着民营企业的发展壮大，这类国有企业将逐步减少。

（三）垄断性国有企业

具体又包括自然垄断类国有企业和稀缺资源类国有企业。自然垄断类国有企业，国际通行的做法都是国有经营，如铁路运输、管道天然气、自来水等，因为这类企业具有成本递减性，因此价格一般在平均成本水平上，而民营则无法保证这种定价水平。这类国有企业经营的基本原则是盈亏平衡，不赔不赚。稀缺资源类国有企业，如石油、黄金等，为防止稀缺资源过度耗竭，保证资源利用的可持续，也必须由国有企业来经营。对于垄断性国有企业，应该以社会公共性作用为主，经济性作用居次，以最大限度保证国民福利最大化，政府必须通过规制政策，使经营者站在国民福利最大化的立场上来经营这类企业，而不是借助行政垄断把消费者剩余最大限度地转化成生产者剩余。[①]

三、国有企业改革和发展中面临的主要问题

（一）国有企业负担沉重

国有企业历史包袱较重，制约着经营效益的提高，使其在市场竞争中处于不利地位。首先，国有企业人员负担较重。长期以来，我国实行"低工资、高就业"政策，使得国有企业冗员较多，企业负担较重，极大影响了企业的效益和产品的竞争力，裁减冗员已成为国有企业轻装走向市场的必然选择。其次，国有企业社会负担重。计划经济体制下，国有企业承担了较多的社会职能，即"企业办社会"，在向市场经济转轨的过程中，沉重的负担使得国有企业在市场竞争中处于劣势地位，减轻社会负担成为深化国有企业改革必须要解决的首要问题。再次，财务负担较重。国有企业资产负债率高与资产质量不高并存，这种资产低质量基础上的高负债，降低了企业利润和积累能力，使得国有企业经营活动受到很大限制，同时也降低了企业的承受力和抗风险能力，增大了金融风险。

（二）尚未建立有效的内部激励约束机制

建立完善有效的内部激励约束机制是国企改革的重要内容，但由于企业治理结构不完善等方面的原因，国有企业内部激励约束机制不到位，表现出对国有企业经营管理者激励不足，约束不够。在激励机制方面，薪酬制度还需要进一步完善，以充分调动企业经营者的积极性，促进企业发展。在约束机制方面，对国企及其经营者的约束机制还不健全，企业监事会的作用并未有效发挥。

[①] 高明华：《论国有企业分类改革和分类治理》，载《行政管理改革》2013年第12期。

（三）改革的相关配套措施推进滞后

为推进国有企业改革，需要制定和完善一系列配套政策。现阶段，相关配套措施还不够完善，比如社会保障制度不健全，市场信用有待提高，相关法制不完备等，不利于国企改革的推进。

四、国有企业改革的方向与途径

（一）加快国有经济战略性调整

国有企业虽然存在某些难以克服的缺点，但可以实现一般企业所不能实现的社会目标。我国应加快国有企业战略性调整，使国有企业的功能和定位更加符合市场经济的客观规律。我国已进入工业化中后期，市场经济体制也越来越成熟，对于国有企业和民营企业并存的产业应主要由民营企业来承担，国有企业只需在少数特殊产业中发挥特殊职能。根据产业性质，像自然垄断部门、公共产品的生产和供给等外部性强、盈利小、资本回收周期长的产业，一般由国有企业承担，对于一般竞争性行业，根据市场经济规律，让位于市场效率会更高。因此，凡是市场有效率的应让位于市场，鼓励民营经济进驻；凡是市场失灵的可以由政府来补充。

（二）推进垄断行业改革

垄断行业是国有经济最集中、控制力最强的领域，而其内部的低效率也被广为诟病，加强对垄断行业价格、服务、收入分配等方面的改革和监管是国企改革的重要任务。要根据垄断行业的不同性质和特点，分类推进垄断行业改革。

（三）实现政企分离

我国的政企关系正逐步趋向合理，但与真正的政企分离仍存在很大差距。为此，要转换政府职能，通过制定法律规章对政府的职能、调控方式等方面作出规定，使得政府行为由控制型转为导向型，彻底隔断企业与政府间的行政隶属关系，同时要创建符合市场经济内在要求的行业管理机制，把政府对企业的干预降到最低。

（四）增强企业核心竞争力

随着经济全球化进程的加快，中国市场已成为世界市场的一部分，国有企业面临着全球化的竞争。现阶段我国大部分国有企业与国外企业差距较大，国际竞争力不强，因此需要加快培育企业的核心竞争力，提高技术水平，增强创新能力，完善创新机制，加大关键技术研发的投入力度，加快培育一批具有较强核心竞争力的大型企业和集团。

第七章

收入分配制度与实践

　　分配是社会化大生产的重要环节，一个社会的分配制度是由生产资料所有制结构决定的。我国目前处于社会主义初级阶段，生产资料公有制为主体，多种所有制成分并存的所有制结构决定了我国实行按劳分配为主体，多种分配方式并存的收入分配制度，这是社会主义初级阶段生产力发展的客观要求，也是市场经济发展的客观要求。本章节主要对西方和马克思的收入分配理论进行了梳理，在此基础上重点介绍了我国现阶段以按劳分配为主体，多种分配方式并存的收入分配制度，并对我国收入分配领域中的现存问题进行了探讨。

第一节　收入分配理论

　　收入分配理论是价值理论的延伸，一定的收入分配理论都是建立在相应的价值理论基础上，西方经济学在发展的过程中，形成了不同的价值理论，从而形成了不同的收入分配理论流派。马克思的收入分配理论建立在劳动价值论基础上，与西方主流收入分配理论具有本质区别。

一、西方主流收入分配理论

　　收入分配一直是西方经济理论研究的重要问题，在发展的过程中，形成了不同观点。

　　古典经济学的创始人亚当·斯密（Adam Smith，1723~1790）写成了《国民财富的性质与原因问题的研究》，该书最早比较系统地阐述了劳动价值理论，认为劳动是人类财富的主要来源，承认劳动者在生产中创造财富的作用。亚当·斯密根据人们占有生产条件和取得收入的形式，把国民划分为三个阶级：只有劳动自身，以劳动换取工资的工人阶级；占有资本，用以购买劳动而取得利润的资本家阶级；占有土地，用以出租而收取地租的地主阶级。他的这种认识形成了劳动者、资本所有者和土地所有者三个阶级的分配理论。

大卫·李嘉图（David Ricardo，1772～1823）比较彻底地贯彻了斯密的劳动价值论，并且进行了详细的论述。他认为工资是雇佣工人的劳动收入，是劳动所创造价值的一部分，而这一部分就是劳动力自身的价值或价格。他认为利润是资本所有者的收入，是劳动者创造价值的一部分。

萨伊（Say Jean – Baptiste，1767～1832）认为商品价值是由劳动、资本、土地三个"要素"所提供的"生产性服务"共同创造的，从根本上否认劳动价值论。在生产三要素论基础上，他提出了他的分配理论。他认为，生产三要素既然都创造效用，从而创造价值的源泉，则各要素的所有者就应分别依据这些要素各自提供的生产性服务，取得各自应得收入：劳动者获得工资，资本的所有者得到利息，土地的所有者得到地租。这就是萨伊的"三位一体"的分配公式。

庇古（Arthur Cecil Pigou，1877～1959）作为福利经济学的创始人，采用两个标准作为检验社会福利的标志：第一是国民收入数量的大小，即国民收入增加，会使福利增加；第二是国民收入在社会成员中的分配，即社会福利会因收入的均等化而增加。根据边际效用原理，同等的货币对于穷人的边际效用要大于富人。因此，政府可以通过再分配政策，把富人缴纳的税收转移给穷人，以实现收入的均等化从而增加社会福利。庇古的福利经济学将个人收入分配问题演变为增进社会福利问题，同时也促使了个人收入分配问题理论探讨向政策化、制度化演变。①

凯恩斯（John Maynard Keynes，1883～1946）认为我们生存的经济社会，显著特点是不能提供充分就业，以及财富和所得之分配有欠公平合理。他建议建立一个税收系统，使人们在合理的报酬下为社会服务，也就是充分发挥政府的作用对社会分配进行干预，用行政手段进行再分配，以实现公平合理的分配。

萨缪尔森（Paul Anthony Samuelson，1915～2009）是新古典综合派的重要代表人物。他认为要素的边际生产率决定要素的价格。市场经济的收

---

① 王军旗、华昊：《社会主义市场经济理论与实践》，中国人民大学出版社，2013 年版。

入以工资、利润、租金和利息等形式分配给生产要素的所有者。收入再分配是政府的一个重要经济职能。可见，以萨缪尔森为代表的新古典综合派的收入分配理论是，边际生产率定价下的按生产要素收入分配论、辅之以适度的政府再分配调控。①

二、马克思的收入分配理论

马克思从亚当·斯密的价值论断"生产中耗费的劳动决定价值"出发，创立了科学的劳动价值论，在此基础上，创立了自己的收入分配理论，即按劳分配理论。马克思认为未来社会个人消费品的分配方式应当是"等量劳动领取等量产品"，后来列宁将这种分配方式直截了当地称为按劳分配。马克思认为，按劳分配制度是社会主义唯一合理的分配制度，是对资本主义剥削关系和分配不公现象的根本否定。马克思按劳分配理论内容的设计是建立在其对未来社会主义制度设计的基础之上的，它与现阶段社会主义国家的现实相比，有一些重要差别：一是具有在资本主义充分发展基础上建立起来的更高层次的社会生产力水平；二是生产资料实现了全社会范围内的共同占有；三是商品经济不复存在。马克思的按劳分配理论主要包含以下内容：

1. 个人消费品的分配方式由生产方式决定

马克思提出了"分配结构完全取决于生产结构的论断"，他认为生产是收入分配的前提和基础，社会的生产方式决定分配方式，马克思指出"分配的结构完全取决于生产的结构，分配本身就是生产的产物。"② 马克思认为，在生产力尚未充分发展的共产主义社会第一阶段，由于实行生产资料的公有制，排斥了凭借生产资料的私有制来剥削他人劳动的可能性，每个人能为社会作贡献的唯一方式就是他的劳动量。因此，按劳分配是社会主义公有制经济中个人消费品分配的基本原则。

2. 按劳分配就是等量劳动领取等量报酬

马克思指出："每一个生产者，在作了各项扣除以后，从社会领回的，正好是他给予社会的。他给予社会的，就是他个人的劳动量。"因此，按劳分配的"劳"，是劳动者为社会提供的劳动量。在马克思的设想里，劳

---

① 潘洁：《西方收入分配理论的评述》，载《知识经济》2010 年第 11 期。
② 《马克思恩格斯选集》第 2 卷，人民出版社 1995 年版，第 304 页。

动者为社会提供劳动是参与按劳分配的前提条件。按劳分配就是按劳动者
为社会提供的劳动量来分配个人消费品，实行等量劳动相交换的原则。

3. 作为消费品分配的不是全部产品，是做了若干扣除后的剩余部分

马克思指出，社会产品在进行个人分配之前，必须要做出必要的社会
扣除。包括："第一，用来补偿消耗掉的生产资料的部分。第二，用来扩
大生产的追加部分。第三，用来应付不幸事故、自然灾害等的后备基金或
保险基金。""剩下的总产品中的另一部分是用来作为消费资料的。在把这
部分进行个人消费之前，还得从里面扣除：第一，同生产没有直接关系的
一般管理费用"，"第二，用来满足共同需要的部分"，"第三，为丧失劳
动能力的人等等设立的基金。" 社会总产品作了扣除后所剩下的部分作为
个人消费基金，按照每个劳动者为社会所提供的劳动量的多少进行分配。

4. 个人消费品的分配通过劳动券实现

马克思认为，社会主义社会，商品和货币已不存在。没有商品生产和
交换，分配也不再借助商品货币的形式实行。劳动者直接向社会提供一定
数量和质量的劳动，社会发给他相应的劳动券，劳动者凭劳动券从社会领
取个人所需要的消费品。

5. 社会必要劳动时间是按劳分配的计量尺度

马克思设想的是以劳动时间作为计算劳动量的尺度。这里的劳动时间不
是指 "劳动者的直接的个人劳动时间"，而是社会必要劳动时间。马克思按
劳分配的设想是把整个社会的复杂多样的生产劳动抽象为 "一个按计划进行
的社会总劳动，把各不相同的各个劳动者当作同一个社会劳动力来使用"。
不考虑不同产业部门之间以及同一产业部门内不同经济组织间的效率差别，
不考虑不同劳动者之间劳动复杂程度、熟练程度、劳动强度的差别。马克思
把劳动的质的同一性作为计量的前提，即劳动计量的简单化。

6. 按劳分配不是平均主义

马克思按劳分配的应有之意是社会为每个人提供一个生存和发展的机
会，劳动者在该过程中充分发挥自己的能力和优势，从而获得与其付出相
对称的劳动报酬，各尽所能，各得其所，这样分配结果应是公平的。按劳
分配并不意味着平均主义，它按照劳动者向社会所提供劳动的数量和质量
进行分配，多劳多得，少劳少得，不劳不得，因此劳动收入差异的存在是
必然的。[1]

---

[1]　周本卫：《社会主义市场经济条件下按劳分配的理论与实践研究》，南京师范大学，2013 年。

三、收入分配中的公平与效率

（一）收入分配中的公平

收入分配中的公平主要包括起点公平、过程公平和结果公平。起点公平，即机会均等，指每个社会成员拥有平等地分享社会资源的机会。过程公平是指每个社会成员在参与经济活动的过程中，要平等地遵守各种规则、法律制度，简单地说就是要实现公平竞争。起点公平和过程公平决定着结果公平。结果公平是指人们通过诚实劳动、合法经营在公平竞争的条件下取得与劳动相对应的报酬。社会应当努力消除起点的不平等，而容忍结果在一定程度上的不平等。

收入分配公平与否不仅可以定性判断，也可以进行量化判断。这里简单介绍两种量化标准。第一，绝对差距和相对差距。它主要是以收入分组法（将社会成员按收入高低分为若干组）和人口分组法（先将人口按一定比例分组，再按人均年收入排序）为前提，用减法计算出比较组的差距，即绝对差距；用除法计算出比较组的差距，即相对差距。这种方法通常用来判断最穷和最富的人群收入差距不平等的状况。第二，基尼系数。它是 20 世纪初意大利经济学家基尼提出的一种判断收入分配公平程度的指标，该指标尤其用来分析居民户之间收入分配的均衡性或差异性程度。基尼系数是根据洛伦兹曲线（见图 7-1）来定义的。

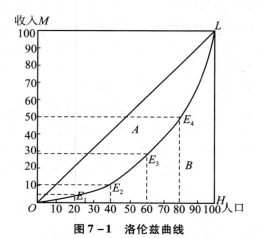

图 7-1　洛伦兹曲线

图中的横轴 OH 表示人口（按收入由低到高分组）的累积百分比，纵轴 OM 表示收入的累积百分比，中间的弧线（$O - E_1 - E_2 - E_3 - E_4 - L$）为洛伦兹曲线。将洛伦兹曲线与 45 度线段 OL 之间的部分 A 叫做"不平等面积"，当收入分配达到完全不平等时，洛伦兹曲线成为折线 OHL，OHL 与 45 度线之间的面积 A + B 叫做"完全不平等面积"。不平等面积与完全不平等面积之比，成为基尼系数，是衡量一国或一地区贫富差距的标准。基尼系数 $G = A/(A + B)$。基尼系数介于 0～1 之间，当基尼系数为 0 时，表示绝对公平；当基尼系数为 1 时，表示绝对不公平；基尼系数低于 0.2 时，表示高度均等；基尼系数在 0.2～0.3 时，表示相对均等；基尼系数在 0.3～0.4 时，表示收入差距相对合理；基尼系数达到 0.4 时，通常被认为是收入分配差距的"警戒线"；基尼系数在 0.4～0.6 时，被认为收入差距偏大；0.6 以上为高度不均等，即收入分配的两极分化。基尼系数可以比较直观地反映出居民收入差距，可以预防收入分配中出现两极分化的现象。

（二）收入分配中的效率

收入分配中的效率是指在整个社会经济运行过程中各种资源配置的效率，即经济生产过程中所消耗的资源与生产出的产品的比率，简单地说就是投入与产出的比率。投入一般包括资本投入、技术投入、劳动投入以及管理投入等生产要素和管理的投入；产出即各种成果的产出。从投入产出的角度划分经济效率有劳动生产率、资本生产率、综合要素生产率；从宏观微观的角度看，有宏观经济效率、微观经济效率。

（三）收入分配中公平与效率的对立统一

公平与效率二者之间存在着既对立又统一的关系。一方面，公平与效率之间存在着相互否定、相互排斥的一面。在市场经济条件下，竞争有利于实现效率，但不利于促进公平。过分追求高效率势必会因人们收入差距的不断扩大而导致两极分化，最终损害公平；如果强调绝对公平，追求收入均等，又会严重挫伤人们劳动的积极性和创造性，从而损害效率的实现，使经济出现停滞甚至倒退的局面。另一方面，公平与效率又存在着相互依存、相互影响和相互促进的一面。首先，效率是实现公平的基础。公平分配意味着对社会产品、社会财富公正合理的分配，而只有提高效率，创造更多地社会财富，才能为公平分配提供坚实的物质基础。其次，公平能促进效率的实现。公平能为效率创造出良好安定的社会氛围，缓解社会矛盾，能够充分调动人们劳动的积极性和创造性，从而有利于效率的提高。因此，在社会发展过程中，应统筹兼顾效率和公平，寻求两者动态中的平衡。

（四）改革开放以来我国收入分配中协调公平与效率关系的实践

第一阶段（1978～1987年）：克服平均主义倾向，以提高经济效益为中心。改革开放之初，我国经济发展与世界发达经济体的差距很大，提高经济效率、缩小发展差距的要求十分迫切，因而决策层吸取改革开放前平均主义导致了低效率的教训，转而以提高经济效益为中心，取得了显著成效。事实证明，改革开放之前的平均主义分配方式极大地抑制了效率提高的空间，同时也没有实现真正意义上的公平，这种分配方式导致了公平与效率的双重损失。改革开放之后，我国意识到经济效率的提高是经济社会发展的必经途径，这种观念的转变对逐步改变平均主义分配方式，促进经济发展起到了重要作用。

第二阶段（1984～1992年）：效率第一，公平第二。在这一阶段，日益显现的社会矛盾要求政府对公平给予一定程度的关注，社会对公平的诉求受到重视。1984年10月召开的十二届三中全会通过了《中共中央关于经济体制改革的决定》，提倡以"先富"产生的示范效应来促进"共富"，表明了对公平本质的重新认识，但由于"共富"的前提是"先富"，因而暗含着效率先于公平的政策思路。

第三阶段（1992～1993年）：兼顾效率与公平。经济体制改革对效率的强调扩大了收入差距，出现了两极分化，因此，在分配领域"兼顾效率与公平"是对"效率第一，公平第二"分配原则的渐进性调整。兼顾效率与公平的提法是实现二者相互统一的尝试，在一定程度上纠正了将公平与效率割裂开来的错误做法。

第四阶段（1993～2006年）：初次分配注重效率，再分配注重公平。为了适应经济社会发展的需要，1993年11月召开的十四届三中全会通过了《中共中央关于建立社会主义市场经济体制若干问题的决定》，提出"效率优先、兼顾公平"的分配原则，该原则在理论界得到了充分的肯定。但由于对效率的侧重，实际经济生活中出现了日趋严重的收入分配不均和贫富差距扩大问题，从1994年起，中国的基尼系数始终维持在 0.4 以上的水平，且有逐年上升的趋势。由此，十六大报告对"效率优先、兼顾公平"原则进行了补充，明确提出初次分配注重效率，再分配注重公平。

第五阶段（2006 年至今）：初次分配和再分配都要处理好效率和公平的关系，再分配更加注重公平。2006 年 10 月召开的十六届六中全会通过的《中共中央关于构建社会主义和谐社会若干重大问题的决定》放弃了"效率优先、兼顾公平"的提法，强调要在经济发展的基础上更加注重社会公平。十七大报告进一步提出，初次分配和再分配都要处理好效率和公平的关系，再分配更加注重公平。①

第二节　社会主义收入分配制度

现阶段，我国收入分配制度实行按劳分配为主体，多种分配方式并存，这是由我国公有制为主体，多种非公有制经济并存的生产资料所有制结构决定的，这与我国现阶段的生产力发展水平相适应，也是社会主义市场经济发展的客观要求。坚持以按劳分配为主体，才能坚持社会主义的基本分配原则，有效地防止两极分化，最终实现共同富裕；实行多种分配方式并存，才能为多种所有制经济的共同发展增强活力。

一、我国收入分配制度的探索

改革开放以来，我国在收入分配领域进行了一系列的探索和改革，分配指导思想与制度发生了根本性的变化，大致可以分为以下四个阶段：

第一阶段：试点阶段（1978～1987 年）。1978 年，邓小平在中央工作会议上提出："在经济政策上，我认为要允许一部分地区、一部分企业、一部分工人农民，由于辛勤努力成绩大而收入先多一些，生活先好起来。一部分人先好起来，就必然产生极大的示范力量，影响左邻右舍，带动其他地区。其他单位的人们向他们学习。这样就会使整个国民经济不断地波浪式地向前发展，使全国各族人民都比较快富裕起来。"这个阶段，以农

---

① 刘承礼：《30 年来中国收入分配原则改革的回顾与前瞻》，载《经济理论与经济管理》2008 年第 9 期。

村实行家庭联产承包责任制为突破口进行收入分配制度改革，并在此基础上向城市推广。1984 年十二届三中全会第一次提出"允许一部分人、一部分地区先富起来"。这一阶段在个人收入分配方面引入和体现了利益机制，否定了分配体制上的高度集中和平均主义的分配方式，从而极大地调动了人们的生产积极性，尤其是农民的生产积极性，使农业生产力水平迅速提高。

第二阶段：探索阶段（1987～1992 年）。党的十三大在收入分配方面第一次提出了以按劳分配为主体，其他多种分配方式为补充，第一次提出只要是合法的非劳动收入都应当允许，而且具体指出包括利息、红利等收入。这一阶段在理论上开始引入其他分配方式，为劳动之外的生产要素参与分配奠定了理论基础，从实践上看，1984 年之后，我国的乡镇企业、个体私营企业和"三资"企业获得了迅速发展。

第三阶段：推进阶段（1992～2002 年）。党的十四大确立了社会主义市场经济体制，这使分配体制改革走上了一条既遵循宏观经济规律，又适合中国国情的正确道路。十四届三中会把按劳分配为主体，多种分配方式并存的收入分配制度作为社会主义市场经济体制的五大支柱之一。十五大报告明确提出按生产要素分配是我国收入分配制度的重要内容，在坚持按劳分配为主体，多种分配方式并存的前提条件下，把按劳分配与按生产要素分配结合起来，进一步完善了我国的收入分配体制。

第四阶段：完善阶段（2002 年至今）。党的十六大第一次确立了劳动、资本、技术和管理等生产要素按贡献参与分配的原则，完善了按劳分配为主体、多种分配方式并存的分配制度，明确了劳动、资本、技术和管理是基本的生产要素，同时也没有否认知识、资源、信息等生产要素在财富创造中的积极作用。在收入分配结构中第一次提出以共同富裕为目标，扩大中等收入者比重，提高低收入者收入水平。这一阶段的收入分配制度改革主要是完善制度和规范秩序，重点集中在规范收入分配秩序方面，对缩小收入差距，缓解社会矛盾，进一步维护社会公平，促进经济又好又快发展起到了体制保障作用。①

---

① 郭惠平：《我国收入分配制度的改革与完善》，载《山西财经大学学报》2009 年第 11 期。

二、社会主义市场条件下的按劳分配制度

（一）按劳分配的实现手段由劳动券转为货币

按照马克思的设想，按劳分配是通过"劳动券"来实现的，即：劳动→劳动券→个人消费品。社会主义市场经济下，商品货币关系依然存在，按劳分配通过以下过程来实现：劳动→货币（工资）→商品（个人消费品）。现阶段，公有制经济中的劳动者首先要向企业和社会提供一定量的劳动，根据等量劳动获取等量报酬的原则，从企业那里获得一定数量的货币工资，劳动者再用这些货币工资从市场上购买自己所需要的消费资料。劳动者所获得的货币工资是可以在市场上进行流通的货币。

（二）按劳分配的实现程度由社会直接决定变为由市场机制调节

传统的按劳分配实现过程，根据等量劳动领取等量报酬的原则，劳动者直接从社会获取相应的报酬。而在市场经济条件下，按劳分配的实现程度受到市场机制的影响。首先，个别劳动时间与社会必要劳动时间的差别影响劳动者的收入水平。其次，供求关系的状况影响按劳分配的实现。企业生产的商品供过于求，价格就会低于其价值出售，劳动消耗就得不到全部补偿。再次，生产资料价格影响按劳分配的实现。生产资料价格制约着企业的生产成本，如果生产资料的价格上涨，企业产品成本提高，则企业收入就会减少，劳动者收入中按劳分配的收入水平就会降低；反之就会提高。最后，价格水平影响按劳分配的实现。市场经济条件下按劳分配的实现形式是货币工资，劳动者用货币购买个人消费品，购买的数量要受物价水平的影响。如果消费品价格水平上升，等量货币就只能购买到较少的消费品，从而降低劳动者按劳分配的最终实现程度；反之，则会提高按劳分配收入的最终实现程度。

（三）按劳分配的主要实现主体和范围由社会（国家）变为企业

计划经济体制下，企业只是执行国家生产任务的加工厂，企业既没有生产经营权，也没有建立自负盈亏的机制。企业没有自己的经济利益，国

家享有分配的一切权利，是初次分配和再分配的唯一主体，统一计划和安排企业的生产和人事变动。社会主义市场经济条件下，实行政企分开的制度，各企业是自主经营、自负盈亏的商品生产者和经营者。他们之间存在着经济利益的差别。因此，企业作为一个独立的经济实体，是对劳动者实施按劳分配的主体。企业按劳分配的过程，首先是企业自身进行生产经营活动从市场获得经济收入，然后再在企业内部对劳动者个人进行分配。由于每个企业的生产经营状况不同，经济效益不同，因而每个企业的劳动者即使付出同等的劳动量，其收入水平也不尽相同。劳动者的收入水平，不仅取决于劳动者本人的劳动状况，还取决于企业经营效益的状况。

三、按要素分配

按要素分配是指在市场经济条件下，生产要素的使用者根据各种生产要素在生产经营过程中发挥贡献的大小，按照一定比例，对生产要素的所有者支付相应报酬的一种分配方式。

（一）我国市场经济条件下按要素分配的作用

1. 按要素分配有利于充分利用先进生产要素发展生产力

长期以来，我国经济发展的主要约束因素就是资金、技术、管理经验的缺乏。只有承认要素的所有权和收益权，才能提高要素所有者的积极性，这样不仅有利于充分利用资金、人才、技术、信息等先进生产要素，还能在一定程度上大量吸收引进国外先进生产要素进入我国，促进我国生产力的快速发展。

2. 按要素分配有利于资源的优化配置

按要素分配明确了生产要素的有偿使用，而且越是稀缺的要素，被有偿使用后所获得的报酬越高。这就促使生产要素所有者努力提高其所拥有的生产要素的质量，并随时根据市场需求将其投入到最有效的部门中去，最大限度地实现它的价值，有利于实现资源的有效配置。

3. 按要素分配有利于我国构建"两头小、中间大"的新型分配格局

我国目前的分配格局呈"金字塔"型的状态，而按要素分配原则的确立，使得资本、技术和管理等生产要素按贡献参与分配有了制度上的保障，使各类资本所有者、企业经营管理人员、科技人员、技术工人、科研工作者等群体都有了尽快富起来的可能，对扩大中等收入者的比重，构建

"两头小、中间大"的新型分配格局非常有利。

（二）按要素分配的具体实现形式

1. 按资本要素分配

即按资分配，具体包括：居民将消费剩余资金存入银行，获取利息收入；居民将消费剩余资金购买各种股票、债券等有价证券，获取红利、股息以及有价证券的买卖收入；居民将消费剩余资金以独资、合资等形式进行投资，获取投资利润。

2. 按土地要素分配

在我国，土地是国家或集体的共有财产，不能买卖，但在一定时期内，土地使用权可以有偿转让。居民拥有土地使用权，可以通过转让获得土地租金收入。另外，居民住房实行商品化，居民可以将自有住房出租获取租金收入。

3. 按技术要素分配

即技术要素所有者将自有技术投入生产，获取相应的报酬。具体包括：以专利技术的形式获取专利收益；技术或无形资产以入股的形式获取利润红利。

4. 按管理要素分配

管理是促进经济增长的重要生产要素。拥有管理才能的人把自己的管理才能投入到企业管理活动中并做出贡献，以入股的形式获取相应的报酬。

5. 按信息要素分配

信息是当今社会最重要的资源之一，谁拥有足够的信息谁就在市场竞争中处于优势地位。信息要素所有者可以凭借信息在生产中的贡献大小获取相应的报酬。[1]

第三节 我国收入分配差距及调节

收入差距是在一定的经济发展水平下经济发展所产生的必然现象，合理的收入差距有利于提高劳动生产效率，实现劳动力的帕累托最优。但

---

[1] 耿红：《按劳分配与按要素分配相结合的理论探讨》，东南大学，2005 年。

是，如果收入差距超过了一定界限，则会扭曲经济的运行机制，造成国内有效需求的不足，对整个经济和社会的发展产生负面影响。因此，为了保障我国经济社会的和谐发展，我们必须适当控制和调节收入差距。

一、收入分配差距过大对经济社会发展的不利影响

（一）收入差距过大不利于社会稳定

收入差距过大使得贫富分化严重，少数人拥有绝大部分的财富，进而会导致个人权利和发展机会等方面的不平等，容易挫伤社会成员的积极性，甚至产生社会不公平的心态，从而激发社会矛盾，破坏社会稳定，甚至引发社会动荡。

（二）收入差距过大抑制消费需求，影响经济发展

根据边际效率递减规律，随着收入的增加，边际消费倾向将逐渐降低，即富人的边际消费倾向小于穷人。收入差距过大使得具有较高消费倾向的穷人没有能力消费，而掌握大量财富的富人不愿消费，由此将会降低整个社会的消费需求，过低的消费需求会使经济增长缺乏动力，进而影响经济发展。

（三）收入差距过大不利于实现社会福利的最大化

福利是指一个人获得的效用或满足程度，不仅包括物质生活的需要，也包括精神方面的需要。根据效用递减规律，随着收入的增加，边际效用将逐渐降低。过大的收入差距使得富人越富，穷人越穷，从而降低社会福利水平。

二、我国现阶段的收入分配差距

（一）城乡居民收入差距

我国经济社会发展过程中，一直存在着比较明显的城乡二元结构特征，其中城乡居民收入差距是其重要的体现。从城乡居民人均收入指标来看，城乡居民收入差距一直存在着逐步拉大的趋势。近几年，城乡收入比

一直都高于 3：1。倘若将城镇居民享受的各种福利、补贴和财产性收入等纳入其中，则城乡差距更大。城乡收入差距的拉大直接影响到城乡居民在经济整体增长格局中的利益得失，同时也阻碍着经济的健康、持续发展。

（二）行业收入差距

改革开放以来我国各类行业人员工资收入逐年增加，但行业收入差距也在不断增大。总体来说，传统的体力劳动、资本技术含量低、劳动密集的行业收入水平在降低，而资本技术含量高、新兴产业、垄断行业的收入水平不断提高。国内学者通过对行政垄断、市场垄断等垄断形式的研究指出，国有经济的垄断地位在行业收入差距中扮演着主要角色。垄断行业凭借在国民经济中的特殊地位，较容易获得高于社会平均利润率的垄断收入，职工个人收入也随之提高，远高于一般竞争性行业的职工工资水平。垄断行业的高收入，主要凭借对关键资源的独自拥有，并不是建立在行业劳动生产率提高的基础上，因此，过大的行业差距将会引起社会民众不满情绪，影响社会稳定。①

（三）区域收入差距

近些年来，由于西部地区开发、振兴东北老工业基地、中部地区崛起战略的实施，地区差距扩大的趋势已经得到了一定程度的控制，但由于各地的自然条件、资源禀赋、经济社会发展基础等方面存在较大差异，我国东部、中部、西部地区经济发展仍然很不平衡，由此导致东中西不同区域间的居民收入存在较大差距。有数据显示，在经济发展方面，西部与东部地区农村的发展差距在 8 年以上。②

三、我国收入分配差距的调节

（一）打破城乡二元经济结构，加大对农业和农村的支持力度

缩小我国的城乡收入差距的根本着眼点在于打破我国城乡二元结构，实施有利于提高农民收入水平的制度安排。一要促进农村剩余劳动力向城

---

① 于国安、曲永义：《收入分配问题研究》，经济科学出版社 2008 年版。
② 柳国海：《当前我国收入差距现状及对策分析》，载《中国经贸导刊》2012 年第 7 期。

市流动；二要在现有的强农惠农政策基础上，继续加大对农业的资金投入与扶持力度；三要维护农村产品市场的稳定和合理的价格水平，提高农民的经营性收入；四要增加对农村教育和技能培训的投入，提高我国农村劳动者的劳动技能；五要建立健全社会保障体系，完善对农村低收入者的社会保障和社会救助机制，对农村低收入群体的生活给予补贴和救助，提高对农村低收入者的保障能力。

（二）促进我国地区间的均衡发展，缩小收入差距

经济的发展能够极大带动收入的增长，一直以来，中西部地区的经济发展都慢于东部地区，其收入增长相对缓慢。为此，应大力支持中西部地区的经济发展，鼓励和引导资金、技术向中西部地区转移，充分发挥中西部地区的资源优势和劳动力优势，促进中西部地区的经济发展和人们收入水平的提高。

（三）调整行业间的收入差距，降低垄断行业的收入

我国实行市场经济体制的时间比较短，市场运行机制还有待完善。由于原有的某些体制性和政策性的原因，我国有些行业存在着严重的垄断，由此获取高额的垄断利润，造成行业间过大的收入差距。我们应将竞争机制引入这些垄断行业中，降低垄断行业的收入水平并对其加强监督和管理。

第八章

我国社会保障制度与实践

社会保障制度通过国家立法而制定，用于保障全社会成员的基本生存与生活需求，是国家最重要的社会经济制度之一。社会保障由国家通过国民收入分配和再分配实现。建设有中国特色的社会保障制度，既要遵循社会保障制度的一般要求，更要认真研究我国具体实际，党的十八大把社会保障全民覆盖作为全面建成小康社会的重要目标，要求坚持全覆盖、保基本、多层次、可持续方针，以增强公平性、适应流动性、保证可持续性为重点，全面建成覆盖城乡居民的社会保障体系。本章节首先介绍了社会保障制度的理论基础，在此基础上对社会保障制度的基本内容进行概述，最后结合我国在社会保障制度实施方面的一些具体问题进行了探讨。

第一节 社会保障制度的理论基础

社会保障作为一种制度出现，仅有一百多年的历史，但社会保障的思想却源远流长。在我国，《管子》的社会保障思想是世界上最早、最完整的社会保障理论。西方社会保障制度建立在现代工业发展的基础上，并产生了新历史学派、福利经济学派、凯恩斯主义学派等，他们的思想和理论对西方社会保障理论制度的建立和发展产生了很大影响。马克思的政治经济理论，对社会保障制度的形成也起到了积极作用，主要包括"两种生产"理论和社会总产品扣除理论。

一、我国古代的社会保障思想

社会保障作为一种制度出现，是近百年的事情，是经济社会发展到一定阶段的产物。但社会保障的思想渊源较为久远，我国社会保障理论的早期史籍记载出现在《周礼·地官司徒》："以保息六，养万民：一曰慈幼，二曰养老，三曰振穷，四曰恤贫，五曰宽疾，六曰安富"，即国家应在六个方面安抚百姓。春秋战国时期的《礼记·礼运》中记载了中国思想家孔子提出的"大同世界"的设想："大道之行也，天下为公。选贤与能，讲信修睦。故不独亲其亲，不独子其子。使老有所终，壮有所用，幼有所长，鳏寡孤独废疾者皆有所养……是谓大同"。在这个"大同"世界里，就包含了社会保障的思想。在我国史籍中，完整阐述社会保障理论的著作是《管子·入国》。书中明确指出：国家是社会保障品的提供者——必须设立官吏负责实施社会保障的各个项目，履行养老、扶幼、恤孤、养疾、媒合、问病、济穷、赈困和告慰烈士的责任，所需资金应该由政府承担。《管子》的社会保障思想是世界上最早、最完整的社会保障理论。①

二、西方社会保障理论

西方社会保障制度建立在现代工业发展的基础上。资本主义经济发展中产生的一系列问题使得学者们开始思考社会利益与个人利益的关系、经济效益与社会公平以及政府如何在社会福利增进中发挥积极作用等问题。由此产生了新历史学派、福利经济学、凯恩斯主义以及福利国家论等理论。这些思想和理论对西方社会保障理论制度的建立和发展产生了很大影响。

（一）德国新历史学派

新历史学派强调国家的经济作用，认为国家除了维护社会秩序和国家安全之外，还具有"文化和福利的目的"，国家在进步的文明社会中，公共职能应不断扩大和增加，凡是个人努力所不能达到的或不能顺利达到的目标，理应由国家去办。基于这样的观点，新历史学派主张国家必须通过立法，实行包括社会保险、孤寡救济等在内的一系列社会政策措施。实际上，新历史学派所谓的福利，就是国家建设一些公共福利事业，间接地对收入实行再分配，以缓和、协调当时的阶级矛盾。

---

① 王文素：《社会保障教程》，经济科学出版社2005年版。

（二）福利经济学

福利经济学主要研究一种经济体系的运行究竟是增进福利还是减少福利，是社会保障制度最基本的理论基础。1920年，英国经济学家庇古出版《福利经济学》一书，标志着福利经济学的形成。庇古的观点可以归纳为：一是社会经济福利的大小决定于国民净收入总量的大小，也就是说，国民收入总量越大，全社会的福利越大。二是社会经济福利的大小不仅取决于国民收入总量的大小，还取决于收入分配的状况。通过调节收入分配差距，即提高穷人收入在国民收入中的份额，可以扩大社会福利。三是庇古根据福利经济学的理论分析，提出了"收入均等化"的转移措施，收入转移的途径就是由政府向富人征税，补贴给穷人，或是富人自愿捐赠或建立福利设施等。通过收入转移，可以增加穷人的实际所得。四是反对无条件的补贴，认为最好的补贴应当"能够激励工作和储蓄"。

（三）凯恩斯主义理论

20世纪30年代，西方各国爆发了资本主义经济危机，经济萧条，失业剧增，按照古典经济学"供给创造需求"的理论，难以解决。凯恩斯彻底否定了"供给会自动创造需求"的理论，运用总量分析方法，提出了"有效需求"不足理论以及相应的国家经济干预思想。他认为，经济萧条和危机的根本原因是有效需求不足，只有扩大总需求，刺激总供给，从而增加就业机会，才能使经济保持一定的增长速度。在这一形势下，1936年，英国著名经济学家凯恩斯发表了《就业、利息和货币通论》一书，就社会保障问题、消除贫民窟、实行累进税制、实行最低工资法等提出政策主张。凯恩斯主张通过累进税和社会福利等方式重新调节国民收入分配。他认为，国家建立社会福利制度有利于提高消费倾向、增加有效需求和刺激就业。这是因为，社会保障具有"内在稳定器"的作用，经济萧条时期，社会保障收入减少，支出增加；经济繁荣时期，社会保障收入增加，支出减少，从而社会保障对社会总需求起到了调节作用，有助于缓和经济波动。

（四）福利国家论

福利国家论是在福利经济学的基础上发展起来的，但比福利经济学更接近于社会保险福利的实践活动。1942年，英国伦敦经济学院院长贝弗里奇提出了具有划时代意义的《社会保险及相关服务》研究报告，对英国乃至西方各国的社会福利制度产生了巨大影响，在此基础上形成了福利国家论。这份报告中，贝弗里奇着眼于重建战后和平，融合了改革者的不同愿望，以对英国全体公民实行福利制度的指导原则，设计了从摇篮到坟墓的一整套福利措施。1948年，英国工党执政，先后实施了社会保险、工业伤亡、家庭补助、社会保健四种社会福利法案。1948年，英国工党正式提出"福利国家"的口号，从此，福利国家论广为传播。

三、马克思主义社会保障理论

马克思主义理论体系中关于社会保障的理论尚未形成完整体系，但从其论述中可以概括为以下观点：

（一）"两种生产"理论

马克思认为，社会再生产是人类社会存在和发展的基础。社会再生产过程是物质资料再生产和劳动力再生产过程的统一。人类通过物质资料的再生产，不断取得人类生存所必需的生活资料；通过劳动力的再生产，实现人类的延续和劳动力的更新。如果劳动力再生产过程发生障碍，必然会影响社会再生产。因此，早在1948年，马克思、恩格斯在《共产党在德国的要求》一文中就曾提出："建立国家工厂。国家保障所有的工人都有生活资料，并且负责照顾丧失劳动力的人。"① 马克思虽然没有明确指出社会保障对劳动力再生产的作用，但明确指出了国家参与管理的必要性，只有这样，国家管理才能为劳动力的再生产提供保障，由此对社会保障制度的建立具有积极作用。

（二）社会总产品"扣除理论"

马克思在《哥达纲领批判》中指出：社会产品在分配给劳动者个人时，应首先扣除以下几项：第一，用来补偿消费掉的生产资料部分；第二，用来扩大生产的追加部分；第三，用来偿付不幸事故、自然灾害等的后备基金或保险基金。剩下的社会总产品中的其他部分用来做消费资料。

---

① 马克思、恩格斯：《共产党在德国的要求》，《马克思恩格斯全集》第5卷，人民出版社1958年版，第4页。

在把这部分进行个人分配之前，还得从中扣除几项：第一，和生产没有关系的一般管理费用；第二，用来满足共同需要的部分，如学校、保险设施等；第三，为丧失劳动能力的人设立的基金，如官办济贫事业。[①] 因此，马克思关于社会产品再分配的论述，明确了社会保障基金需要通过国民收入的分配与再分配来建立，成为社会主义国家社会保障的理论基础。

（三）满足人的需要理论

马克思认为人的需要是人的本性，满足人的需要是社会主义生产活动的目的和动力。任何社会中能够区分出劳动的两个部分，一部分用于个人的消费，另一部分用来满足一般的社会需要，它包含"保险金和准备金"。社会保障的需要是一种最基本的需要，也是"合理需要"。社会保障的对象不仅包括消费者，同时也包括生产者。[②]

第二节　社会保障制度概述

社会保障制度是国家运用强制手段进行社会风险管理的制度安排，是保证社会稳定的安全网和经济运行的自动调节器，同时也保障了劳动力的再生产，对经济社会的发展起到重要的积极作用。在我国，社会保障作为一个体系，主要包括社会保险、社会救济、社会优抚和社会福利四部分，每个部分性质、作用及形式各不相同，相互独立又相互联系。

一、社会保障制度的功能

（一）稳定社会

市场经济的自由竞争必然会导致收入差距，甚至出现失业、贫困、生活无着落等现象，使得社会中存在很多不安定因素，威胁社会稳定。社会保障通过收入分配和再分配的调节，为社会成员提供各种保障，其直接目的就是维护社会秩序，减少社会冲突，缓解社会矛盾，建立社会稳定的安

---

① 参见《马克思恩格斯选集》，第 3 卷，第 2 版，第 302、303 页。
② 盖锐：《社会保障学》，清华大学出版社 2009 年版。

全网。因此，社会保障是一种有效的"社会减震器"。

（二）调节经济

社会保障被视为社会经济运行的"自动调节器"，其对经济的调节作用是双重的。当经济面临困境或者出现萧条时，社会总供给大于社会总需求，企业生产盈利减少，生产力下降，就业人数减少，企业和个人缴纳的社会保障费用会相应减少，同时通过政府的转移支付、社会救济、财政补贴等途径的社会保障支出费用增加，以此提高低收入者的购买力，扩大社会总需求，以促进经济的恢复和发展。经济繁荣时期，社会需求旺盛，企业盈利能力增强，生产力提升，失业率下降，企业和个人缴纳的社会保障费用会相应增加，同时政府转移支付等社会保障支出减少，以此抑制需求的盲目扩张。

（三）保障劳动力的再生产

社会保障通过养老、失业、医疗、就业等保障制度的建立，能够保证劳动者的健康和劳动能力，也解除了劳动者的后顾之忧，使得劳动力队伍的更新换代制度化、正常化，从而促进了劳动力的再生产，为生产创造良好的条件，促进经济社会的发展。

二、社会保障体系构成

社会保障体系是指各社会保障项目、保障措施等构成的整体，各保障项目之间是相互独立又相互联系的。在我国，社会保障体系主要包括社会保险、社会救济、社会优抚和社会福利四个方面。

（一）社会保险

社会保险是社会保障体系的核心，是国家以立法手段对面临年老、疾病、生育、伤残及失业等风险因素而暂时、永久失去劳动能力或失去生活来源的劳动者及其家属给予一定程度经济补偿的制度。社会保险保障的对象是全体社会成员，是保障风险最多，运用资金最多，影响最大的一项社会保障制度。在我国，社会保险主要包括养老保险、医疗社会保险、生育保险、工伤和职业病保险、失业保险五个方面。

（二）社会救助

社会救助是指国家和社会对遭受自然灾害、不幸事故和社会贫苦者提供的物质帮助。社会救助是一种低层次的社会保障，是国家和社会向特定对象提供的满足其最低生活需求的一种物质帮助，属于社会保障制度要实现的最低目标。社会救助的对象是处于绝对贫困和相对贫困的个人和家庭。在实际生活中一般包括三种情况：一是无依无靠，无生活来源的鳏寡孤独者；二是遭受天灾人祸严重侵袭而使生活一时陷于拮据状态的家庭和个人；三是生活水平低于国家规定的最低标准的家庭和个人，即相对贫困者。

（三）社会优抚

社会优抚是指国家和社会按照规定，对法定的优抚对象（比如现役军人、公安干警、武警官兵及其家属等），为保证其一定的生活水平而提供带有褒扬、优待、抚恤性质的资助和服务的特殊社会保障制度，是公民因服兵役而相应获得的物质补偿权利。社会优抚是对特殊对象实行的带有特殊意义的社会保障措施，是社会保障的重要组成部分。

（四）社会福利

社会福利是国家或社会在法律和政策范围内，在居民住宅、公共卫生等方面向全体社会成员普遍提供资金帮助和优价服务的社会保障制度。社会福利主要包括国家为改善人民生活、提高公民收入而建立的各种福利设施和各种补贴，主要有公共医疗、环保设施、公共住房、财政补贴、集体福利、社区福利等项目。社会福利是一种高水平的社会保障措施，一国社会福利水平的高低，基本上是由国民经济发展水平决定的。

第三节　我国社会保障制度的发展与实践

我国社会保障制度始于新中国成立初期，随着经济社会的不断发展，社会保障制度也相应进行了制度重构和全面改革，取得了很大成效，但现阶段也还存在一些问题。党的十八大把社会保障全民覆盖作为全面建成小康社会的重要目标，要求坚持全覆盖、保基本、多层次、可持续方针，以增强公平性、适应流动性、保证可持续性为重点，全面建成覆盖城乡居民的社会保障体系。党的十八届三中全会进一步提出建立更加公平可持续的社会保障制度的改革目标，标志着我国社会保障制度改革进入一个新的重要时期。

一、我国社会保障制度的建立和发展

（一）初创期

我国社会保障制度的建立，始于 1951 年 2 月 26 日政务院正式颁布的《中华人民共和国劳动保险条例》，它是我国第一个社会保障法规。该条例确立了我国传统社会保险体系的基本构架与制度安排，使我国形成了除失业保险之外，包含老年保险、工伤保险、疾病保险、生育保险、遗属保险等在内的社会保险体系。至 1957 年年末，传统社会保险制度的基本框架已经建成。这一公共社会保险体系以养老、医疗保险为主要支柱，同时涵盖了工伤、生育、死亡抚恤等保险项目，在一定程度上有效防范了各类风险。除此以外，这一时期的社会保障制度主要确立了企业职工的社会保障体系和政府机关、事业单位的社会保障体系。

（二）调整时期

基于我国的经济发展水平，新中国成立初期所确定的过于慷慨的社会保险承诺，超越了国民经济运行所能承载的程度，这一时期在医疗保险和养老保险制度方面进行了一系列调整，以寻求社会保险计划与经济发展之间的平衡。比如 1966 年劳动部和全国总工会联合发出了《关于改进企业职工劳保医疗制度几个问题的通知》。文件对劳保医疗制度进行了调整，象征性地引入了个人负担机制。

（三）停滞阶段

1966 年开始的"文化大革命"，使新中国初步形成的社会保障制度体系因政治冲击而崩溃。在这一时期，社会保险管理机构被撤销，新中国成立以来建立的各种社会保障法律法规被废止，社会保障基金被停止提取，社会保障体系出现"真空"状态，我国社会保障制度的发展进入停滞时期。

（四）改革阶段

以 1978 年召开的党的十一届三中全会为标志，我国开始了对计划经济体制以及与之相适应的社会保障制度的渐进式改革。在初步探索阶段，1986 年开始，国家—单位保障制度逐步向国家—社会保障制改变，我国的社会保障进入了制度重构时期。1993 年开始，我国社会保障制度进入全面改革阶段。党的十八大报告明确指出："要坚持全覆盖、保基本、多层次、可持续方针，以增强公平性、适应流动性、保证可持续性为重点，全面建成覆盖城乡居民的社会保障体系"。

二、我国社会保障制度的现存问题

（一）社会保障覆盖面小，保障水平低

一方面，我国虽然已经建立起基本的社会保障体系，但覆盖率仍然比较低。无论在城镇还是在农村，许多人缺乏社会保险的基本意识，主动参加社会保险的意愿偏低，这些思想阻碍了社会保障的覆盖率。此外，随着我国城镇化进程的不断推进，有大量农村人口涌入城市，而这些农民工大多没有参与社会保险。另一方面，我国目前社会保障水平过低，制约了社会保障的有效性。社会保险方面，低水平的生活保障使一些相对贫穷的真正需要帮助的居民得不到相应的保障。比如农村养老保险年费仅有 150 元的人均水平，据此推算，60 岁退休后养老金金额每月仅有 15 元，强度明显过低。社会福利方面，虽然社会组织或者个人会兴办各种福利设施，但这些组织和个人能力有限。社会救助方面，还未能充分考虑贫困人口住房、疾病、儿童教育需求，等等。

（二）社会保障基金管理存在风险

一方面，我国社会保障基金管理现在仍然比较混乱，出现了许多问题。一是社保基金管理系统有缺陷，社保基金由多个部门负责管理，管理主体的分散多元化加大了社保基金管理的难度。二是社保基金的管理和投资操作缺乏监管。目前，由人社部门牵头建立了由中国人民银行、财政、审计、卫生等多部门参与的社会保险基金监督委员会，实现各种社会保险基金的监管，但实际监管中仍存在监督机制不健全，监督薄弱等问题，监

督功能非常有限。另一方面，社保基金投资运作范围窄，社会保障基金保值、增值手段单一，投资回报率低。我国社保基金运营的现状总的趋势是保守的，国家明确规定，80%的基本养老金资产应该投资于国债或存入银行，20%可以用于其他投资。我国资本市场还不成熟，当前社会保障基金主要通过银行或购买债券的方式，虽然实现了升值，能够确保未来的支付能力，但导致了低效率，虽然回避了高风险投资，却带来了资金贬值的风险和未来支付危机的存在。

（三）社会保障立法存在缺陷

我国社会保障体系建立较晚，相关的立法也存在不小的缺陷，主要体现在以下几方面：一是社会保障立法效力层次不高，目前我国实施的社会保障规范性文件大都是由国务院或各部委制定的行政法规，而社会保障问题是一个国家社会生活的根本问题，必须有一系列的法律法规来规范和调整社会保障关系，因此社会保障的主要事项应由法律来设定。二是社会保障立法功能较弱。我国社会保障法的实施出现了"法出多门，各行其是"的情况。现阶段，国务院虽制定了相关条例，但显然强制性并不够，执行力缺失是一重大问题。此外社会救济、社会福利、社会优抚安置等强制性规定也不具体。这一系列的因素导致我国社会保障体系立法不规范，不能成为一个运转顺畅、功能强大的整体，这是我国社会保障立法体系的明显缺陷。

三、我国社会保障制度的改革

党的十八大把社会保障全民覆盖作为全面建成小康社会的重要目标，要求坚持全覆盖、保基本、多层次、可持续方针，以增强公平性、适应流动性、保证可持续性为重点，全面建成覆盖城乡居民的社会保障体系。党的十八届三中全会进一步提出建立更加公平可持续的社会保障制度的改革目标，标志着我国社会保障制度改革进入一个新的重要时期。

（一）加快推进社会保险制度改革

一是坚持社会统筹和个人账户相结合的基本养老保险制度，稳定统、账结合的基本制度模式并逐渐定型。社会统筹方面，逐步实现基础养老金全国统筹，以更高层次的社会统筹来更充分地体现社会公平，更有效地利用社会保障资金造福人民群众。个人账户方面，以健全机制、明确责任、确保参保人权益为主要内容，进一步完善个人账户制度，健全多缴多得激励机制，确保参保人权益。养老金收支平衡方面，对养老保险基金收支平衡进行精算预测，为养老保险制度可持续稳定运行提供可靠依据。二是推进机关事业单位养老保险制度改革。按照社会统筹与个人账户相结合的基本模式，改革机关和事业单位养老保险制度，破除养老保险"双轨制"，同时建立体现机关事业单位特点的职业年金制度。三是整合城乡居民基本养老保险制度、基本医疗保险制度。把现行的新型农村社会养老保险和城镇居民社会养老保险整合为统一的城乡居民基本养老保险制度，把现行的新型农村合作医疗制度和城镇居民基本医疗保险制度整合为统一的城乡居民基本医疗保险制度，实现城乡居民在制度上的公平和公共资源上的共享。四是完善社会保险关系转移接续政策，扩大参保缴费覆盖面，适时适当降低社会保险费率。适应劳动者就业流动性增强的需要，以统筹城乡和异地就医结算为重点，进一步完善社会保险关系转移接续政策。在扩大参保缴费覆盖面、增强基金平衡能力的前提下，适时适当降低社会保险费率，有效平衡国家、单位和个人的负担。

（二）加快建立健全保证社会保障制度可持续发展的体制机制

一是健全社会保障财政投入制度，完善社会保障预算制度。明确政府所承担的社会保障责任，更好发挥公共财政在民生保障中的作用。通过实施预算管理，增强社会保障资金管理使用的透明度和约束力。二是建立健全社会保障水平合理确定和正常调整机制。以职工和居民收入为基础，合理确定社会保障水平，建立综合考虑收入增长、物价变动等主要因素的正常调整机制，实现社会保障待遇与经济社会发展水平相适应的持续、有序、合理增长。三是加强社会保险基金投资管理和监督，推进基金市场化、多元化投资运营。在确保当期养老金发放和保证基金安全的前提下，积极稳妥推进基金的市场化、多元化投资运营，健全基金监管体制，实现保值增值。同时也要加强对社保基金的法律监督、行政监督和社会监督，确保基金安全和有效使用。四是研究制定渐进式延迟退休年龄政策。综合考虑我国人口结构、就业结构变化趋势和社会保障可持续发展需求，采取与此相适应的渐进式调整延迟退休年龄办法，逐步完善职工退休年龄政策。五是健全社会保障管理体制和经办服务体系。根据社会保障制度新的改革发展变化，及时调整社会保障行政管理体制，着力整合行政管理职能，提高行政管理效率。加强社会保障经办管理服务规范化、标准化、信息化建设，优化经办服务流程，建立标准统一、全国联网的社会保障管理信息系统，实现精确管理和便捷服务。

（三）加快推进多层次社会保障体系建设

一是推进城乡最低生活保障制度统筹发展。在不断完善城乡最低生活保障制度的同时，把着力点逐步转向城乡统筹，推进城乡制度整合和待遇衔接。二是改革和完善住房保障制度。建立健全符合国情的住房保障和供应体系，积极探索保障性住房建设、管理、分配的有效方式，更加公平有效地解决住房困难群众的住房问题。建立公开规范的住房公积金制度，改进住房公积金提取、使用、监管机制，着力提高住房公积金使用效率。三是积极发展补充社会保险和商业保险。制定实施免税、延期征税等优惠政策，加快发展企业年金、职业年金等补充社会保险和各类商业保险，构建多层次社会保障体系。四是健全特殊群体的服务保障制度。积极应对人口老龄化，加快建立社会养老服务体系和发展老年服务产业，更好满足老年人特殊的服务保障需求。健全农村留守儿童、妇女、老年人关爱服务体系，重点围绕留守人员的基本生活保障、教育、就业、卫生健康、思想情感等方面实施有效的关爱服务。健全残疾人权益保障制度，大力营造尊重残疾人的良好社会氛围，让残疾人平等享有各种社会权益。健全困境儿童分类保障制度，完善工作机制和监管机制，加强政策制度创新和服务体系建设。

第九章

社会主义市场经济条件下的
经济结构调整

改革开放以来，我国逐步实现了从计划经济向市场经济的转型。在这一历史背景下，我国的经济结构也发生了适应这一市场化趋势的重大调整。我国在社会主义市场经济建设中取得了巨大的成就，同时也存在许多突出的结构性问题，包括二元结构、产业结构优化问题、技术创新以及区域经济协调发展等问题。当前，推动经济结构调整是转变经济增长方式的重要途径，对于我国经济的可持续发展和经济增长意义重大。针对目前"高投入、高消耗、高排放、不协调、难循环、低效率"的经济发展模式，我国急需在优化结构、提高效益、降低消耗、保护环境的基础上，保持国内生产总值平稳增长。[①]

第一节　经济结构的内涵及经济结构调整的依据

经济体系中各组成部分之间相互联系、相互影响，并对经济增长产生影响。因而，自资本主义建立以来，随着工业化的发展，对经济结构及其调整的研究逐渐深入。明确经济结构的含义、分类以及经济结构调整的理论依据是理解我国社会主义经济条件下经济结构调整的逻辑起点。

---

① 涂正革：《环境、资源与工业增长的协调性》，载《经济研究》2008 年第 2 期，第 93～97页。

一、经济结构的内涵

马克思在《政治经济学批判》（序言）中指出："人们在自己生活的社会生产中发生一定的、必然的、不以他们的意志为转移的关系，即同他们的物质生产力的一定发展阶段相适合的生产关系。这些生产关系的总和构成社会的经济结构"。①

经济结构作为社会经济系统的组成部分，包含多种因素和多个层次，因而是一个复杂系统。从狭义上讲，经济结构主要是指产业结构。从广义上讲，经济结构包括社会再生产过程中国民经济的各个组成部门、各种经济成分、各个领域、各类产业、各个地区、各种经济组织以及它们在经济系统中的比例关系，还包括资源在各种经济结构中的配置状态和发展水平，以及技术与经济的联系及其相互关系。

因而，经济结构包含多方面的内容，具体包括产业结构、地区结构、城乡结构、所有制结构、收入分配结构和消费结构等多方面，它们之间存在着相互依存、相互制约的关系。从不同的角度考察，经济结构有多重含义：

（1）从一定社会生产关系的总和来考察，则主要通过不同的生产资料所有制经济成分的比重和构成来表现。

（2）从国民经济各部门和社会再生产的各个方面的组成和构造考察，则包括产业结构（如一、二、三次产业的构成，农业、轻工业、重工业的构成等）、分配结构（如积累与消费的比例及其内部的结构等）、交换结构（如价格结构、进出口结构等）、消费结构、技术结构、劳动力结构等。

（3）从所包含的范围来考察，则可分为国民经济总体结构、部门结构、地区结构，以及企业结构等。

（4）从不同角度进行专门研究的需要来考察，又可分为经济组织结构、产品结构、人员结构、就业结构、投资结构、能源结构、材料结构，等等。

二、经济结构调整及其理论依据

与经济结构的含义相对应，经济结构调整从狭义上讲主要是指产业结

---

① 《马克思恩格斯全集》第13卷，人民出版社1962年版，第8页。

构的调整，是产业结构优化升级的过程。而广义上的经济结构调整是指为了适应国民经济的不断发展，通过对社会经济系统中各部门、各地区、各企业以及社会再生产各个组成部分，进行全面的对比分析，通过调整各结构中的相互联系与比重关系，使国民经济结构更加合理化，从而推动国民经济快速健康的发展。

从理论基础来讲，结构主义发展理论是发展经济学的一个理论分支，也称结构经济学或经济结构学。这一理论学派产生于 20 世纪 20 年代，其主要理论内容包括经济结构调整的基本理论和方法，经济结构的各种具体表现形式、变化规律以及如何进行经济结构调整。结构主义认为，经济的非均衡现象隐含着如下含义：要促进经济增长就需要通过再分配将资源分配给生产率较高。发展中国家由于处于经济非均衡发展状态，因而经济增长潜力将会很大，这些国家可以通过调整经济结构，推动资源在部门之间的再配置来促进经济增长。结构主义的理论得到了一系列发展中国家经济增长数据的证实因而受到关注。

最早对经济结构进行研究的是英国古典经济学家威廉·配第。他于 17 世纪在《政治算术》一书中通过对比农业、制造业和商业之间的收入差距，形成了经济结构理论的思想萌芽。而最早明确提出"经济结构"概念的则是马克思，他在《政治经济学批判》（序言）中给出了经济结构的明确表述。在此之后，一些西方经济学家相继提出了经济结构的理论和模型，包括罗丹、刘易斯、缪尔达尔、劳尔·普雷维什、赫希曼和钱纳里等人。这些学者认为，发展中国家由于存在市场缺失和结构刚性的缺陷，因而普遍存在持续的不均衡状态以及经济结构上的失衡，具体表现为产业结构上的差异、部门间结构上的差异以及区域经济上的差异。因此，对于发展中国家而言，结构调整问题是经济发展的中心任务。结构主义主张在分析经济发展问题时，根据不同经济形态把经济分解为几个部分，并通过对各部分以及相互之间关系的分析去认识和研究经济发展。[1] 结构主义理论的基本思想和政策含义在于：社会经济结构失衡是由于消费结构、投资结构、财政收支结构、产业结构的失衡引起的。因此，经济结构的调整就可以从消费结构、投资结构、财政收支结构、产业结构等入手，选择合适的政策工具予以调节，以平衡社会总供给与总需求，使得经济结构趋于合理化，从而实现经济持续稳定的发展。

---

① 谭崇台：《发展经济学》，武汉大学出版社 2001 年版，第 135～157 页。

第二节 二元经济结构与城乡一体化发展

二元经济结构普遍存在于发展中国家，是制约发展中国家经济发展的主要障碍，因而，实现二元经济结构的转换成为发展中国家工业化阶段的主要任务。二元经济转换是工业化、城市化和农业现代化的内在统一。

一、二元经济结构的含义及理论模式

（一）二元经济结构

二元经济是指发展中国家普遍存在的以传统生产方式为主的农业部门和以现代生产方式为主的工业部门。这一概念最初由荷兰社会学家伯克提出，他将二元经济结构定义为"发展中国家存在的有关生产和组织的各种不对称性。"在此基础上，刘易斯将国民经济划分为两个部门：一个是以传统方式组织并使用落后技术进行生产的"传统部门"；另一个是按照现代方式组织并使用先进技术进行生产的"资本主义部门"或"现代部门"。更为确切地讲，二元结构指的是城乡二元结构，是影响发展中国家经济发展的主要障碍。

（二）二元经济结构转化

二元经济结构转化的实质是指以传统农业为主的农村与以现代工业和服务业为主的城市之间差距逐渐缩小到最终消除的过程，包括以下几个方面的内容：工业化的推进以及工业部门内部结构的变化；农业现代化、农业内部结构的变化，农业对工业化贡献的变化；第三产业的发展以及第三产业内部结构的变化；农业、工业、第三产业之间关系的变化和城市化的推进等几个方面。

二元经济结构转换通常是发展中国家在某一特定历史时期产业结构演进的主要内容。二元经济结构转换以工业化的发展为重要前提，而要实现经济的现代化，完成二元经济结构转换，只能在劳动力素质提高、资本积累、技术进步、环境保护的基础上进行。因此，可持续的、协调发展的工业化对二元经济结构转换至关重要。

一般而言，从整个世界的工业化进程来看，工业化共有三种模式：（1）产业自发型工业化，如英美。产业演进中形成的二元经济形态具有不稳定性，会随着经济发展而自动消失，经济很快转变为一元经济；（2）殖民输入型工业化，如巴西。外国资本进入高生产率生产部门从而推动了工业的发展，但是广大农村还处于贫困落后状态，由于工业化没有建立一个巨大的国内市场，农村贫民涌入城市，农业进一步衰落，城乡二元结构转变为城市二元化；（3）政府高度介入的工业化。① 在此模式中，农业与工业、城市与农村经济发展都表现出两个互不相关的过程，两者之间市场机制实现的要素转换值低。农业起初是被剥夺的产业，随后又成为被拯救的产业，农业始终处于经济的"瓶颈"部门，形成了工业发展超前农业发展的二元经济，这种经济体制一经形成就具有一定的结构刚性。

（三）二元经济结构转化的理论模式

1. 刘易斯二元经济模型

1954 年，刘易斯提出了发展中国家二元经济结构的理论模型，也称无限过剩劳动力发展模式。该理论的主要内容为：首先，他将发展中国家的国民经济划分为两个部门，即以传统生产方法进行生产的、劳动生产率和收入水平极低的传统部门和以现代生产方法生产的、劳动生产率和工资水平较高的资本主义部门。前者以农业部门为代表，后者以工业部门为代表。并认为，经济发展主要依赖于现代工业部门的扩张，农业部门则为工业部门提供丰富廉价的劳动力。其次，他认为发展中国家具有无限劳动力供给。对于大多数发展中而言，资本和资源相对较少，而人力资源丰富。所以，现代部门在现行固定的工资水平上能得到它所需的任何数量的劳动力。农业劳动者收入较低，仅够维持最低生活水平。由于城市生活费用高于农村，城市部门的工资要高于农业部门的收入。因而，农业部门的剩余劳动力会流向工业部门。由于现代部门的资本积累和技术改进能力较强，现代部门能够不断扩张，产生对劳动力的持续需求，也就可以吸纳更多农业部门的劳动力。再次，他认为，传统部门的人均产出水平决定转移出来的劳动力工资水平，而现代部门的储蓄倾向高于传统部门。

2. 拉尼斯—费的二元经济模型

20 世纪 60 年代，发展经济学家费景汉和拉尼斯提出了一个二元经济

---

① 杜海燕：《中国农村工业化研究》，中国物价出版社 1992 年版，第 18~20 页。

发展模型，被称为拉尼斯—费模式。该模型认为，发展中国家的二元经济结构转换通常会经历三个阶段：第一阶段是在工业部门工资水平不变的条件下，劳动力无限供给；第二阶段是农业劳动力转移到工业部门导致农业总产出减少，从而农业部门向工业部门提供的农业剩余出现减少，导致粮价和工资开始上涨，工业贸易条件出现下降；第三阶段是农业商业化阶段。由于"隐性失业"（直译为伪装失业）全部转移到工业部门，农业劳动边际生产率上升到不变制度工资以上，工业部门要吸引到更多农业劳动力，就必须提高工资，此时，两个部门的工资水平都由市场原则决定。完成二元经济结构的转换。拉尼斯—费模式重视农业部门的发展，认为农业对经济发展的贡献不仅在于向工业部门提供劳动力，还在于向工业部门提供农业剩余，而且，农业剩余与工业部门的扩张关系密切，同时，拉尼斯—费模式还强调技术进步是经济发展的重要源泉。

3. 乔根森的二元经济模型

美国经济学家乔根森在《二元经济的发展》一文中创立了新的二元经济发展模型。他同样将发展中国家的经济结构划分为两个部门，以工业部门为代表的现代部门和以农业部门为代表的传统部门。他认为：如果粮食供给充分，人口增长将达到生理上的最大量；当人口增长低于生理最大量时，人口与粮食总产出同比例增长，粮食产出增长被增加的人口消化，所有人口都需要从事农业生产，不存在剩余劳动力的情况，生产非农产品的工业部门也不会出现。当人口增长率达到生理最大量，粮食产出的增长率大于最大人口增长率时，农业剩余产生；农业剩余一旦出现，农业剩余劳动力就向城市工业部门转移，工业部门就开始增长；农业剩余是工业部门产生与扩张的充要条件，也是劳动力从农业部门转移到工业部门的充要条件，农业剩余越大，劳动力的转移规模越大，伴随着工业部门的资本积累，工业部门发展的就越快。

4. 托达罗的二元经济模型

20世纪70年代初，美国发展经济学家托达罗针对城市存在大量失业的现象提出他的二元经济结构模式。他认为，发展中国家的农村不存在剩余劳动。农村劳动力转移到城市取决于城乡预期收入差异和城市失业率。当城乡实际收入增加时，会促使更多的农村劳动力流入城市。为降低城市失业率，就必须使城乡收入差异减少，即增加城市就业机会必须与控制城市收入上升结合起来，否则，城市失业率很难降下来。托达罗的理论模型给出的政策建议是：降低农村劳动力流入城市的规模和速度以解决日益严重的城市失业问题。而解决发展中国家较高的城市失业率问题不能仅仅依靠工业的扩张，而是应该着重改善农村生活条件、发展农村经济，减少城乡收入差距。

二、我国二元经济结构的历史发展

中国的二元经济结构是经过多年的演化而逐步形成的，在不同的历史时期，二元经济结构的演化特征不同，影响因素也不同。

（一）计划经济时期的二元经济结构

新中国成立前，由于列强的侵略，中国的二元经济结构表现为："城市工业现代经济由帝国主义和买办资本主义所统治。传统的农村经济由封建地主所统治"。

新中国成立后，在当时复杂的国际环境下，为了发展国民经济，尽快恢复生产，我国实施了以政府为主导的重工业优先发展战略。由于无法依靠工业部门自身积累来完成工业化，因此农业成为资本积累的一个重要来源。我国通过统购统销、高估汇率、剪刀差以及农业的集体化等政策性转移将农业剩余转移到工业部门，并在很短的时间内建立了完整的工业体系。1952～1978 年，我国实行高度集中的计划经济体制，这一体制下的经济发展战略和严格的城乡户籍制度强化了二元经济结构。这一时期我国走的是城市工业化道路，城乡产业分工明确，农村发展农业，城市发展工业，并且通过生产资料优先增长的规律优先发展了重工业。

这种人为的重工业优先发展战略给我国的二元结构发展带来了两大矛盾：一是重工业的快速发展与农业发展受抑制之间的矛盾。由于实行以农业补贴工业部门的政策，重工业的快速发展占用了越来越多的农业部门的积累，大量农业剩余产品向工业部门转移必然极大地限制了农业的扩大再生产，造成农业技术进步缓慢，商品化、专业化程度很低，农民收入下降，生活水平长时间无法得到改善。受到抑制的农业反过来动摇了重工业发展的基础。二是农业剩余劳动力的增长与农业剩余劳动力转移之间的矛盾。农业内部剩余劳动力的不断积累，造成了大量剩余劳动力。而与重工业相比，轻工业具有劳动密集型的特点能够吸纳更多的劳动力。重工业优先发展战略极大地抑制了轻工业的发展，使得农业剩余劳动力的转移受到了极大的限制，造成了农业生产率长期停滞甚至有所下降。

（二）改革开放初期的二元经济结构

随着改革开放政策的实施，我国建立了市场经济体制，二元经济结构与改革开放政策相互作用，形成中国二元工业化的特殊格局。20 世纪 70 年代末，城市发展战略的调整使城市经济的吸纳能力有所增强，但仅能解决自身的就业问题，农民进城后的就业和生活条件仍有很大的困难。这种城市与农村之间典型的二元经济结构，迫使农民只能在农村发展工业，即促进了 20 世纪 80 年代乡镇企业的异军突起，使中国二元经济结构的转化呈现了新的特征。

在 1979～1992 年的经济改革时期，中国整体二元经济的发展经历了一个逐步改善，而后加剧的过程。1979～1984 年是中国二元经济的改善阶段，二元经济状况得到改善。其原因主要有：农村家庭联产承包责任制的实行；以乡镇企业为核心的农村非农产业的发展；轻工业的发展与城市第一产业结构的升级。使得国民经济增长中心沿着农业、轻工业的顺序变化，在一定程度上纠正和弥补了改革前农业和轻工业发展滞后的产业结构的缺陷，改善了我国经济结构的二元性。

1984～1992 年，中国二元经济结构出现了加强的趋势，具体表现为：首先，农业发展停滞，农民收入增长缓慢，农业产值尤其是种植业产值的增长徘徊不前。农业发展停滞以及农民收入增缓进一步限制了农民的消费能力和结构，从而导了轻工业增长的停滞。由重工业带动的产业结构升级也受到农业和轻工业发展的限制而在结构调整上难以优化。其次，由于市场经济逐步完善，市场竞争促使乡镇企业由外延式发展逐步转为内涵集约性的发展模式，从而导致乡镇企业对劳动力的吸纳力逐渐降低。最后，城市产业结构升级。城市居民消费转向耐用消费品引发了新一轮重化工业的快速增长。

（三）经济转型时期的二元经济结构

1996 年以后，中国进入经济转型和结构调整时期。体制的转型与结构的调整的双重制度演进，使二元经济结构进一步强化。

这一时期，中国改革开放继续深化，中国"软着陆"措施实施之后，出现了物价连续下跌和相对生产过剩的现象。经济体制改革中城市下岗失业人员增多的矛盾日益突出，出于维护社会稳定等诸多方面考虑，宏观调控部门加大了对城市经济的扶持力度，各种社会保障制度也明显向城市部门倾斜。我国资源始终倾斜于工业和城市，造成我国经济二元结构缩小有限，进入 20 世纪 90 年代反而有拉大的趋势。

亚洲金融危机爆发，随着全球买方市场的到来，中国农产品出口更加困难，农民增收的渠道进一步缩小。虽然，"三农"问题及缩小城乡发展差距问题已成为经济发展的焦点问题，我国政府采取一系列优惠政策取消农业税、减免农村义务教育费用在很大程度上提高了农民的收入水平，减轻了农民的负担，在一定程度上缓解了城乡收入差距。但是中国城乡经济结构的二元性仍然处于加强趋势，二元经济结构的转换过程并不顺利。

二元结构转化是与工业化、城市化与劳动力转移相统一的发展过程。在一定程度上，城市化就是劳动力的城市化，或者劳动力的非农化。城市的发展深刻地影响了劳动力转移和就业结构转换。因而，城市化过程的滞后强化了二元经济结构。我国的城市化水平无论是从以城市人口比例还是从农村人口生活环境来看，都明显滞后于经济发展水平。另外，服务业短缺，尤其是社区服务业的短缺也是我国城市化水平偏低的一个反映。

三、影响我国二元经济结构的因素

中国二元经济结构以及由此产生的各种问题限制了中国经济的发展，不但扩大了城乡之间的差距，而且阻碍了农业剩余劳动力的有效转移，增加了制度变迁成本，削弱整个地区的社会稳定性。总的来说，影响中国二元经济结构形成的因素主要有以下几个方面：

（一）资源配置倾斜

资源倾斜配置状态长期以来一直存在于我国经济发展过程中，客观上导致了二元经济结构强度的增大，主要表现为资源在工业与农业间分配的严重不均，导致农业发展严重滞后工业的发展。由于资源过度倾斜于工业，对农业投资严重不足，我国在 1958～1963 年、1969～1975 年、1978～1981年、1987～1989 年分别出现过全国性的粮食紧张，其中前两个时期是由于政策所导致的资源过度倾斜于工业，后两个时期是市场的进入导致资源向工业的过度倾斜。[①]

1978 年以后，家庭联产承包责任制实施后我国农业生产效率有所提

---

① 参见杜海燕：《中国农村工业化研究》，中国物价出版社 1992 年版，第 38 页。

高，但 1984 年以后，改革的激励效益产生的收益减少，农业增长速度明显放慢，农民在土地上的投资大大减少，农业生产力进一步衰落。农业增长所依赖的物质资本、人力资本的投入由于资源向城市和工业倾斜得不到满足，城市工业工资大大超过农业工资。20 世纪 90 年代以来，一度消失的农产品价格剪刀差又重新开始扩大，再次形成我国经济积累方式上的"以农补工"格局，造成我国经济二元结构刚性加强。

此外，公共产品的资源配置存在城乡差异，农民的财政性负担沉重。在农村，一些应由政府负担的基础设施，如乡村发展规划，农田水利设施，农村道路、电网、通信、广播等，以及农村社会保障，农业科技及信息，农村基础教育及公共卫生服务等公共产品，反而成为经营性项目，增加了农民和农村的财政性负担。1994 年的分税制改革之后，各级政府出于自身利益的考虑，尽可能上收财权下放事权，导致底层乡镇政府财权和事权不匹配，财政收入来源有限，支出范围却越来越广。加上财政转移支付制度不完善，规模小、力度弱、缺乏规范性，使乡镇政府承担的提供地方公共产品的任务远远超出其经济承受能力，这些超额负担通过各种方式转嫁到农民和乡镇企业身上。

（二）城乡产业结构和技术水平的差异

中国城市支柱产业主要是利润率高的第二产业和第三产业。第二产业主要是工业借助于体制创新、科技创新，在市场化、城市化和信息化的带动下，集中了大量资金和优质劳动力，具有较高的劳动生产率，并正在快速地向现代化方向发展，这是城市居民收入快速增长的基础。而农业仍是国民经济中最弱质产业，特别是农户小规模经济和低素质的劳动力以及人多地少的资源状况，使农业劳动生产率很难提高，农业现代化步履维艰。特别是大量人口滞留在农村，农村存在大量剩余劳动力，在短时期内农业劳动生产率很难提高。

在中国，城市的市场经济体制比农村的市场经济体制完善，因此城市的技术进步的利用效率高于农村。城市在地域、人才和资金集中方面具有优势，容易研发出先进的应用技术，当这一新技术应用于某一部门时，因为新技术的应用而产生高额的垄断利润。而在农村，生产技术水平相对落后，技术创新在人才、资金、配套设施、动力和科技成果转化等方面都存在不足。因而，城市和农村相比，这种技术水平的不平衡强化了二元经济结构。

（三）城乡劳动力流动的制度约束

作为农业大国，我国拥有大量农村人口，随着农业生产率的提高，大量农业剩余劳动力存在向城市转移的问题。我国一直以来实施农村支持城市发展的策略，这一政策促使农业生产组织制度、住房制度、教育及社会保障等一系列与户籍制度相配套的约束制度产生，阻碍了城乡之间劳动力的自由流动。城乡分割的户籍制度是制约我国农业剩余劳动力转移的最重要的制度约束。而现行的农业生产组织方式致使土地的产权不明晰，农民只有土地经营权而没有所有权和转让权，因此土地对农民的约束很强。导致即便是长期外出务工的农民也还会保留承包地，从而形成了农村劳动力在城市兼业的性质，阻碍了农村劳动力向城市新市民的转化，影响了城市化水平。

20世纪50年代初，我国实行优先发展重工业的发展战略，为保证农村能够持续支持城市的发展，稳定城市商品价格，我国实施了粮食统购统销，工农产品价格"剪刀差"等政策。这客观上要求对居民的城乡身份做出有区别的界定，从而稳定农村的生产。1958年，我国实行了严格的户籍管理制度，将劳动用工、住房、医疗、教育、就业、人事关系、社会福利和社会保障等公民权益同户口性质挂钩，确立了"农业人口"与"非农业户口"划分的二元户籍管理制度。[1]

改革开放后，随着经济制度改革的深化，我国户籍管理制度有所松动。允许农村劳动力向城市流动，以弥补城市劳动力的供给短缺，促进城市经济发展，缓解农村就业压力，提高农民收入水平。然而由于流向城市的农村剩余劳动力户籍性质并没有改变，农民还处于兼业性质，而且城市的住房、教育、医疗保险等社会保障并没有覆盖到农村进城务工人员，使得农村劳动力流动具有短期性和不稳定性，从而成为缩小城乡差距的体制性障碍。

第三节　技术创新与产业结构调整

产业结构调整是经济结构调整最主要的内容，一般是指一个国家或地

---

① 顾海英：《改革二元户籍制度，实现城乡一体化》，载《农业经济问题》2002年第9期。

区国民经济系统中各个产业之间的比例关系和相互联系的形式，其实质是经济结构不断调整和优化的过程。产业结构对经济发展起到基础性作用，两者是相互促进、相互联系的有机统一体。同时，产业结构转型也成为经济转型的基本内容。技术创新对于产业结构的调整具有最直接的影响，表现在产业结构演进与变迁的趋势上。从历史上产业演进的过程来看，第一、二、三次产业先后出现，在国民经济中的比重变化，以及第二次产业内部各个阶段的依次递进，第三产业的蓬勃发展，都与技术创新的发展息息相关。因此，可以说，技术创新是产业结构调整与转型升级的根本动力。

一、产业结构调整的一般趋势

从世界经济发展历史的演进来看，产业结构调整的过程呈现出一定的规律性，表现为随着经济规模的扩大，产业结构从低级向高级演进，逐渐高级化的趋势。自工业革命以来，世界各国以及世界范围内的产业结构调整经历了两个重要的阶段：一个是工业化阶段；另一个是当前正在经历的知识经济时代。

（一）工业化过程中产业结构的调整

工业是对科学技术进步最为敏感的产业部门，并且是现代经济中一国经济发展的主导部门。在工业化阶段，产业结构调整的演变经历了工业化前期、工业化中期和工业化后期三个阶段。

第一，工业化前期。工业化前期，在国民经济结构中，相对于农业而言，工业大幅度发展。但是由于经济发展水平和技术水平的限制，资金投入少、技术要求不高、劳动密集型的轻工业最先发展起来，其中纺织工业成为工业结构的主导产业。[①] 随着工业化的进展，重工业在各国经济发展中的比重不断上升，工业结构的重心由轻工业转变为重工业，这种现象称为工业结构的重工业化，是工业化的第一个特征。世界各国的经济发展大都经历了重工业化过程。

第二，工业化中期。在工业化中期，产业结构中第二产业有了较大发展，在经济发展中超过农业起主导作用。随着重工业化的进展，原材料工

---

① 宋泓明：《中国产业结构高级化分析》，中国社会科学出版社 2004 年版，第 19～32 页。

业不断发展，并带动了资金密集型工业的发展。因而，这一时期工业化的特征是高加工度化，即以原材料工业为重心的结构向以加工、组装工业为重心的结构发展。加工组装业和各类机械工业快速增长，产生了对技术创新的大量需求。因而，在这一时期，技术因素在各种生产要素中居于主体地位，产生了技术密集型工业结构。

第三，工业化后期。在工业化高度发展的工业化后期，高加工度化和技术密集型产业的内涵进一步发生深刻变化。随着新技术、新能源、新材料的发展以及信息经济时代的到来，建立在微电子学、激光、遗传工程等高新技术之上的产业部门迅速发展，技术创新的重要性更加凸显。整个产业结构的高度化趋势越来越明显，第一产业的比重继续下降，而第三产业在国民经济中将占支配地位，产业知识化成为工业化的主要特征。总之，从主导产业的转换过程来看，产业结构调整的演进趋势可以表述为：由农业向轻纺工业，再向基础工业、重化工业，到现代服务业，最后为信息产业。

（二）知识经济时代的产业结构调整

随着经济全球化和一体化的发展，产业结构的调整突破了国家的界限，在世界范围内进行。因而，一个国家或地区的产业结构调整与世界经济的发展趋势以及世界范围内的产业结构调整与产业转移密切相关。在知识经济时代，随着新技术、新材料的不断发展，国际分工和国际竞争格局不断变化，因而，作为生产力发展的必然结构，世界范围的产业结构调整呈现出多层次性和多梯度性。

知识经济带来的产业分化与融合引发新一轮产业结构调整与升级，世界范围内的产业结构调整表现为发达国家大力发展新型产业，如新材料、新能源、信息网络产业、微电子产业、生物工程等。而只保留传统制造业和家用电子产业的研发部门，将传统产业的生产装配环节转移到发展中国家。与此同时，发展中国家的产业结构升级也出现新的特征和趋势。在产业结构调整和产业结构升级过程中，一些发展中国家由于经济发展水平较高、技术研发能力较强，深入发展优势产业，积极追赶发达国家，并有选择地吸收发达国家的转移产业。同时，开始承接资本与技术双密集型产品的生产，甚至是高新技术产品生产过程中的某个工序。例如，一些微电子跨国公司利用发展中国家丰富的智力资源，将部分研发部门转移到发展中国家，如微软公司、IBM 公司等相继在我国设立研究院。① 另一方面，经济发展水平低的发展中国家为取得自主经济发展机会，继续承接发达国家转移的一般制造业。在知识经济时代，发展中国家加强对引进产业的选择性，同时积极应对新经济形式的发展，大力发展高新技术产业。

二、我国产业结构的发展状况及演进

改革开放以来，我国经济快速发展，在总量发展的同时，产业结构的发展变化趋势表现在以下几个方面：

（一）第一产业比重下降，第二、第三产业比重上升

改革开放后，我国产业结构的变化的总体趋势为：第一产业比重逐渐下降，第二、第三产业比重逐渐上升，这体现产业由低级向高级演进的趋势。据统计，第一产业产值占国内总产值的比重降低幅度由 20 世纪 80 年代下降 3 个百分点到 20 世纪 90 年代下降 11.2 个百分点。而第二产业的比重则不断上升，在国内生产总值比重中，20 世纪 80 年代第二产业比重有所下降，但是到了 20 世纪 90 年代，第二产业比重又迅速回升。

农业虽然占有较高的比重，但其对各种灾害的防御能力的低下造成了其无法保证对国民经济的贡献率；工业的比重偏高，但其内部结构中的基础工业和加工工业的比重不合理，具有高技术含量的成果和产品产量较低；服务业等产业发展十分缓慢，远落后于一些发达国家，并且与一些经济水平相当的国家相比，不但就业率低而且收入水平也相对较低。

（二）产业发展的扩张方式发生了根本性转变

从 20 世纪 90 年代起，我国产业结构进一步转变，产业发展的扩张方式从以数量扩张为主转为以素质提高为主的新阶段。改革开放以来，我国工业总产值持续快速增长的同时，生产技术水平、物质消耗水平、劳动生产率、产品品种和质量等方面却依然落后于发达国家。从"十五"开始，我国产业发展在整体素质和效率方面不断提高，缩小了与发达国家之间的差距，产业集约型增长迅速。

---

① 于治贤：《论世界经济产业结构调整和产业转移》，载《社会科学辑刊》2000 年第 2 期。

（三） 产业发展所面临的主要矛盾由短缺转变为相对过剩

与改革开放之初相比，我国大多数产品的生产能力已超出了市场需求而出现相对过剩，这是导致我国加工工业过度竞争，企业效益大幅下滑并造成资源浪费的主要原因。造成相对过剩的根本原因是产业结构与需求结构不相适应。21世纪初我国将全面迈进小康阶段，人们不仅要求商品数量的满足，更要求质量档次的提高，产品品种的增加，服务水平的上升。所以，加快产业结构的调整和升级的步伐，使之与需求结构的变化相适应是当前面临的重要问题。

（四） 产业发展和结构调整面临着日益加剧的国际竞争压力

随着经济全球化进程不断推进，我国产业发展所面临的国际竞争不仅存在于国际市场，也存在于国内市场；不仅是商品数量的竞争，更重要的是技术、质量和效率的竞争。我国参与国际分工的传统比较优势正在弱化，而新兴产业领域尚未形成竞争优势，因此，提升我国产业的素质，推进产业结构的升级，提高我国产品和企业的国际竞争力，以维护我国民族产业发展的安全乃至整个国家经济发展的安全，是当前产业结构调整急需解决的问题。

三、技术创新与我国产业结构调整的路径选择

（一） 技术创新对我国产业结构调整的影响

技术创新能够打破国民经济中原有技术体系的均衡，改变技术体系中个体之间的协同关系，使原有的产业体系和生产过程逐渐分解，分离出一些产品或某个生产环节；同时，新产品、新材料、新工艺以及新能源的开发利用扩大了社会分工，形成了新的需求和领域，从而形成新的产业部门。此外，产业链中上下游产品和产业之间形成创新的反馈机制，使技术创新向前或向后联系，在产业体系内传递和扩散，促进了新技术的产生，进而导致产业的扩张、收缩及调整。

技术创新在催生新兴产业的同时，还从根本上改造着传统产业，使传统产业部门能够采用新技术、新工艺和新装备来提高技术水平，促进原有生产部门和产品的更新换代，进而使产业结构发生大变革。因此，技术创

新的结果并不一定会淘汰传统产业，还有可能会改造传统产业，并使其发展为新的产业或是成为一些新兴产业赖以建立的重要基础。如此一来，技术创新实际上是使整个产业结构建立在新的技术基础之上，并使产业结构的内涵具有了新的内容。

技术创新还会促使需求结构发生变化，从而引导产业结构调整。需求结构是直接影响产业结构的因素，需求结构的变化受到技术进步的制约，只有在技术有可行性的需求才能够得到满足，否则新的产业就不可能出现。技术一旦有重大突破，就会极大地刺激新的需求，推动新产业的形成和发展。因此，在需求结构发实质性变化之前，必须先有某些技术突破或革命；没有技术创新作先导，需求结构对产业结构的影响将是缓慢的渐变。从这一意义上讲，需求结构变化是产业结构变化与技术创新之间的一个中间环节。同时技术创新对产业结构最直接的影响，是推动产业结构不断向高级化发展。其趋势即技术密集型产业在产业结构中所占比重越来越大，劳动密集型产业所占比重不断下降。

（二）以技术创新促进我国产业结构升级的对策

目前，我国转方式、调结构的任务十分严峻，技术创新对于产业的贡献率有待提高，在新的经济形势下，发展创新引领型经济是我国当前深化改革开放，培育新的经济增长点的关键，为此，主要应做好以下几个方面：

第一，建立和完善国家技术创新体系。技术创新具有很大的不确定和风险性。要提高全社会的创新能力和效率，充分发挥科技对经济社会发展的支撑作用，就需要构建和进一步完善国家技术创新体系。国家创新体系是一个网络系统，包含知识创新系统、知识传播和应用系统以及技术创新系统在内的复杂系统。因而，推进我国创新体系的建立需要首先完善国家在合理配置创新资源，促进各类创新主体密切合作的运行机制。其次，应促进知识和技术在多元创新体统之间的转移，使创新要素能够有效地协同使用。再次，应把培养创新型人才作为促进创新的核心。

第二，转变政府职能，发挥政府引导作用。技术创新不仅要依赖产业自身的力量来推动产学研的密切合作，还要依靠政府发挥积极作用。政府应在政策制定和方向上发挥引导和促进技术创新对产业结构调整的作用。首先，应完善国家科技决策咨询体制，加大推进技术创新的力度；其次，应完善技术创新的财税、金融、人力资源、信息共享等配套政策；再次，要积极引导创新资源突破关键性、前沿性、战略性的基础研究和技术研究，对战略性新兴产业如新能源、新材料、生物工程、高端装备制造业等领域的核心技术集中攻关；最后，政府应改善市场环境和投资环境，提高企业研发投入的积极性，保护知识产权，鼓励风险投资对有潜力、有产品、有市场的高新技术企业投资，拓宽企业融资渠道；使技术市场与金融市场、劳动力市场、外汇市场等互相配套，从而促进技术创新的良性循环。

第三，强化企业作为技术创新的主体地位。使企业成为技术创新体系的主体是发挥技术创新推动产业结构优化升级作用的关键和重点。在以企业为主体、市场为导向、产学研相结合的技术创新体系中，应逐渐完善激励企业创新的政策措施，发展自主知识产权的核心技术，提高企业研发的积极性，培育具有国际竞争力的创新型企业，为产业结构的优化与升级提供有力支撑。建立健全企业主导产业技术研发创新的体制机制，统筹发挥市场配置资源的基础性作用和政府的引导支持作用，促进创新要素向企业集聚，加快科技成果转化和产业化，为实施创新驱动发展战略、建设创新型国家提供有力支撑。为提高企业创新能力，应依托高校、企业和科研单位建设技术创新的联盟，走产学研相结合的研发途径。[①] 建设产业共性技术研发基地，突破核心共性技术，形成统一的技术标准，促进重大科技成果的商业化。

第四，以技术创新为支撑发展新兴产业。在新经济的背景下，应加快构建新的产业体系，发展高新技术产业和新兴战略性产业。在技术创新的基础上，引导信息技术向设计、生产和市场环节渗透，发展智能化、网络化和柔性生产方式。应大力发展智能生产和智能制造，通过信息网络技术与生产制造过程的互相渗透推动生产及产品服务的智能化、精细化。积极培育信息网络技术、新能源、新材料、生物技术、物联网等战略性新兴产业的发展，推动创新驱动型产业的发展。

第四节　区域经济的协调发展

区域经济发展不平衡，是区域经济运行发展中的一种客观经济现象，

---

① 周丽萍：《转变经济发展方式中的产业结构调整》，载《江苏社会科学》2010年第6期，第77页。

普遍存在于广大发达国家和发展中国家，中国也不例外。改革开放以来，我国国民经济整体水平显著提高，但是区域经济发展的不平衡却表现出"先缩小，后扩大的 U 型"变化轨迹。[①] 这种地区间经济发展差距是经济结构转化的地区发展效应的体现。经济发展较快的地区能够在分工组织演进的基础上扩大市场范围，进而形成较高的生产力水平，并能顺利实现工业化、城市化及第三产业的迅速发展，同时对其他地区的生产要素产生吸附效应。与此相比，经济发展落后的地区，不仅经济发展速度迟缓，而且还会对生产要素产生较强的挤出效应。在这种情况下，地区经济发展的差距就会凸显并呈现逐渐拉大的态势。区域经济协调发展不仅是我国目前面临的重要结构性问题，同时也关系到各个地区二元经济结构转化的程度问题。

一、区域经济协调发展的内涵及重要意义

（一）区域经济协调发展的内涵

从 20 世纪 30 年代起，国内外学者对区域经济协调发展问题展开了一系列研究。其中，区域均衡发展理论、区域经济分工协作理论以及区域经济一体化理论构成了区域经济协调发展的理论基础。在各类理论研究中，学术界对区域经济协调发展的内涵存在多种表述，但究其本质，经济学界普遍认为，区域经济协调发展的基本内涵是：兼顾各区域经济、社会发展的利益，缩小地区差距，达到各地区共同发展、共同繁荣的目标。总体来说，区域经济协调发展一方面是指区域内人口、资源、环境、经济和社会系统中各种要素合理、有效地发展；另一方面是指区域之间以及区域内部之间，人口、资源、环境的一种动态平衡。因而，区域经济协调发展应该包括共同发展、持续发展、相互促进、协同发展等多层含义。

（二）区域经济协调发展的重大意义

区域经济的协调发展对于中国这样一个发展中大国而言，是一个重大的战略问题。我国幅员辽阔、人口众多，各地区在资源禀赋、经济发展条

---

① 参见林毅夫、蔡昉、李周：《中国经济转型的地区差距分析》，载《经济研究》1998 年第 10 期。

件等方面存在巨大差异。因而，经济发展的地区差异一直是我国的一个基本国情。目前，区域间经济增长严重失衡、资源配置不尽合理、收入差距不断拉大、利益冲突增加、环境污染破坏严重等一系列问题成为制约我国经济社会可持续发展的重大问题。

首先，区域经济协调发展是国民经济平稳、健康、高效运行的前提。中西部与东部地区经济发展差距的持续扩大制约了我国整体消费水平的提高，导致社会有效需求不足，从而限制了我国市场的进一步扩大。这种状况既使得中西部的经济发展潜力得不到释放，也势必导致东部地区经济的快速增长难以为继。这种情况使我国有可能也必须建立起合理分工、优势互补的完整的国内产业体系和统一的国内市场体系。只有把东中西部经济发展结合起来考虑，各地区因地制宜、发挥地区优势，一方面保持东部较快的发展速度，另一方面加快对中西部的开发，有效地纠正区域经济发展的严重失衡状态，全国的经济才可能组成为一个和谐的整体，发挥出大国的独特优势，使综合国力大大增强。

其次，区域经济协调发展关系到生态环境的保护。我国的自然资源大部分集中在中西部地区，中西部地区是我国重要的能源、原材料生产基地。我国中西部地区以山地为主，生态系统十分脆弱，它又是许多大江、大河的源头，在我国生态环境安全方面有着举足轻重的地位。区域经济发展差距扩大，使得中西部地区在国家区域分工体系中长期处于能源和原材料的生产基地。而相对落后的生产力发展水平又使得资源利用粗放，水土流失严重，生态环境进一步恶化，这将直接影响我国经济社会的可持续发展。[①]

最后，区域经济协调发展对于实现共同富裕，保持中西部地区社会稳定、促进民族团结具有重要意义。作为多民族的大国，区域经济协调发展不仅是重大的经济问题，亦是重大的政治问题、社会问题和国家安全问题，事关国家的长治久安。[②] 区域差距的扩大，使地区间经济发展、收入分配逐步趋向两极分化，会背离社会主义建设的初衷。也不利于全国保持安定团结的大好局面。维护地区的稳定，很重要的一条是要不断加快这些地区经济发展和社会进步。经济发展、社会进步、各族人民共同富裕，就会进一步巩固、发展平等、团结、互助的社会主义民族关系，就会大大增

---

① 李颖、陈银生：《区际差距与区域经济协调发展》，载《经济体制改革》2004 年第 3 期。
② 陈栋生：《论区域协调发展》，载《工业技术经济》2005 年第 4 期，第 2～6 页。

强整个中华民族的凝聚力，保持民族地区的稳定和巩固祖国边防，也就具有了更加强大的物质基础和政治基础。

二、我国区域经济发展的历史演变和现状

新中国成立以来，我国经济区域的形成与划分以及各地区经济发展状况主要由国家的总体经济发展战略尤其是工业布局战略所推动。在经济区域的分类上，我国大陆区域整体上可划分为三大经济地区（地带），即东部、中部、西部三大地区。由于特殊的历史、地理、资源等原因，区域经济发展不平衡一直是我国的一个基本国情。

在计划经济时期，我国实行的是区域均衡发展战略。为了改变旧中国经济布局集中于东部沿海地区尤其是少数大中城市，促进贫困地区和少数民族地区经济的发展，实现全国经济布局相对平衡，缩小区域经济差异，我国在第一个五年计划中积极推动内地经济的发展，开发内地丰富的自然资源，建立国防后方基地。这种战略的实施对拓展中国生产力发展空间，加快中西部地区的城市化和工业化进程，改变旧中国地区经济严重不平衡的格局起到了积极作用。但也人为地抑制了东部沿海地区经济的发展。

改革开放之后，中国区域经济的发展战略发生了转变，全面实施邓小平提出的"一部分地区有条件先发展起来，一部分地区发展慢点，先发展起来的地区带动后发展的地区，最终达到共同富裕"政策，以发挥优势、加快全国经济整体增长为目标的"非均衡发展"战略。从1980年起，从投资的地区结构来看，国家改变了重点建设中西部的格局，对东部沿海地区投资的比重逐步增大。同时，在对外开放政策实施的过程中，推进东部沿海地区经济优先发展。兴办经济特区，陆续开放东部沿海城市，设置经济开发区，开发和开放上海浦东新区，最后形成了从东北门户大连到广东湛江16座沿海开放城市构成的扇形区域，构筑了中国改革开放的前沿，这是东部沿海地区优先发展战略的充分体现。

至20世纪90年代，随着中国区域差距的进一步扩大，甚至有发展到影响社会稳定和国家完整的程度，在此背景下，国家先后出台了若干区域发展战略，形成了目前以"东部地区率先发展、西部地区大开发战略、振兴东北老工业基地和促进中部地区崛起战略"为内容的区域战略，中国相对完整的区域协调发展战略终于形成。2010年以来的《中华人民共和国国民经济和社会发展第十二个五年规划纲要》，更是从国民经济发展全局

的战略高度，提出"促进区域协调互动发展，充分发挥不同地区比较优势，促进生产要素合理流动，深化区域合作，推进区域良性互动发展，逐步缩小区域发展差距。"针对当前我国区域经济发展问题，刚刚落幕的党的十八届五中全会《中共中央关于制定国民经济和社会发展第十三个五年规划的建议》指出"塑造要素有序自由流动、主体功能约束有效、基本公共服务均等、资源环境可承载的区域协调发展新格局。"

三、影响我国区域经济协调发展的因素分析

（一）区域地理环境的差异

区域经济发展的客观自然基础包括：区域所处的地理位置、自然环境以及自然环境中各种自然要素构成的自然条件和自然资源。自然地理基础能够通过对区域产业形成与发展、自然资源开发与利用、生存环境优劣等产生直接或间接的影响，从而影响到区域的经济发展状况。区域之间的自然资源禀赋状况不同，就制约了各区域的经济活动或产业的类型及效率，进而影响到它们之间的区际分工格局、各自在区际分工中的地位和利益分配。

从自然资源禀赋状况来看，广大中西部省区具有自然资源的绝对优势和相对优势。发展的产业均以资源型产业、资源加工型产业为主。而东部的大部分省区在自然资源方面不具优势，因此，在产业发展上主要是突出非资源型产业。改革开放以后，由于轻工业产品的价格改革先于其他工业产品和农产品，而原有的区际分工格局并未发生大的变化，所以，在区际贸易中，东部地区处于有利地位，中西部地区处于不利地位，造成东部与中西部地区之间经济收益的不平衡。

（二）制度条件的差异

国家的经济政策对区域经济发展有着十分重要的影响。因为国家经济政策虽然是从全局的整体利益出发来调控经济发展，但是在具体的实施过程中总是要落实到各个区域，给各区域所带来的发展机遇和实际经济利益是不可能相同的。这方面的差异就会造成各区域之间经济发展速度的差异，进而就影响到它们之间的经济差异变化。

改革开放以来，我国经济政策向沿海地区的倾斜是引起、加剧区域之

间经济差异变化的主要原因之一。自20世纪80年代以来，我国的经济发展战略由过去的追求区域之间的均衡发展转向以提高效率为目的的区域之间非均衡发展。这样，全国经济发展的空间战略重点就由内地转移到沿海地区。沿海各省区与内地省区之间基本是在不同的宏观经济政策环境中发展的。国家所实施的沿海发展战略，资源配置向东部倾斜就决定了较优惠的政策和制度创新的探索行为只能给少数地方、少数产业，从而导致各地区的制度安排不平衡。国家每一项制度的供给基本上是在东部先试点，然后逐步向中部和西部推广。由于东、中西部制度安排上的非均衡，对外开放和经济体制改革政策，以及价格体系与财政政策改革的不完善，在总体上对沿海各省区有利。从而沿海各省区与内地各省区之间构造了不平等的发展竞争的外部政策环境。同时，它们又在国内同一个市场里竞争，这就导致了东中西部间经济发展差距的"马太效应"。也对中西部乃至全国的经济发展和制度变迁产生重大影响。由于制度供给不均衡就使得某些制度由于相关的制约制度不配套，被严重扭曲。

四、我国区域经济协调发展的路径

（一）发挥财政政策在区域协调发展中的作用

首先，规范财政转移制度，加大一般性转移支付力度，减少专项转移支付规模。财政资金要结合主体功能区建设，向革命老区、民族地区、边疆地区、贫困地区等经济基础薄弱、生态环境脆弱的地区加大倾斜力度，重点加大重大基础设施支持力度和加强教育培训力度，推进交通、能源、水利设施建设和提高劳动者素质，培育欠发达地区的自我发展能力，增强欠发达地区政府提供公共服务的能力。

其次，应推进税收制度改革。进一步推进增值税改革，促进税收由生产型向消费型转变，减少地方政府不顾资源环境条件、盲目发展增收效应大的重化工业的冲动。通过深化资源税费改革，提高资源税和资源补偿费标准，逐步建立起平衡资源输出地和输入地利益关系的补偿机制，强化资源节约和生态环境保护，改变资源开采地区相对于开采企业收益明显偏少的状况。

最后，应完善财税管理制度。在税制统一的前提下，中央政府应适当给予地方政府在税种调整、税收减免、税率调整等的税收管理权限，充分调动地方政府的积极性，因地制宜地调节本地区经济发展。保证欠发达地区的财税收入的组织能力，减少"西税东移"、"地税上移"等现象发生降低地方以费代税的做法，维护地方良好的营商环境。在中央与地方的共享税分成比例和方面给予适当调整。按照地方公共财政支出和地区之间经济发展平衡的需要，适当提高地方政府在共享税中所占比例。

（二）完善区域经济协调发展的社会管理制度

科学深入地分析影响我国区域经济协调发展的各种社会问题，深刻认识我国当前发展的阶段性特征，积极主动地加强社会治理体制创新，对我国实现区域经济协调发展具有重要作用。

为此，首先应该加强社会管理的法制建设。尽快改变由于社会管理法制建设缺失而导致的执法意识不强、无法可依的状况。围绕社会管理的定位加强社会管理立法。同时，应加强社会管理中执法、违法的约束，使社会管理做到有法必依、执法必严、违法必究。

其次，应加强社会管理体制建设。社会管理体制是国家规范社会组织、社会事务、社会生活的一系列制度机制。当前，区域经济不平衡导致经济主体利益诉求多样化，加大了社会管理的难度，因而应建立一套适应社会主义市场经济发展需要的、多元化治理结构的社会管理体制机制。重点形成科学有效的利益协调机制，妥善处理各种利益关系；健全利益诉求表达机制，畅通各地区诉求表达渠道，及时掌握人民最关心、最直接、最现实、最迫切的利益问题；创新矛盾调处机制和社会矛盾预防化解体制。

第十章

社会主义市场经济的可持续发展

可持续发展问题的提出体现了人类对工业社会经济增长方式的反省。在传统的发展模式下，人口增长与资源短缺、环境恶化并存，从而人口、资源、环境与发展之间的矛盾日益加剧。因此，可持续发展成为关系人类命运前途的重大问题受到世界各国的广泛关注。我国在改革开放以来，取得了巨大的经济成就，人民的生活水平不断的提高，但同时，粗放型的经济发展模式使得水污染、大气污染、土壤污染、生物多样性遭破坏等问题凸显。1994年3月，我国国务院颁布了《中国21世纪进程——中国21世纪人口、环境与发展白皮书》，标志着中国开始实施可持续发展战略。

第一节 可持续发展的概念与基本理论

可持续发展理念的提出，是人类对几千年经济发展与环境关系经验教训的反思，特别是对工业革命以来发展道路反思的结果。可持续发展理论由西方学者于20世纪80年代首先提出，到20世纪90年代初发展成为全球共识。

一、可持续发展的概念

工业革命以来，随着工业生产方式的普及和工业社会的建立，经济高速增长的同时，也产生了人口急剧增长，自然资源枯竭，环境污染等严重影响经济社会可持续发展的重大问题。传统意义上的生产方式注重对经济效益的追求，一味追求增长，而忽略了人口、自然资源和环境等关系人类生存繁衍的重要因素。随着人类社会的发展和人们认识的不断提高，可持续发展问题成为人们关注的焦点。

（一）可持续发展的含义

1980 年，由国际自然资源保护联合会、联合国环境规划署和世界自然基金会共同出版的文件《世界自然保护策略：为了可持续发展的生存资源保护》中，最早提出了可持续发展（Sustainable Development）的明确概念。该文件认为："（可）持续发展依赖于对地球的关心，除非地球上的土壤和生产力得到保护，否则人类的未来是危险的。"1987 年，世界环境与发展委员会在研究报告《我们共同的未来》中将可持续发展表述为："既满足当代人的需求，又不对后代人满足其自身需求的能力构成危害的发展"，并指出环境问题只有在经济和社会持续发展之中才能得到真正的解决。[①]

此后，可持续发展问题引起人们的关注，并对可持续发展的含义达成了基本的共识：

1. 自然属性的定义

可持续发展的自然属性即所谓的生态持续性，这一概念由生态学家首先提出，指"保护和加强环境系统的生产和更新能力"，[②] 是指保持自然资源的生态完整与对自然资源进行开发利用之间的平衡，使环境得以持续，即可持续发展是不超越环境再生能力的发展。

2. 经济属性的定义

将可持续发展的核心定义为不以牺牲环境和自然资源为基础的经济发展。经济属性的可持续发展最初由希克斯·林达尔提出，指："在不损害后代人的利益时，从资产中可能得到的最大利益。"巴比尔则定义为："在保护自然资源的质量和其提供服务的前提下，使经济发展的净利益增加到最大限度。"皮尔斯等人从经济学的角度将可持续发展表述为："当发展能够保证当代人的福利增加时，也不使后代人的福利减少"。

3. 社会属性的定义

这一概念由世界自然保护同盟、联合国环境规划署和世界野生动物基金会在 1991 年共同发表的《保护地球——可持续生存战略》一书中提出，表述为："在生存不超出维持生态系统涵容能力的情况下，提高人类的生

---

① 陈耀邦：《可持续发展战略读本》，中国计划出版社 1996 年版。
② 尹继佐：《可持续发展战略》，上海人民出版社 1998 年版。

活质量"。① 该报告强调可持续发展的最终目标是人类社会的进步，也就是人类生活质量的改善，健康水平的提高，创造美好的环境。指出人类生产、生活方式必须与地球承载能力保持平衡。

4. 科技属性的定义

该定义从技术选择的角度将可持续发展的概念拓展为："可持续发展就是建立极少废料和污染物的工艺和技术系统"，②"就是转向更清洁、更有效的技术，尽可能接近'零排放'或'密闭式'的工艺方法，尽可能减少能源和其他自然资源的消耗。"这类观点认为，工业生产本身并不是造成环境的必然因素，而是技术水平低下导致的生产效率低下才导致了资源的浪费。

（二）可持续发展的基本原则

可持续发展理念具有重要的战略意义，体现在三个可持续发展原则上，包括公平性原则、持续性原则和共同性原则。目前，这些原则已经得到世界各国的广泛认同。

1. 公平性原则

可持续发展的公平性原则包括两个方面：一是当代人的横向公平。代内公平要求满足所有人的基本需求，给他们机会以满足他们要求过美好生活的愿望；还要求给世界各国以公平的发展权、公平的资源使用权，要在可持续发展中消除贫困。各国拥有按其本国的环境和发展政策开发本国自然资源的主权，并具有确保其管辖范围内或在其控制下的活动，不致损害其他国家或在各国管理范围以外地区的环境责任。二是代际间的纵向公平。人类赖以生存的自然资源是有限的，当代人不能因为自己的发展与需求而损害后代人满足其发展需求的条件—自然资源与环境，要给后代人以公平利用自然资源的权力。

2. 持续性原则

资源与环境是人类生存与发展的基础条件，资源的永续利用和生态环境的可持续性是可持续发展的重要保证。人类发展必须以不损害支持地球生命的大气、水、土壤、生物系统等自然条件为前提，必须充分考虑资源

---

① 中国科学院可持续发展研究组：《1999 中国可持续发展战略报告》，科学出版社 1999 年版。

② 中国科学院可持续发展研究组：《2000 中国可持续发展战略报告》，科学出版社 2000 年版。

的临界性，必须适应资源与环境的承载能力。

3. 共同性原则

可持续发展问题是世界各国共同面临的问题。虽然不同国家的历史、经济、文化和发展水平不同，可持续发展的具体目标、政策和实施步骤也各有差异，但是公平性和可持续性则是一致的。而要实现可持续发展的总目标，需要全世界各个国家的共同努力和相互配合。这是由地球整体性和相互依存性所决定的。因此，致力于达成既尊重各方利益，又保护全球环境的发展体系的国际协议至关重要。

二、可持续发展的基本理论

（一）西方经济学中的可持续发展理论

1. 古典经济学

古典经济学关注的主要问题是资源稀缺程度与经济增长之间的关系问题，因而古典经济学家关心的是分工、组织和制度的问题。在古典经济学说中，"资源"主要是指人口、土地和资本。其中，重农学派、亚当·斯密、大卫·李嘉图和马尔萨斯等人都强调土地的稀缺程度对于经济发展的重要影响。在可持续发展问题上，古典经济学存在乐观主义和悲观主义两种观点。以亚当·斯密为代表的乐观派认为能够实现可持续发展；而以大卫·李嘉图和马尔萨斯为代表的悲观派则对这一问题持否定态度。大卫·李嘉图对资本主义经济能否长期持续发展持怀疑态度，认为随着人口的增长，社会对农产品的需求必将不断增加，而土地的数量又是固定的，于是人们将不得不耕种肥力和位置愈来愈差的土地或在原有的土地上不断追加投资。当所有土地资源都被利用了以后，资本积累率从而对劳动的需求下降，农业报酬递减，经济增长速度将会放慢，直至进入人口和资本增长停滞和社会静止状态。马尔萨斯则认为，随着社会人口增加，土地愈来愈稀缺，人与资源的矛盾愈来愈突出，社会经济状况愈来愈恶化，直至劳动者处于仅能维持生存的最低生活水平。

2. 新古典经济学

新古典经济学主要关注的是在资源稀缺或资源数量一定的条件下，如何在不同的用途中配置资源使得达到帕累托最优状态。这种研究重心的转移使得资源稀缺程度对经济增长的影响在新古典经济学体系中被降低了。

新古典经济学对"能否可持续发展"的问题从总体上看是持乐观态度的。新古典经济学家们认为，市场机制的自发运行可以解决资源与可持续发展的矛盾，知识的进步，教育的普及，科学技术的发展，新机器新方法的采用，市场范围的扩大等能够推动人类社会经济发展的不断前进，因此，经济和社会是可以持续发展的。

3. 现代西方经济学

1936 年，凯恩斯发表《就业、利息和货币通论》标志着现代西方经济学的产生。但是，直到第二次世界大战结束之后的相当长时间里，可持续发展问题都没有成为西方主流经济学研究的主题。在 20 世纪 50 ~ 80 年代，现代西方经济学和发展经济学对可持续发展讨论经历了如下演变：20 世纪 50 年代，人们将"发展"等同于经济增长和人均国民收入的提高；20 世纪 60 年代的发展观把"发展"看作是经济增长加上结构变化，但是增长仍然是发展的主要目标；20 世纪 70 年代和 80 年代中期，更加强调增加就业、消除贫困和公平分配，经济增长本身被淡化了；20 世纪 80 年代末至 90 年代以来，发展观则就开始全面强调可持续发展。

（二）马克思对可持续发展理论的讨论

马克思和恩格斯在其经典著作中虽然没有系统地阐述可持续发展理论，但在他们的一系列重要著作中却蕴含着丰富的关于可持续发展的理论和思想。马克思和恩格斯一方面通过深入剖析资本主义制度，指出资本主义制度的不可持续性。另一方面，通过分析"两种生产"，即物质资料的生产和人类自身的生产，阐述了人与人的关系以及人与自然之间的物质变换关系。可以说，这些思想体现了马克思可持续发展理论的早期探索。①

首先，马克思关于人和自然之间的物质变换理论包含以下基本内容：在同一生产过程中，人与人的关系同人与自然的关系相互联系、相互制约。人和自然之间的物质变换过程是一个生产使用价值的过程，在这一过程中，人的劳动和自然物质相交换、相结合，从而创造出适合人的需要的各种产品。在人和自然的物质变换过程中，人自身会得到锻炼和发展。产品被生产出来以后，并不是物质交换过程的结束，人在制造产品的过程中和消费产品以后，还会对自然物质产生这样那样的影响，这种影响对自然最终对人有益还是有害，将成为人们必须认真对待的问题，而这正是人和

---

① 赵丽芬、江勇：《可持续发展战略学》，高等教育出版社 2001 年版。

自然之间物质变换关系的延续和深化。马克思对资本主义制度下人和自然之间物质变换关系的分析揭示资本主义经济制度的局限性。

其次，马克思指出，在资本主义经济制度下，资本家无限追求剩余价值的行为使其只注重经济利益而无视对自然资源和生态环境的保护，在这一生产生活模式下，人和自然的物质变换具有严重的不可持续性。因而，马克思在揭露资本主义雇佣劳动剥削实质的同时，分析了资本主义生产发展的不可持续性。马克思揭露了在物质变换过程中对土地、森林等自然资源的滥用和破坏。马克思揭露了物质变换过程中不"清洁生产"的严重性。揭露了资本主义工厂中生产的不清洁现象，并指出这种现象直接损害着工人的安全和健康。

第二节　人口、资源、环境与可持续发展问题

可持续发展思想的提出是人们在对人口与经济、资源和环境关系的不断思考与反思中逐步形成和完善的。当前，可持续发展思想及其相关原则已成为各国共同遵守的行动纲领和发展战略。通过不断的研究、探索和相互交流，人们认为，人口、资源、环境与经济系统之间的协调性是可持续发展的根本保证。可持续发展是一个由人口、资源、环境与经济系统四个方面共同构成的复杂开放系统。

一、人口均衡与可持续发展

中国是人口大国，人口多、土地少、人均资源缺乏是长期以来中国的基本国情。人口问题自古以来都是困扰我国经济社会发展的重要因素。在当前形势下，我国要全面建设小康社会、全面深化改革，就必须要解决好人口与经济发展之间的关系问题。根据我国人口发展的现状和趋势，在未来较长时间内，人口问题将成为制约我国经济、社会协调发展和可持续发展的关键因素和首要问题。人口因素对我国可持续发展的影响表现在人口数量、人口质量、人口结构和人口空间共四个方面：

（一）人口数量对可持续发展的影响

在影响可持续发展的众多人口因素中，人口数量的影响最为直接和显

著，关系到资源消耗程度、环境破坏程度、经济发展能力等问题。最为重要的是，人口数量关系到劳动力供给和就业问题，是直接影响经济增长的变量。

新中国成立以来，随着医疗卫生事业的发展及人民生活水平的不断提高，初生婴儿死亡率不断下降，人均寿命不断延长，我国人口数量迅猛增加，给资源、环境和经济发展带来了沉重的负担。20世纪70年代末，国家实行计划生育政策控制人口总量，但是由于我国人口基数大，尽管人口增长速度有所减慢，但人口规模却仍在不断扩大。在今后相当长的一段时间里，我国人口数量每年将以1000万的数量增长。

从中国目前的现实看，一方面，快速的人口增长以及庞大的人口基数、独特的人口结构和较低的人口素质，对自然资源的不合理开发与利用及对生态平衡的破坏，使环境污染日益严重，从而对自然资源与生态环境造成了巨大的压力。另一方面，由于可开发资源和环境人口容量有限，由此形成了人口与资源和环境难以调和的尖锐矛盾，已成为当前中国经济社会发展中面临的严峻问题，也是实现中国经济社会持续发展的重要制约因素。

（二）人口质量对可持续发展的影响

人口质量也就是人口素质，反映的是人口总体平均的素质状况，包括三个基本要素，即人口的平均身体素质、智力素质和心理素质（或非智力素质）状况。人口质量的含义具有社会属性，因而人口素质水平、结构和功能与社会经济的可持续发展存在适应性的问题。人口质量作为一种潜在因素需要转化途径来表达，从经济角度看，人口的潜能要转化成现实的生产力。在人口质量的三个基本素质中，随着科技的发展和市场经济的扩展，人的智力素质以及心理素质在社会经济发展的作用相比于身体素质越来越重要。

人口质量的提高能带来知识存量的递增，因为知识是人的创造性劳动的积累。同时，较高素质的劳动人口能利用和转换好知识存量，使其变为现成的生产力。在知识经济时代，依靠知识的增长不但能加快社会经济进程，更重要的是能提高劳动生产率，提高自然资源利用效率，从这一角度来看，人口质量特别是劳动力素质的高低是决定着可持续发展的重要因素。当前，一个国家的综合实力取决于该国的劳动生产率和创新能力，这使得劳动力素质以及人力资本成为一个国家经济发展的关键要素。而受教育的水平和人力资源的开发则成为影响劳动力素质和人力资本的重要影响因素。因而，以人的发展为中心，逐步建立一种人与自然和谐一致的生活方式，积极保持经济发展与生态环境的平衡，可持续发展才能够实现。

（三）人口结构对可持续发展的影响

人口结构既是人口发展的基础，同时又是社会经济运行和发展的人口条件。根据人口结构因素的特点和不同的分类方式，可划分为人口自然结构与人口社会结构。人口的自然结构包括年龄结构和性别结构，人口自然结构变动是由人口的出生与死亡引起的，对人口再生产的规模和速度及国民经济的发展影响很大。人口的社会结构是依据人口的社会特征划分的，包括民族结构、文化结构、职业结构、部门结构等，人口的社会结构既是社会经济发展的结果，又在很大程度上影响着社会经济的发展。本书仅介绍人口自然结构对可持续发展的影响。

1. 人口的年龄结构与可持续发展

随着社会经济的迅速发展和生活水平的提高，人类平均寿命不断延长，发达国家人口增长缓慢以及发展中国家人口增速降低，世界人口年龄结构向老年化社会转变。

人口年龄结构的变化比人口总量的变动更能影响经济的发展。人口群体过分年轻化和过分老化都会在某种程度上阻碍或制约经济社会的可持续发展。在生育水平显著下降、人口平均预期寿命延长及人口增长速度明显减慢的同时，中国人口已基本实现向低出生、低死亡、低增长的现代人口再生产模式转变。根据联合国的划分标准，在一个国家或地区的总人口中，一般把60岁以上人口占总人口比重超过10%的社会，或者将65岁及以上人口占总人口比重超过7%的社会叫做老龄化社会。截至2014年年底，我国60岁以上老年人口已经达到2.12亿，占总人口的15.5%，我国人口老龄化处在加速发展时期。由于我国老龄化发展超越了工业化的进程，因而出现了"未富先老"、"未备先老"的现象，对我国社会经济发展的可持续发展提出了严峻的挑战。我国人口结构的这种老龄化趋势加重了家庭养老负担和社会保障体系的负担，通过影响资本积累、劳动力供给及技术进步对经济增长产生负面影响，进而影响国民收入、产出和消费结构。

2. 人口的性别结构与可持续发展

在我国，性别比偏高是长期以来存在的问题，这种现象的存在有其社会、经济和文化背景。首先，出生婴儿"性别比偏好"是影响人口性别比的最直接、最重要的原因，具有社会属性。在我国长期以来的父权社会家庭结构中，父系单嗣继承制度和女儿外嫁的婚姻制度使得男性在家庭的财产延续、养老保障和扩大家庭价值方面比女性具有优势，因而，男性的出生性别比偏高。其次，生育率下降本身也会影响人口性别结构，导致出生人口性别比例的正常变化。伴随人口生育水平不断下降，"性别偏好"逐渐增强。在计划生育政策下，当生育子女的数量受到限制时，"性别偏好"逐渐越强。

20世纪80年代以来，中国部分地区出现了出生性别比偏高的现象，一方面是性别偏好增强导致的，另一方面也反映了生育率下降所带来的副作用。这一趋势将会对中国人口发展和社会的可持续发展产生极为严重的影响。当前，男女比例失调问题在我国十分突出，截至2014年末，总人口中的性别比达到105.06∶100。尤其是在同一个出生队列或同期人群中男性多于女性的性别失调将会导致严重的社会危机，可能引起"生态失衡"和女婴及妇女权益保障等问题，影响社会稳定。性别失调最直接的负面影响是形成婚姻挤压，主要表现为对婚姻弱势群体的挤压。在这一趋势下，农村婚龄人口性别比失衡的情况要比城市严重。现代社会的婚姻关系和婚姻制度将继续趋于弱化和无序化，继而造成人口再生产的障碍，导致人口的严重萎缩。离婚率、非婚生育和单亲家庭有可能继续增加，家庭功能弱化和家庭关系不稳定性增加，婚姻家庭问题将成为越来越严重的社会问题，并对整个社会保障体系产生巨大压力。

（四）人口空间分布对可持续发展的影响

人口空间分布是指一定时间内人口的地理分布状况。从静态角度来说，人口空间分布指某一时点上人口及其他人口现象的地理分布状况，如人口密度。从动态来说，人口分布表现为人口在地理空间上的聚集、扩散与变动，如人口迁移。当农村人口向城市流动和迁移时，则表现为城市化进程。影响人口密度和人力资源的分布的既有自然因素，如气候、土地资源、地势、地貌、水资源等，又有社会因素，经济、政治、文化、军事、技术及其他社会因素都直接和间接地影响着人口分布。同时，人口的空间分布又对社会经济的发展产生影响。人口过密会导致人口过剩、环境污染、区域资源大量消耗，无法实现可持续发展；人口过稀会出现劳动力不足，资源得不到有效开发，不利于社会经济的发展。

在我国，人口东密西疏的分布格局长期以来十分稳定：东部人口稠密，资源有限，西部人口稀疏，地大物博，这种人口分布对中国的发展不利。同时，人口在空间上的移动即人口迁移和人口流动也成为影响社会经济发展的重要因素。改革开放之前，我国的人口迁移和流动由于受到严格控制而处于抑制状态，人口迁移主要以政策调动为主。20 世纪 80 年代以后，随着经济体制改革和对外开放的不断深入，人口迁移、流动日益活跃，大量农村剩余劳动力向城市转移，促进了城镇化的发展。各地区之间经济发展速度差异导致各地区人均收入差异较大，使经济较发达地区对经济欠发达地区的劳动力产生了吸引力。

人口迁移是平衡生产力布局的重要途径。中国的人口迁移对工业、城镇布局、区域开发都产生了深远的影响，从而对我国的可持续发展产生影响。人口迁移一方面促进了经济发展和社会进步。为地区经济发展提供了充足的劳动力，刺激了迁入地餐饮服务、城乡交通、邮电、通讯等基础设施建设的发展，促进了城乡市场繁荣，也带来了人才市场和劳务市场的形成和发展。然而，人口迁移也对社会经济的发展带来了不利的影响。近年来，中国人口迁移的流向主要是从西北地区向东南地区流动，使部分经济发达地区人口过度稠密，而边远地区的人口更加稀疏。尤其是因为迁移人口多以受教育人口为主，造成西北地区人才流失，使本来急需人才的地区更加缺乏人才。人口空间移动的加剧还影响了迁入地社会治安，给城市基础设施造成了一定的压力。

二、资源利用与可持续发展

相对于人类的需求，资源在一定的时空范围内是有限的，资源稀缺性是经济问题产生的根源。自然资源是人类社会可持续发展的物质基础，要实现可持续发展必须在经济发展过程中保持一个不变的或增加的资源存量，从而维护可持续发展的物质基础。因此，自然资源的永续利用是实现可持续发展的基本问题。

（一）自然资源是人类生存和繁衍的自然物质基础

自然资源是狭义的资源概念，包含土地资源、水资源、矿产资源、气候资源、生物资源等一切能够产生生态价值和经济效益的自然物。马克思在《资本论》中曾经引用威廉·配第的言论来表明自然资源的价值：劳动是财富之父，土地是财富之母。恩格斯进一步将此解释为：劳动和自然界一起才是一切财富的源泉，自然界为劳动提供材料，劳动把材料变为财富。在自然生态系统中，人是该系统中的一个子系统，并且是生命系统的一个组成部分，是生态系统中的主要消费者，而自然资源则是生态系统中支持生命系统的物质基础。因此，人们只有服从一系列的生态规律，才能生存和发展。自然资源在经济生产中作为一种资本，与劳动力、资本等要素相比，是不可替代的存量资本。经济活动的本质是要满足人的需要，人类生产方式建立在交换价值上，致使人类劳动生产的产品具有价值。而在人类的所有需要中，最基本的是生存和繁衍的需求，由于自然资源是人类生存和繁衍的自然物质基础，由此使得它具有对人类最为重要的生存价值。

（二）资源的可持续利用是经济可持续发展的物质基础

自然资源的可持续利用指的是自然资源、生态环境在数量和质量上不仅为本代人而且为后代人提供可持续的供给。资源的永续利用和生态系统可持续性的保持是人类可持续发展的首要条件。这种自然资源的可持续力是动态的概念，技术进步和资金的投入都可能提高其可持续力，从而为经济可持续发展提供更大的空间。人类对资源的利用方式即资源配置方式是提高资源利用效率从而解决自然资源可持续性问题的根本。人类若要维持自身的永续存在，实现可持续发展，对自然资源的利用就不能违背生态系统中物质和能量传递与转换的规律。人作为自然生态系统中的一个组成部分，通过能量的交换与生态系统中其他成分相互依存和互为制约，紧密地联系成不可分割的整体。因而，人类的经济发展必须建立在自然资源可持续利用基础上。同时，人既是自然的，也是社会的。作为自然的人，必须遵循自然资源利用规律；而作为社会的人，则要不断努力地把生态系统中的自然资源转化为经济系统中的经济资源或物质财富，以满足社会发展的需要，这就要求自然资源必须不断向人类提供可被转化为物质财富的对象。在现代科技水平不断提高的情况下，人类对各种自然资源的利用可以不断扩大其范围和深度，但却无法改变自然资源有限性的特征。也就是说，人类对自然资源的利用，必须维持在生态系统承载能力可负担的阈限之内，如果超出这种阈限，生态系统的平衡就会被打破，其正常运行就不能继续下去，经济进而人类社会的可持续发展也就会受到限制。因此，自然资源可持续利用是经济可持续发展的物质基础。

（三）　自然资源的可持续利用状况决定着社会可持续发展能力

　　自然资源具有经济价值、生存价值与环境价值三个方面。其中，生存价值和环境价值统称为生态价值，而生态价值与经济价值之间存在着相互制约和互相补充的关系。在一定的时间范围内，生存价值与环境价值都会通过经济价值表现出来。当资源的生态价值较大时，相应的，经济发展成本就会较小，而劳动生产率则就会较高，从而经济发展速度就会较快；而当自然资源的生态价值量较小时，经济发展成本大幅增加。同样，当自然资源的经济价值小时，它的生态价值就得不到充分反映。

　　从本质上说，自然资源的生态价值和经济价值是统一的。在经济发展过程中，对自然资源的利用必须既注重其经济价值，又注重其生态价值的保护。如果对某种自然资源的使用量超过一定限度，则社会从中得到的经济价值是很有限的，但为此而失去的生态价值可能非常大。这说明，当自然资源一定时，经济发展过程中自然资源的经济利用是受到限制的。经济的发展从长远看不能突破自然资源的永续供给量，或者说，对自然资源的经济利用，不能使社会从中得到的经济价值小于为此而失去的生态价值量。所以说，一个社会的自然资源能否得到可持续利用，决定着该社会能否实现经济的可持续发展，或者说，自然资源的可持续利用状况，决定着该社会的经济可持续发展能力。

三、环境保护与可持续发展

　　人类发展与环境保护是相互矛盾又相互统一的两个方面。人类的发展会对环境产生一定的压力，甚至造成环境的污染和生态的破坏，但同时技术的进步和经济发展水平和生活水平的提高可以增强保护环境和生态的能力。良好的生态环境可以为人类的发展和进步提供有力的保障，而恶化的生态环境则会制约、甚至动摇发展的基础。因此，环境问题是不可持续发展的根源之一，生态环境的保护是实现可持续发展的基本内容。

（一）　生态环境是经济持续发展的基本前提

　　生态环境是人类生存和发展的基本条件，是人类经济发展和社会得以发展的根本前提。环境和经济包含在一个生态经济系统之内，环境向经济系统提供人类活动不可缺少的自然资源和能源。作为社会主体的人在生产过程中运用能源并将原材料转化为产品，为消费者提供服务；而原材料和能源经过生产过程最终以废物的形式返回自然环境。在一个封闭生态经济系统中，从环境进入经济系统的原材料或能源要么在系统中积聚起来，要么作为废弃物回归到自然环境中；同时，如果没有新的能量从外部进入，封闭系统的能量最终会消耗殆尽。

（二）经济发展受到生态环境的制约

与传统的以牺牲资源和环境为代价的经济发展不同，可持续发展是以不降低环境质量和不破坏自然资源为基础的经济发展。生态经济系统本身具有一种内部的自我调节能力，即负反馈效能，依靠这种效能，系统能够保持稳定和平衡。但这种自我调节能力不是无限度的，而是具有一定的临界值，即生态经济系统中环境容量是有限度的。系统中的环境容量是指排入生态系统的废物量未超过生态系统的承受能力，即生态系统的自净能力。如果人类经济活动排入生态环境中的污染物超出了临界值，就会导致生态环境（水资源、土壤、大气等）的严重污染和生物资源的破坏，从而影响经济系统的正常运行。因此，经济活动必须在生态环境许可的范围内进行，环境的服务或废物的排放存在不可逾越的生态限制。

（三）生态平衡需要环境与经济活动的相互作用来进行

生态平衡、环境保护和经济发展是一个问题的两个方面，生态环境质量的优劣是以生态平衡作为主要标准的。生态平衡是指一个地区的生物与环境在长期适应过程中，生物之间、生物与环境之间建立的相对稳定的结构（物质收支平衡、结构平衡、功能平衡），使整个系统处于功能发挥的最佳状态。根据普里高津的耗散结构理论，在生态经济这一开放系统中，通过自然环境与生产活动的相互作用而使系统负熵值增加，抵消系统自身的正熵，才可保持生态经济系统的相互平衡。如果生态平衡遭到破坏，不但使大自然提供的各种资源供不应求、基本生活与生产资料受到损害，引发自然灾害，而且会使经济的各部门比例关系、收支平衡、信贷平衡失调，影响经济的持续健康发展。

根据研究，环境状况会随着经济的不断发展呈现出"好—坏—好"的倒"U"型发展过程，这种环境质量先恶化后改善的现象被称为环境库兹涅茨曲线。从人类发展的历史进程来看，经济发展的初级阶段，由于人们无法科学预测自身行为对环境造成影响的后果，并且科技水平有限，环境质量一直呈下降趋势，甚至会出现环境急剧恶化的时期，这一过程具有客观性。然而当经济社会发展到的一定阶段时，环境质量会开始好转。其原因在于：一国的自然资源和环境状况取决于经济活动的水平和规模。在经济发展的初期，由于经济活动的水平较低，资源的消耗水平和环境污染的水平也较低。在经济起飞、工业大发展阶段，资源的消耗超过资源的再生，环境恶化。但当经济发展到更高阶段，经济结构发生改变，资源消耗高、污染严重的重化工业在经济中比重减少，而高技术产业、服务业的比重增加，从而资源的消耗率、污染物的排放率降低。另外，随着经济发展，技术水平的提高和制度建设，人们的环境意识都得到提高，有利于改善环境。

第三节 可持续发展的路径选择

循环经济和适度消费是人与自然和谐相处的生产、生活方式，从生产方式和消费方式两个方面体现了实现可持续发展的基本路径，是同时实现环境保护和人类发展的有效途径。

一、循环经济与可持续发展

与传统的"资源—产品—废弃物排放"线性发展模式相比，循环经济是一种闭环流动模式，要求对污染排放进行全程控制，否认污染物排放的合理性，提倡在工业生产中实行清洁生产，倡导建设生态工业，以提高全社会的资源利用效率。循环经济的发展模式符合可持续发展的内在特征，即可持续性、和谐性、需求性和高效性，因而是实现可持续发展的根本路径。

（一）循环经济是实现可持续发展的经济运行机制

1. 体现人类与环境关系的三种经济发展范式

从人类与环境关系来看，基于不同的社会历史状况、科学技术水平、经济发展运行机制对环境问题的处理方式，可以总结出人类与环境的关系在人类社会经济发展过程中经历了三种范式：

第一种是传统经济范式。这一范式将人类与环境的关系理解为"资源—产品—废弃物排放"的线性开放式经济模式,认为人类从自然界中获取资源,经过生产过程可以不加任何处理地向环境排放废弃物。在人类发展的早期阶段,由于人类对自然的开发能力有限,环境本身的自我修复能力较强,所以人类活动对资源和环境的影响并不明显。但是,随着工业化生产方式的普及、生产规模的扩大以及人口的增长,人类社会经济发展对环境产生的压力日渐增加,导致环境的自我修复能力减弱甚至消失。这种传统发展模式导致的环境问题日益严重,资源短缺的危机愈发突出。

第二种是"生产过程末端治理"范式。这一范式是在工业化生产导致资源环境问题日益突出的背景下产生的。人们开始注意环境保护的问题,但具体做法是"先污染,后治理"末端治理方式,强调在产生废弃物后的生产过程末端采取措施治理污染。其结果是治理技术要求高,治理成本居高不下,质量效果不明显,从而导致生态环境恶化难以遏制,经济效益、社会效益和环境效益都很难达到预期效果。

第三种是循环经济范式。这一方式强调经济子系统应和谐纳入生态大系统的物质循环过程中。要遵循生态规律,合理利用自然资源和环境容量,而不是单纯地将自然看成是原料场地和垃圾排放场地。循环经济本质上是一种生态经济,倡导在物质不断循环利用的基础上发展经济,以达到减少进入生产流程的物质量、以不同方式多次反复使用某种物品和废弃物的资源化的目的,是一种与环境和谐的经济发展模式。这一模式强调设计和系统规划的重要性,以便组建一个相互依存、类似自然生态系统的工业生态系统。要求生产过程清洁化,从而实现"资源—产品—再生资源"的闭环反馈式循环过程,并最终实现"最佳生产,最适消费,最少废弃"。

2. 循环经济模式的提出及对可持续发展的重要性

西方国家在进入工业化后期之后,经济发展的同时面临严重的环境问题,在经历一次次环境公害事件后,开始不断探索有效治理环境污染的措施。从 20 世纪 60 年代开始,发达国家普遍采用末端治理的方法进行污染防治,投入了大量的人力、物力和财力。这种末端治理模式实质上是在生产链末端将产生的废弃物在排放到自然界之前,对其进行一系列物理、化学或生物处理,以最大限度降低污染排放物对自然的危害。随着环境问题在全球范围内日益突出,人类赖以生存的各种资源从稀缺走向枯竭,以末端治理为基础的人与环境的冲突范式逐渐向以循环经济为基础的人与环境和谐发展的范式转变,主要体现在以下几个方面:

一是生态伦理观由"人类中心主义"转向"生命中心伦理"和"生态中心伦理"。与以往发展模式相比，循环经济注意到人与自然关系的本质，由以自我为中心的"人类中心主义"转向强调生态价值的"生态中心伦理"，主张在生产和消费方式上向生态化转向，承认"生态本位"的存在和尊重自然权利。不再认为人类是自然的征服者和主宰者，而只是自然的享用者、维护者和管理者。人与自然是一个密不可分的利益共同体，维护和管理好自然是人类的神圣使命。人类必须依据"自然中心主义"和"地球中心主义"，在道德规范、政府管理、社会生活等方面转变原有的观念、做法和组织方式，倡导人类福利的代内公平和代际公正，实施减量化、再使用化和资源化生产，开展无害环境管理和环境友好消费。

二是生态临界值问题受到广泛关注。认为生态临界值的客观存在是循环经济的基本前提之一。环境的净化能力和承载力是有限的，一旦社会经济发展超越了生态临界值，就可能发生波及整个人类的灾难性后果，并且这个后果是不可逆的。循环经济强调在临界值的范围内，合理利用自然资本，从原来的仅对人力生产率的重视转向在根本上提高资源生产率，使"财富翻一番，资源使用减少一半"，在尊重自然权利的基础上切实有力地保护生态系统的自组织能力，达到经济发展和环境保护的"双赢"目的。

三是自然资本的作用被重新认识。循环经济强调，任何一种经济都需要四种类型的资本来维持其运转：以劳动和智力、文化和组织形式出现的人力资本；由现金、投资和货币手段构成的金融资本；包括基础设施、机器、工具和工厂在内的加工资本；由资源、生命系统和生态系统构成的自然资本。在末端治理中，是用前三种资本来开发自然资本，自然资本始终处于被动的、从属的地位。而循环经济中将自然资本列为最重要的资本形式，认为自然资本是人类社会最大的资本储备，提高资源生产率是解决环境问题的关键。要发挥自然资本的作用，则要通过向自然资本投资来恢复和扩大自然资本存量；同时运用生态学模式重新设计工业，并且开展服务与流通经济，改变原来的生产、消费方式。

四是从浅生态论向深生态论的转变。末端治理是基于一种浅生态论，它关注环境问题，但只是就环境论环境，过分地依赖技术，认为技术万能。可是，一旦技术不能解救生态，则束手束脚，拿不出解决问题的办法，甚至产生反对经济增长的消极想法。而循环经济是一种深生态论，它不单单强调技术进步，而是将制度、体制、管理、文化等因素通盘考虑，注重观念创新和生产、消费方式的变革。它标本兼治，防微杜渐，从源头上防止破坏环境因素的出现。所以，循环经济是积极、和谐的，是可持续的稳定发展。

（二）循环经济的原则

所谓循环经济，就是按照自然生态物质循环方式运行的经济模式，它要求用生态学规律来指导人类社会的经济活动。循环经济以资源节约和循环利用为特征，也可称为资源循环型经济。在现实中，循环经济的运行需遵循三个原则：（1）减量化原则。要求用较少的原料和能源投入来达到既定的生产目的或消费目的，在经济活动的源头就注意节约资源和减少污染。在生产中，减量化原则常常表现为要求产品体积小型化和产品质量轻型化。此外，也要求产品的包装简化以及产品功能的增大化，以达到减少废弃物排放量的目的。（2）再利用原则。要求产品和包装器具能够以初始的形式被多次和反复使用，而不是一次性消费。同时要求系列产品和相关产品零部件及包装物兼容配套，产品更新换代零部件及包装物不被淘汰，可为新一代产品和相关产品再次使用。（3）资源化原则。要求产品在完成其使用功能后尽可能重新变成可以重复利用的资源而不是无用的垃圾，即从原料制成成品，经过市场直到最后消费变成废物，又被引入新的"生产—消费—生产"的循环系统。以上三个原则构成了循环经济的基本思路，其中，减量化原则最为重要，是循环经济的第一法则。

（三）我国发展循环经济的现状及对策

1. 我国循环经济发展现状

近年来，我国在三个层次上逐渐展开循环经济的实践探索，并取得了显著成效：

第一，在企业层面积极推行清洁生产。2002年中国颁布了《清洁生产促进法》。目前，陕西、辽宁、江苏等省以及沈阳、太原等城市制定了地方清洁生产政策和法规。据统计，目前中国已在20多个省（区、市）的20多个行业、400多家企业开展了清洁生产审计，建立了20个行业或地方的清洁生产中心，1万多人次参加了不同类型的清洁生产培训班。有5000多家企业通过了ISO14000环境管理体系认证，几百种产品获得了环境标志。

第二，在工业集中区建立由共生企业群组成的生态工业园区。按照循环经济理念和生态学的原理，我国在企业相对集中的地区或开发区，建立了 10 个生态工业园区。使上游企业的"废料"成为下游企业的原材料，尽可能减少污染排放，争取做到"零排放"。例如贵港国家生态工业园区是由蔗田、制糖、酒精、造纸和热电等企业与环境综合处置配套系统组成的工业循环经济示范区，通过副产品、能源和废弃物的相互交换，形成比较完整的闭合工业生态系统，达到园区资源的最佳配置和利用，将环境污染减少到最低水平，同时大大提高制糖行业的经济效益，取得了社会、经济、环境效益的统一。

第三，在城市和省区开展循环经济试点工作。目前，已有辽宁和贵阳等省市开始在区域层次上探索循环经济发展模式。辽宁省全面融入循环经济的理念。通过制定和实施循环经济的法律和经济措施，建设一批循环型企业、生态工业园区、若干循环型城市和城市再生资源回收及再生产业体系，发挥了当地的资源优势和技术优势，优化产业结构和产业布局，推动区域经济发展，促进经济、社会、环境的全面协调发展。

2. 我国实施循环经济的措施

面对国际上发展循环经济的新趋势，中国必须把发展循环经济确立为国民经济和社会实现可持续发展的基本战略途径，进行全面规划和实施，这样才可能有效克服在现代化过程中出现的环境与资源危机。我们正在经历从传统工业经济向循环经济的转轨过程，这是对传统经济发展方式、传统的环境治理方式的重大变革。在这样一个变革过程中，从总体上来讲需要政府的积极倡导的扶助，需要产业界积极创新和开发，需要公众的参与和支持。从政府来讲，需要制定相应的法律、法规和相应的规划、政策，对不符合循环经济的行为加以规范和限制。除了采取一些必要的行政强制措施外，应当更加注意应用经济激励手段和措施，以及其他激发民间自愿行动的手段和措施，以推动循环经济的顺利发展。从产业界来讲，需要把资源循环利用和环境保护纳入企业总体的创新、开发和经营战略中，自觉地在生产经营和各个环节采取相应的技术和管理措施，引导有利于循环经济的消费和市场行为。从公众来讲，需要树立同环境相协调的价值观和消费观，自愿地选择有利于环境的生活方式和消费方式，推动市场向循环经济方向转变。

二、适度消费与可持续发展

（一）"奢侈型"消费及其不可持续性

"奢侈型"消费方式是伴随现代工业社会的生产、生活方式应运而生的，与传统农业社会的"生存型"消费方式不同，"奢侈型"消费是超越人们基本需要的消费，是非理性的消费，具有明显的奢侈性、浪费性的庸俗化消费。奢侈型消费方式最早产生并主要存在于发达工业化国家和地区中。然而，随着人类经济社会的发展，生活水平的提高与经济增长速度的提升，发展中国家工业化进程中纷纷仿效发达国家的发展模式及其派生的消费方式。因而，奢侈型的消费方式逐渐向全球扩展。当前，中国的消费方式也出现了由"生存型"向"奢侈型"变化的趋势，并且消费不足与消费过度现象并存。从可持续发展的角度，考虑到现代奢侈型消费导致的环境污染与资源消耗，以及对人类自身产生的损害，导致的对子孙后代发展的影响，那么，奢侈型消费是有害的、不可持续的生活方式。

奢侈型消费的危害表现在：产品的过度包装以及"一次性"消费品数量和品种的增多既浪费了大量资源，又造成大量的生活垃圾；购置的商品大量地被闲置或抛弃，于是就有大量的耐用消费品在还可使用的时候就被闲置起来或是抛弃掉了。"深加工产品"也是一种能量的浪费。一些纯粹出于商业目的而进行的深加工由于其生产制造属于不同能量层次之间的转换，其浪费的能量就更多。

总之，奢侈型消费造成了资源的无谓浪费，其炫耀性、过渡性和及时满足性特征导致资源耗竭、环境污染、生态破坏，造成对地球支持生命能力的严重威胁，它不仅危及后代人的生存和发展，而且身处当代的人们也身受其害。因此，奢侈型消费方式是不可持续的，是必须予以否定并加以改革的。

（二）树立可持续发展的消费理念

1. 传统消费观的弊端

传统的消费价值观根源于传统的经济发展模式。工业社会高度发展的市场经济单纯追求经济增长，使人们的生活方式被物质化，诱发并强化了人们的贪婪动机，占有更多财富，消费更多的产品，自我沉溺及享乐成为主要的生活目标和价值追求，而工业化则为人们满足这种动机提供了有效手段。这就是马克思所批判的商品拜物教式的价值观念。发达国家大量浪费资源的奢侈型过度消费，既根源于它的经济增长模式的刺激，也根源于拜金主义和享乐主义价值观念的驱动。中国改革开放以来，一些奢侈型过度消费现象的出现也是价值观扭曲和享乐主义生活方式的表现。所以，要想改变消费方式和消费观念就必须转变传统的经济发展观，纠正这种自私的贪婪的享乐主义价值观，改造被高度物化的生活方式，才能从根本上解决问题。

传统发展观在市场经济运行机制下，以国民生产总值增长率作为衡量经济发展状况好坏的主要指标。为了实现经济增长，"不惜一切代价，不顾生态与社会危险，追求国民生产总值，成为第二次浪潮各国政府盲目追求的目标。"[①] 而单纯以实现国民生产总值增长为发展目标就必然要刺激消费来提供不断增长的需求。这种超越基本需要的奢侈型消费模式，损失了环境容量、耗竭了资源、威胁了子孙后代的生产环境，因而是不可持续的。按照可持续发展的原则，发展不是越快越好，而是要适度（包括质和量）、适地、适时，追求人类社会和自然的和谐发展。可持续消费观和消费方式是可持续发展模式的一部分，并对整个发展模式的实施产生巨大影响。改变消费模式包括集中注意生产和消费的不可持续模式及制定鼓励改变消费模式的国家政策、策略和实施手段等问题。

2. 可持续消费的含义

1994 年，联合国环境署在名为《可持续消费的政策因素》的报告中对可持续消费作了如下定义："提供服务以及相关的产品以满足人类的基本需求，提高生活质量，同时使自然资源和有毒材料的使用量最少，使服务或产品的生命周期中所产生的废物和污染物最少，从而不危及后代的需求。"[②] 可见，可持续消费主要包括四个方面的含义：第一，它是一种同时符合代际纵向公正和代内横向公正原则的消费。消费的公正性是可持续消费的核心；第二，它是一个动态的概念，即可持续消费建立在人与自然、人与社会和谐统一的基础上，能保证当代人和后代人的消费需求不断地由简单稳定向复杂多变发展，由低层次向高层次递进。这种发展和递进

---

① 中国科学院可持续发展研究组：《2001 中国可持续发展战略报告》，科学出版社 2001 年版。

② 中国科学院可持续发展研究组：《2004 中国可持续发展战略报告》，科学出版社 2004 年版。

体现着社会经济中带有实质性的变化；第三，它要求人们适度消费，减少非必要的消费，提倡重复使用以及再生利用的合理消费和绿色消费。它倡导人们的消费观念、消费行为、消费结构同时满足经济效益和生态效益，以达到环境保护和生态平衡的目标；第四，它要求政府采取必要的政策措施，运用行政的、经济的、法律的手段，坚决遏制和扭转资源遭受破坏、生态环境恶化的趋势，加强可持续消费的宣传教育，在国民中树立可持续消费的意识；制定有关法律、法令和规章，建立可持续消费并促成可持续生产的机制，保证社会经济健康地可持续发展。因此，可持续消费能促成社会、经济、资源、环境进入良性的发展轨道，其本身就是可持续发展的实现机制之一。

3. 可持续消费的基本要素

可持续消费应该是从满足人们的生态需要出发，在使用消费品或享受服务过程中遵循代际公平和代内公平原则，以实现消费主体与消费客体及消费环境之间持续、协调、共同发展的战略性消费。可持续消费应该包括以下几个基本要素：首先，实现可持续消费应是为了更好地满足人们的消费需要，其中特别是生态需要。实施可持续消费，其目的不仅仅是为了满足消费者的物质和文化生活需要，更重要的是满足消费者的生态需要；其次，可持续消费是从消费的角度来建立一种人—自然—社会相互协调的和谐关系。人类在发展的同时，并不是单纯的经济发展或者社会发展，也不是单纯的生态持续，而是要达到自然—社会—经济复合系统的可持续发展。可持续消费就是要将消费主体、消费客体和消费环境看成是相互依赖、相互影响、相互作用的系统。①

总之，只有把消费观念的变革与经济增长模式的变革、价值观的变革统一起来，抛弃传统的片面追求奢侈的消费方式，实现从不可持续的消费观向可持续的消费观的转变，才能真正迈向可持续发展的目标。

（三）倡导可持续发展的适度消费方式

消费方式的根本性转换有赖于消费理念和消费观的转变。改变当前过度消费的消费习惯，转变为提倡可持续发展的适度消费方式，大力促进可持续消费理念的贯彻与实施是实现经济社会可持续发展的根本途径之一。

1. 提倡适度消费

适度消费的本质就是可持续消费，其核心含义是节约资源，这与传统

---

① 周毅：《可持续发展战略》，北京科学技术出版社 2002 年版。

发展方式下的过度消费方式存在本质的区别。适度消费应该以满足生活需要为界限和原则，而不应该追求过度欲望的满足和炫耀性的消费。建立一种低资源消耗、高消费质量，与环境相协调的适度消费体系是适度消费方式追求的目标。在这种消费体系中，消费品的特征具有耐用性、可回收性、易于处理的环境友好特性。通过健康消费理念在全社会的普及与传播，奢侈品、一次性商品、过度的深加工产品、资源消耗型商品将迅速减少，并促成普通用品、耐用品、节约资源的商品大幅度增长。

2. 提倡绿色消费

绿色消费是适度节制的可持续消费方式同传统"污染型"消费方式的又一个重要区别，是指由于环境危机日趋严重，消费者对绿色环保产品的需求，以保护生态环境和有益于健康的高层次理性消费为基本内涵的消费方式，包括生命、节能、环保三个方面。传统污染型产品带来的弊端最先在发达国家促使绿色环境法律的日益完善和产品环境标准的产生，各国纷纷推行标准化的绿色标志认证制度，一方面促进了生产企业进行环境无害的绿色生产，从而为消费者提供绿色产品，减轻、消除对环境的损害；另一方面也促使绿色消费成为新兴的消费潮流。当前，绿色消费在中国已初见端倪。中国在快速经济发展的同时，也付出了环境污染、资源耗竭的沉重代价，并给人们的生存环境和生命健康带来了严重隐患。因此，消费者有消费绿色环保、节能产品的内在需求，这一强烈的需求一方面促使一些企业转而生产绿色产品，另一方面也使得国内企业在生产环节上清洁生产的问题凸显出来。绝大多数企业污染处理的目标仍然停留在达标排放，处在末端控制的污染治理阶段，多数产品难以达到绿色标准。此外，目前我国也缺少清洁生产的鼓励政策以及相关的环境法规。就消费者而言，生态消费的意识也还不够强烈，远没有形成一股潮流。

生态产品的优越性是显而易见的，既节约资源又无污染或少污染，既对环境有利又对人体健康有利的产品。如果使绿色消费成为社会主流消费模式，人们都去消费生态产品，无疑会对环境保护和资源的有效利用具有重要的促进作用。当前，中国已经实现了由卖方市场向买方市场过渡，没有了商品短缺的困扰，人们的选择余地加大了，购买力提高了，所以也就有了大力推行绿色消费的现实可能性。政府要提倡，企业要推动，消费者更要强化生态消费意识。积极培育绿色消费者群体，促使更多的企业实行清洁生产，也促使政府下更大的决心解决清洁生产问题。从微观经济的意义上讲，正是消费者的消费需求决定了经济和社会能否可持续发展。

3. 提倡精神消费

精神消费是相对于物质消费的一种消费形式，与过分追求物质享乐的消费方式具有本质区别。人的需要是多层次、立体的，包含物质需要和精神需要等多个方面。人们的基本生存需要依靠物质消费的满足，而追求人类无形劳动成果的精神需求则是更高层次的需求，是人类发展到一定阶段的产物。精神追求的消费表现在两个方面：一方面是追求接近自然的生态消费，不以获得某一具体的有形的商品或服务为主要目标，而是要从中获得以美感、知识、闲适为指向的消费方式。如生态旅游、生态小区建设等，都包含这样的精神内涵；另一方面是在物质需求之外，更多地注重文化教育、科学技术的学习、健康的娱乐活动和体育活动等方面的消费。这种高尚的精神追求的消费不仅可以优化生态环境，更有利于把人格从功利型中拯救出来，实现人格的升华，创造一个美丽的社会境界。

中国是一个发展中国家，人口众多，人均资源短缺，资源的人均占有量远低于世界人均水平。在现代化的进程中人口增长和资源减少的矛盾十分突出。这就使得我国不仅在提高居民消费水平方面压力巨大，而且在保护环境和实现可持续发展目标方面压力更大。大量事实证明，我国不能重复工业化国家的发展模式和消费模式，以资源的高消耗、环境的重污染为代价，来换取高消费的生活方式。而只能依据自己的国情逐步形成一套低消耗的生产体系和适应消费的生活体系，使人们生活以一种积极、合理的消费模式步入小康社会。

第十一章

经济全球化与社会主义
国家的对外开放

　　社会主义市场经济的内在本义是开放性经济，包含了对外经济交往活动。在经济全球化和一体化发展的客观背景下，中国进行社会主义市场经济建设就必须参与到国际经济交往中去，一方面只有在世界经济中才能发挥我国经济的优势，另一方面可以利用全球资源进行社会主义建设。我国在 20 世纪 70 年代实行的对外开放，是我们党在特定历史条件下做出的关键战略决策和伟大实践探索，具有鲜明的中国特色。在对外开放的进程中，中国经济发展取得了举世瞩目的成就，对外开放的程度也在不断地深化，作为第二大经济体，中国在国际经济、政治交往中扮演越来越重要的角色。

第一节　经济全球化与对外开放的依据

一、经济全球化的趋势与表现

　　经济全球化是指生产要素如资本、技术、人才、信息等在全球范围内的跨国界自由流动，从而实现资源有效配置的过程，是人类经济活动跨越民族、国家界限以及各国经济在世界范围内的相互融合过程。经济全球化的进程由来已久，德国学者弗兰克曾指出："全球性乃是至少自 1500 年以来整个世界的一种活生生的事实，只有太平洋上极少数人烟稀少的岛屿

（也仅仅在很短的时间里）除外"。① 经济全球化可以说是以资本主义的发展为起点的。当人类社会发展到资本主义阶段的时候，生产力已经不断地发展，并且分工和产品的交换也在不断地扩大，这种交往需要冲破过去的束缚，走出狭小的圈子，进而使世界各个民族和国家的交往日益密切。以蒸汽机为代表的工业革命使资本主义生产从工厂手工业过渡到了机器大生产的时代，国内的市场已经无法满足日益增多的产品的销售，生产所需要的原料也不是一个国家或地区所能满足，因此就像马克思和恩格斯所叙述的那样，不断扩大产品销路的需要，驱使资产阶级奔走于全球各地，为了满足自己的经济利益，最初走上资本主义道路的国家则需要将市场扩展到国外，同时对原料基地进行残酷的掠夺和殖民剥削，市场从国内转移到国外，使国内的分工不断演变为国际分工，使世界市场迅速的形成。因而，第一次经济全球化是在19世纪下半叶开始的由当时发达的资本主义国家推动的。

第二次世界大战结束后，世界市场更加开放，各国的联系日益密切，经济全球化的步伐也就此展开，更多的国家被纳入到现代市场的经济体系之中，由于第三次科技革命的兴起，极大地推动了世界的产业结构，使国际合作日益增多，国际分工日益明确，社会化大生产的规模日益扩大。在这样的条件下，各国之间的联系也更加的紧密，国际间的商品流动、劳务流动、技术流动、资本流动也达到了空前繁荣的阶段，整个世界日益成为一个统一的整体。尤其是20世纪90年代以来，经济全球化得到了迅速发展，现已发展成为以科技革命和信息技术发展为先导，涵盖了生产、贸易、金融和投资各个领域，囊括了世界经济和与世界经济相联系的各个方面及全部过程。其主要表现为：国际分工从过去以垂直分工为主发展到以水平分工为主的新阶段；世界贸易增长迅猛和多边贸易体制开始形成；国际资本流动达到空前规模，金融国际化的进程加快；跨国公司对世界经济的影响日增；国际经济协调的作用日益加强；国际组织、区域组织对经济发展的干预作用日益增强。

当前，经济全球化的本质是市场经济体制的全球化，是世界经济运行规则的全球化，是一场由西方发达国家主导并积极推进的全球经济一体化进程。可以说，经济全球化是一个必然趋势，随着经济全球化的发展，世

① ［德］弗兰克：《白银资本——重视全球化的东方》，中央编译出版社2001年版，第451页。

界各国的经济联系更为错综复杂，形成了"你中有无，我中有你"的局面。同时，在经济全球化发展进程中，金融全球化与实体经济全球化在结构上却呈现不对称性，这导致了全球化过程中世界经济的不均衡发展。因而，经济全球化时代同时也处在全球性经济失衡的状态中。

二、对外开放的理论基础与客观依据

十一届三中全会以来，我国开始逐渐实施全面的对外开放政策。这一具有战略意义的基本国策有着充分的理论依据和客观必要性。在理论上，其主要依据是马克思关于国际经济关系发展的基本原理；国际分工理论。从客观必然性来看，主要包括：经济全球化趋势；中国经济发展的历史趋势。因而，我国实施的对外开放政策是在总结国际、国内的历史经验后作出的重大战略决策。

（一）对外开放的理论基础

1. 马克思的对外经济开放思想

在马克思看来，社会主义国家与其他国家进行经济交往和合作是社会主义经济建设的必要因素。因而，马克思在国际分工、世界市场、国际贸易的一系列理论论述中对社会主义国家的对外开放思想进行了阐述，这些理论成为我国制定对外开放基本国策的理论基础。

（1）国际化与国际分工是社会生产力发展的必然趋势。马克思首先从商品经济的本质来分析经济发展的国际化趋势。他认为，随着商品经济的发展，各国经济都被纳入到世界经济中去。土地、资本、劳动力、技术、管理和信息等生产要素都被赋予了商品的性质，因而世界各国在生产的各个环节上被联系起来。在《共产党宣言》中，马克思和恩格斯曾写道：大工业的建立驱使各民族国家从国内的商品交换扩展到国际贸易，从国内市场进到世界市场，从社会分工延伸到国际分工。"过去那种地方的和民族的自给自足和闭关自守状态，被各民族的各方面的互相往来和各方面的互相依赖所代替"，[①] "由于开拓了世界市场，使一切国家的生产和消费都成为世界性的了"。[②] "随着资产阶级的发展，随着贸易自由的实现和世界市

---

① 马克思，恩格斯：《共产党宣言》，《马克思恩格斯选集》第 1 卷，人民出版社 1972 年版，第 255 页。

② 同上，第 254 页。

场的建立，随着工业生产以及与之相适应的生活条件的趋于一致，各国人民之间的民族隔绝和对立日益消失了"，① "各国人民日益被卷入世界市场网，从而资本主义制度日益具有国际的性质"。② 因而，任何国家的经济发展都不可能孤立地进行，对外经济开放是商品经济的必然要求。

其次，马克思通过分析国际分工深化和国际贸易发展是社会生产力发展的必然趋势，指出世界各国只有在世界市场上进行经济交往与合作才能进行各自的经济建设。国际分工可以看作是各国生产者通过世界市场形成的一种劳动联系。所有社会分工，包含国际分工在内，都是社会生产力发展的结果，同时，反过来又是促进社会生产力发展的手段。马克思认为："由于机器和蒸汽的应用，分工的规模已经脱离了本国基地的大工业完全依赖于世界市场、国际交换和国际分工"。③ 由于国际分工与国际交换的必然性，国际贸易也成为社会经济发展的必需。从社会再生产的角度也是如此。当两大部类的比例失衡或每个部类内部失衡时，就需要通过外贸来调节余缺。马克思说："在这两个场合都必需进行对外贸易"。④

（2）价值是国际商品交换中的价值基础。马克思的国际价值理论是其国际贸易理论体系中的重要内容，也是其劳动价值学说的重要组成部分。在《资本论》第一卷中，马克思提出了"国际价值"的概念，并指出国际价值的计量单位是"世界劳动的平均单位"，⑤ 分析了国际市场上商品交换的价值基础。马克思认为，国际价值是世界市场上的市场价值，在世界市场上，价值规律逐渐突破地方、民族和国家的界限发生作用，世界各国的劳动不仅是各自国家的社会劳动，同时也作为该国在世界市场上国际分工的劳动而出现，也就是作为该国的国际必要劳动而出现。因而，商品的国民价值表现为国际价值。国际价值由国际必要劳动时间来决定，而不再由某一国的必要劳动时间来决定。国际价值理论说明了国际商品交换的

　　① 马克思，恩格斯：《共产党宣言》，《马克思恩格斯选集》第 1 卷，人民出版社 1972 年版，第 270 页。

　　② 马克思：《所谓原始积累》，《马克思恩格斯选集》第 2 卷，人民出版社 1972 年版，第 267 页。

　　③ 马克思：《政治经济学的形而上学》，《马克思恩格斯选集》第 1 卷，人民出版社 1972 年版，第 133 页。

　　④ 马克思：《资本论》第 2 卷，《马克思恩格斯全集》第 24 卷，人民出版社 1965 年版，第 524 页。

　　⑤ 马克思：《资本论》第 1 卷，《马克思恩格斯全集》第 23 卷，人民出版社 1965 年版，第 614 页。

意义，有利于促进各国劳动生产力的提高。每一个国家都发挥它在技术、人力、资源等方面的优势，花费较少的时间，使用较低的成本生产某一种产品。马克思主张发展各国的经济贸易，通过发展各国的贸易往来，促进各国的经济发展。他还从节约劳动的角度观察这个问题，认为处在有利条件下的国家，在交换中以较少的劳动换回较多的劳动，而处在不利条件下的国家所付出的实物形式的物化劳动多于它所得到的，但是它由此得到的商品比它自己所能生产的更便宜。这样双方都从对外贸易中得到更多的使用价值，从而双方都节约了社会劳动。

2. 国际分工理论

西方经济理论中，国际分工理论用来解释国际贸易促进经济发展的原因。国际分工通常指世界上各国、各地区之间的劳动分工，是社会生产力发展到一定阶段的产物，是社会分工从一国国内向国际延伸的结果，是生产社会化向国际化发展的趋势。国际分工理论同样是我国对外开放的重要理论基础。从理论发展来看，国际分工理论可以分为三个阶段：以生产率差异为基础的古典国际分工理论；以要素禀赋为基础的现代国际分工理论；以规模经济和竞争优势为基础的当代国际分工理论。

（1）古典国际分工理论。英国古典经济学的代表人物亚当·斯密首先创立了绝对优势理论（Theory of Absolute Advantage），认为在某种商品的生产上，一国所消耗的劳动成本绝对低于另一国，在生产效率上占有绝对优势，因而应由该国生产并出口该种商品。绝对优势理论将一国内部不同职业之间、不同工种之间的分工原则推演到各国之间的分工，从而形成其国际分工理论。各国要获得绝对优势，就必须在经济上开放，实行自由贸易。这为开放理论奠定了第一块基石。在此基础上，大卫·李嘉图于1817年在其代表作《政治经济学及赋税原理》中提出了比较优势理论。他指出，国际贸易的基础是生产技术的相对差别（而非绝对差别），以及由此产生的相对成本的差别。每个国家都应根据"两利相权取其重，两弊相权取其轻"的原则，集中生产并出口其具有"比较优势"的产品，进口其具有"比较劣势"的产品。比较优势贸易理论在更普遍的基础上解释了贸易产生的基础和贸易利得，从而发展了绝对优势贸易理论。

（2）现代国际分工理论。1919年，赫克歇尔和俄林提出了要素禀赋论。要素禀赋论认为比较优势建立在生产要素的丰缺程度上，一国应该生产并出口密集使用本国丰裕要素的商品，进口密集使用本国稀缺要素的商品。它同绝对优势和比较优势理论共同形成了一套相对完整的自由贸易理论，但这些理论都是静态的国际分工理论，而事实上一国的要素禀赋是变化的，国际分工格局也会相应发生转变。此后，美国经济学家雷蒙德·弗农针对传统国际分工理论的局限性，提出了产品生命周期理论。该理论认为，发达国家出口大量高新技术产品，当外国生产者也获得该技术后，该产品的生产就转移到劳动力相对便宜的不发达国家。这一理论解释了国际直接投资发生的原因，并在实际中解释了发展中国家大力承接国际产业转移的情况。

（3）当代国际分工理论。20 世纪 70 年代，发达国家间贸易和产业内贸易比重上升，比较优势的竞争越来越演化成综合经济实力的较量，建立在完全竞争市场分析框架上的国际分工理论难以解释新的贸易现象。1984年，克鲁格曼提出了战略贸易理论。该理论认为，只有具有竞争力、科技含量高的战略产业才具有国际竞争力，一旦一国进入这些产业，就会利用规模报酬递增来形成强大的垄断势力，阻止其他国家的进入。政府扶持战略性产业的发展，是该市场条件下一国获得优势地位的最佳选择。战略贸易理论更为贴近国际贸易的现实，对于我国而言，利润率高的技术密集型行业实力比较薄弱，因此要适当地采用战略贸易政策，扶持这些技术含量高、外部效应大、动态规模效益突出的产业。

从比较优势向战略贸易理论的转变说明，各国仅仅靠比较优势已经难以在竞争中获胜。依据巴格瓦蒂的贫困化增长理论，发展中国家长期依据劳动力比较优势参与国际分工会使贸易条件恶化，陷入"比较优势陷阱"；依据中心—外围理论，长期忽略对高级要素的培育会使发展中国家形成路径依赖，在国际分工中被边缘化，使贸易利益流向发达国家。因此，比较优势战略的实施逐步呈现出不适应性。1990 年，迈克尔·波特提出了竞争优势理论，认为竞争优势包括六个因素：生产要素、国内需求、相关支撑产业、企业结构和竞争、政府作用和机遇。在此基础上，他将一国竞争优势发展分为四个阶段：要素推动阶段、投资推动阶段、创新推动阶段以及财富推动阶段。竞争优势理论是符合当代国际分工和对外贸易特征的理论，它强调综合国力对一国参与国际竞争的影响，成为经济全球化下各国进行国际分工定位的主要指导理论。①

---

① 陈金锟、张霞：《战略贸易政策新进展与发展中国家贸易政策》，载《当代财经》2009年第 7 期，第 92 ~ 97 页。

（二）对外开放的客观依据

对外开放政策是顺应全球化趋势的必然选择，要想积极主动地应对全球化，就必须在对外开放中进行博弈，寻求发展和经济实力的提升。

从现实来看，现代意义上的对外开放都是商品经济以及国际分工发展到一定阶段的必然产物。从历史沿革来看，中国经济从古至今，凡是以开放的姿态积极与外界进行政治、经济、文化交流，都能带来国家的繁荣昌盛；凡是闭关锁国，轻视对外经济交往，都会阻碍经济社会的发展。

中国古代的对外贸易始于西周时期。当时，华夏文明已经与东瀛及亚洲东南半岛地区开始进行海上贸易与交往。春秋时期，已经形成了较为成熟的沿海航路，即从黄河入海口向南，到达山东半岛以东，沿黄海南下，到达长江入海口。到了秦朝，中国的丝制品与漆器被运往朝鲜半岛，铁器则最早输入到越南北部的象郡。汉代武帝继位之初，即建立起南海贸易通道。随后，张骞出使西域以及汉代朝贡贸易的开展使得中西陆路贸易开始畅通，即丝绸之路的建立，它促进了汉朝与西域的经贸往来、文化的交流，更促进了汉代经济的繁荣。唐朝时期，我国古代经济发展达到鼎盛，对外开放也达到空前程度。贞观年间建立起"市舶制度"，以市舶司来专门管理海外贸易。宋代继承、发展了唐代的对外开放政策。整个唐宋时期，海外贸易超越陆路贸易，其蓬勃发展给当时的政府带来了丰厚的收入。到了元朝，除了继续市舶制度之外，还制定政策促进官方和民间贸易的发展，使元朝成为我国历史上开放对外口岸最多的王朝。但是，元世祖末年，中国对外贸易史上第一次出现了"禁海"政策。此后，"时禁时开"的对外政策取代了之前的开放政策。

明朝可谓是中国对外开放史上的转折期。明初虽有郑和下西洋，但仅仅说明当时官方贸易的发展，事实上，民间的海外贸易却受到压制。到了清代，尤其是清朝中后期，闭关锁国的政策占据了主导，在缺乏同外界有效经济交往与沟通的形势下，在世界发生巨变的同时，中国却在故步自封，停滞不前，以致鸦片战争之后陷入落后挨打的境地。近代以来，中国签订了一系列不平等条约，被迫开放了广州、厦门、宁波等口岸。这一时期，中国的对外开放呈现出极为复杂的状态。既有被动地开放，也有主动的适应。虽然，在主权受到限制的情况下，不平等的对外经济交往对中国经济产生了一定的损害，但是这一时期的对外经济、文化交流仍然为后来中国建立自己的民族经济奠定了基础。

中国经济发展的历史轨迹证明，对外经济文化交往促进了世界文明的演进，更推动了中国社会历史的变迁，促进了中国经济的繁荣。因而，社会主义时期的对外开放政策，是历史经验的总结，具有历史必然性。

第二节 我国对外开放的政策演进与基本内容

我国的对外开放政策是在特定的历史时期制定实施的。作为基本国策，对外开放是促进社会主义经济建设、实现中华民族伟大复兴的必然选择。对外开放政策的制定具有坚实的理论基础，并总结、借鉴了国内外和历史上大量经验，是凝结了我党几代领导人的智慧结晶。

一、我国对外开放政策的演进

我国的对外开放政策是在特定的历史时期制定实施的。作为基本国策，对外开放是促进社会主义经济建设、实现中华民族伟大复兴的必然选择。对外开放政策的制定具有坚实的理论基础，并总结、借鉴了国内外和历史上大量经验，是凝结了我党几代领导人的智慧结晶。总的来说，我国对外开放政策大致经历了以下四个阶段：

第一阶段 对外开放的初步探索阶段（1949～1977 年）

新中国成立后，以美国为首的西方国家对中国采取敌视的态度。美国首先宣布对中国实施"对华贸易管制"，宣布管制中国在美全部公私财产，并禁止在美注册的船只开往中国，自此，中美贸易完全停止。此后，美国还发起建立了巴黎统筹委员会，对包括中国在内的社会主义国家实行战略物资禁运。对此，我国在不断进行反禁运反封锁斗争的同时积极开展独立自主的对外经济技术交往。因而，这一时期，由于国际形势的影响，我国采取"一边倒"的外交政策，把对外开放的重点放在同苏联、东欧社会主义国家及一些经济不发达国家的交往上，对外开放具有局限性。尽管如此，中国同这些国家发展的经贸关系依然成为新中国工业体系及国民经济体系建设的基础。此外，这一时期，中国政府还注重发展同一些西方国家如英、法和意大利的关系。总的来说，在 20 世纪 50 年代，同中国建立外交关系的国家由 1950 年的 17 个增加到 1960 年的 37 个；同中国有贸易关系的国家和地区由 1950 年的 46 个增加到 1960 年的 118 个。① 这一时期，党的对外开放思想也有了进一步的发展，特别是 1956 年苏共二十大后，针对苏联社会主义建设中暴露出的问题，1956 年 4 月，毛泽东在谈到"中国和外国的关系"时，将原来的"学习苏联"的口号改为了"向外国学习"。②

20 世纪 60 年代，中苏关系恶化，苏联单方面终止了对中国的投资和贷款，并叫停了援助中国的项目，中国经济因此遭到巨大打击。为了打开外交局面，扩大中国在国际上的影响，中国着重发展同第三世界国家的关系，对外交往的重点放在对外援助方面，同时开始把对外关系转向西方国家。亚非会议后，中国与埃及和叙利亚签订了贸易协定和文化合作协定，进而建立了外交关系。1959 年初，古巴革命胜利后，中古两国展开了政府间的经贸和科技文化的合作，进而建交。1952～1965 年间，中国先后同智利签订了民间贸易协定、设立商业新闻办公室并建立起半官方性质的商务机构。在援助亚非国家方面：从 1956～1962 年，中国除经济援助柬埔寨之外，还与尼泊尔、锡兰、缅甸和印度尼西亚等国家订立了经济援助正式协定。在发展同西方国家的关系方面：中日关系由 20 世纪 50 年代的民间贸易转入 60 年代的友好贸易和备忘录贸易，1963 年，中日签订了第一个以延期付款方式进口维尼纶成套设备的合同，打开了西方国家从技术上封锁中国的缺口。1964 年，中法建交，两国政府间贸易迅速发展，带动西欧掀起了开展对华贸易的热潮。从 1962～1968 年，中国从英、法、意、联邦德国先后进口了石油、化工、冶金、电子、精密仪器等技术 80 多项，这对于填补国内空白，提高技术发挥了一定作用。这一时期，同中国建立外交关系的国家由 1960 年的 37 个增加到 1970 年的 56 个；同中国有外贸关系的国家和地区由 1960 年的 118 个增加到 1970 年的 130 个。③

进入 70 年代，对外关系逐渐出现良好势头。1971 年中国恢复联合国合法席位，1972 年中美发表《联合公报》，中日实行邦交正常化。1974 年4 月，联合国召开第六次特别大会，邓小平在会上全面阐述了中国政府对国际经济关系问题的主张，倡导建立国际新秩序。关于国与国之间的政治和经济关系，邓小平重申了中国长期以来坚持的立场：应该建立在互相尊重主权和领土完整、互不侵犯、互不干涉内政、平等互利、和平共处五项

---

① 廖庆薪、廖力平：《现代中国对外贸易概论》，中山大学出版社 2000 年版，第 182 页。
② 《毛泽东文集》第 7 卷，人民出版社 1999 年版，第 41 页。
③ 廖庆薪、廖力平：《现代中国对外贸易概论》，中山大学出版社 2000 年版，第 183 页。

原则的基础上；国际经济事务应该由世界各国共同来管，而不应由少数国家垄断；发展中国家应该参与决定国际贸易、货币、航运等方面的大事。① 在与会国家的共同努力下，第六次特别联大通过了《关于建立新的国际经济秩序的宣言》和《行动纲领》，为建立新的国际经济秩序确立了一系列的原则。在这种思想指导下，中国开始注意发展与西方国家的关系。在进口方面，周恩来主持审定了用 43 亿美元从国外引进一批成套设备和单机方案（后称"四三方案"）。这一方案确定后，又陆续追加了一批项目，达到 51.4 亿美元，但没有全部实现，到 1977 年年底实际对外签约成交 39.6 亿美元。在出口方面，"据美国政府所编制的估计，按离岸价格计算的中国出口价值，已从 1970 年的 20.5 亿美元增至 1975 年的 68.45 亿美元，即在五年期间内增加了 284%，完成了第四个五年计划的指标"。② 可见，中国的出口贸易有了进一步发展，商品数量增加、出口更为多样化、不断进行商品技术改革外，更主要的是 1971～1975 年间与中国建立外交关系的国家增多，对促进中国的出口贸易产生了积极的影响。

第二阶段 对外开放的历史转折期（1978～1991 年）

1978 年，党的十一届三中全会召开，标志着中国经济建设战略思想的重大转变。会议确立了以经济建设为中心，坚持四项基本原则，坚持改革开放，加快社会主义现代化建设的基本路线，自此，对外开放作为一项基本国策被确立起来。会议明确提出，要在自力更生的基础上积极发展与世界各国平等互利的经济合作，要善于利用国内国际"两个市场、两种资源"，从而进行社会主义经济建设。

在我国实施对外开放的历史进程中，1987～1991 年是对外开放基本国策确立和初步实施的阶段。这一时期对外开放政策的实施逐步消除了国内资源短缺的情况，打破了我国长期存在的高度集中的计划经济体制的桎梏，并向世界展示了我国进行经济建设和融入世界经济的决心，树立起中国经济发展的对外窗口。

20 世纪 80 年代后，我国开放战略的总体思路是适应世界经济发展趋势，多层次、立体化、全方位扩大对外开放，广泛参与国际分工，促进中国经济的长期高速发展。在对外开放的初期，我国首先以毗邻港澳的深圳作为经济特区，后来又陆续设立了珠海、汕头、厦门、海南四个经济特

---

① 田进、俞孟嘉：《中国在联合国》，北京世界知识出版社 1999 年版，第 159～160 页。

② 《中国的经济发展出口贸易的作用》，载《经济导报》第 1501～1502 期，1977 年 1 月 1 日。

区，形成对外开放的 4 个 "点"。1984 年，又把对外开放的区域进一步向北延伸，开放大连、天津、上海等 14 个沿海城市，形成由 4 个经济特区和 14 个沿海开放城市组成的对外开放的一条 "线"。1985 年，根据发展外向型经济促进沿海地区经济发展的成功经验，进一步将长江、珠江三角洲和闽南厦门、漳州、泉州三角地区的 59 个市县开辟为沿海经济开放区，使这些地区成为扩展对外经济联系的前沿地带。沿海经济开放区的开辟，标志着我国对外开放的区域由 "线" 到 "面"，是我国扩大对外开放的又一重大举措。至此，在我国东部地区初步形成了由 "经济特区—沿海开放城市—沿海经济开放区" 构成的对外开放新格局。

在这一时期，除继续发展进出口贸易之外，对外技术交流、积极合理地利用外资、发展国际劳务合作、积极发展国际旅游业也成为我国对外开放的重要形式，对我国经济发展做出了积极的贡献。我国更加积极地参与多层次、多形式的国际分工，在参与国际分工中，既通过向发达国家出口一般加工产品来换取先进技术和设备，也向经济发展水平低的国家出口技术含量相对较高、附加价值相对较大的机电产品，并从这些国家进口资源性产品。此外，还参与和我国经济技术水平大体相当国家的分工，使我国多层次的比较优势得以充分发挥。实行替代进口与出口导向相结合的综合战略，根据各地区、各部门、各行业的具体情况，利用二者的转换和代替关系，有机地结合起来，灵活运用，发挥各种战略的综合优势。20 世纪 80 年代后，我国对外贸易实现了历史性飞跃，贸易大国地位已经确立，并且对国民经济发挥着越来越重要的作用。

第三阶段 对外开放的全面加速期（1992～2001 年）

20 世纪 90 年代之后，邓小平同志的南方谈话以及十四大确立了社会主义市场经济体制改革的目标，这标志着中国对外开放进入全面加速时期。浦东新区的开发开放，沿江、沿边和内陆省会城市的陆续开放，使我国逐步形成了沿海、沿边、沿江与内陆相结合的多层次、多渠道、全方位的对外开放的格局。这一时期，我国对外开放全面加速表现在三个方面：一是对外开放的格局由沿海经济特区向内地扩散；二是对外开放的重心由试点向全面制度建设转型；三是对外开放程度大幅提高，外向型经济对国民经济的影响日益显现。

1993 年 11 月，中共中央在《关于建立社会主义市场经济体制若干问题的决定》中提出："要积极参与国际经济合作与竞争，进一步发展开放型经济，运用我国经济的比较优势，提高竞争能力，更好地与国际经济互接互补。"在党中央的统一部署下，我国对外开放迅速发展，内容逐步丰富。我国对外开放的地域已从经济特区和沿海开放城市，逐步扩大到上海浦东新区、沿江沿边城市和广大内陆地区，对外开放的范围从一般加工工业逐步扩大到基础工业、基础设施、高新技术产业和服务贸易领域。1998年2月，在深刻分析国际国内经济竞争形势的基础上，党的十五届二中全会及时提出了"走出去"的开放战略，提出"在积极扩大出口的同时，要有领导有步骤地组织和支持一批有实力有优势的国有企业走出去，到国外主要是到非洲、中亚、中东、中欧、南美等地投资办厂。既要'引进来'、又要'走出去'，这是我们对外开放相互联系、相互促进的两个方面，缺一不可。"①

为了顺应经济全球化潮流、主动参与国际竞争与合作，以江泽民为核心的第三代中央领导集体敏锐洞察国际政治、经济和科技发展的新动向，在权衡利弊的基础上，做出了加快我国加入世贸组织谈判进程的重大决策。中国一方面积极地融入世界经济体系中，另一方面积极推动构建新型国际经济新秩序。在以往的国际经济规则体系下，发展中国家始终处于不利的地位、南北差距进一步拉大，为此，我国强调国际经济秩序的核心是平等互利，共同受益。建立互补、互利，共同发展的新型国际经济关系，要造成自主选择、求同存异的国际和谐局面。

自1993年江泽民同志首次参加APEC领导人非正式会晤以来，中国政府更加积极地参与区域经济一体化的合作，并积极推动亚太地区的合作和贸易自由化，主张贸易投资自由化与经济技术合作并重的方针。在亚洲金融危机中，中国采取积极扩大内需的举措，并继续扩大出口，成功抵御了金融危机，保持了国民经济持续快速的发展。同时，在国际社会上承诺人民币不贬值，协助国际货币基金组织对泰国、韩国、印度、俄罗斯给予资金援助，为缓解亚洲和世界金融危机做出了贡献。

第四阶段　对外开放的纵深拓展期（2002年至今）

2001年12月，我国加入WTO，标志着我国的对外开放战略进入了新的历史时期。加入WTO对于我国而言，意味着将从有限范围和有限领域的对外开放，转变为真正全方位、宽领域、多层次的对外开放；由试点型、政府主导的对外开放转变为以市场经济为本位和法律框架下的对外开放；由单方面为主的自我开放，转变为我国与世贸组织成员之间的相互开

---

① 《十五大以来重要文献选编》上卷，人民出版社2000年版，第208页。

放。同时，我国还将按照"入世"的承诺，逐步建立起符合国际通行规则的涉外经济法律体系和管理体制，在更大范围内和更高程度上参与国际经济合作，进一步融入世界经济主流。

这一时期，为了使对外开放更好地促进国内改革发展，党的十六届三中全会提出了要统筹国内发展和对外开放。随着我国全方位开放日益发展，特别是在我国加入世界贸易组织后的新形势下，我国国内市场和国际市场的联系日益紧密，国内经济和国际经济的互动明显增强。这既给我国经济社会发展带来了难得机遇，也提出了严峻挑战。怎样以更加积极的姿态走向世界，充分利用国际国内两个市场、两种资源，在激烈的国际竞争中掌握主动权，推动我国经济又快又好地发展，始终是关系我国改革发展全局的一个重大问题。对此，我国提出了新型开放观。党的十七大报告在"开放型经济进入新阶段"和"提高开放型经济水平"的基础上提出："应优化开放结构，提高开放质量，完善内外联动、互利共赢、安全高效的开放型经济体系，形成经济全球化下参与国际经济合作和竞争新优势"。新开放观以建设"开放型经济体系"为核心，是对开放型经济思想的具体升华，是开放型经济本身的延伸，从运行机制、利益机制、安全机制等各个层面来看，新型开放观不同于以往的对外开放战略。

在新的历史时期，我国的对外开放面临全新的要求与挑战。习近平总书记指出："我们将实行更加积极主动的开放战略，完善互利共赢、多元平衡、安全高效的开放型经济体系，促进沿海内陆沿边开放优势互补，形成引领国际经济合作和竞争的开放区域，培育带动区域发展的开放高地。"

2013年，习近平总书记提出了"一带一路"的战略构想，标志着我国在世界多极化、经济全球化、文化多元化的新形势下全面推进深化对外开放新格局。"一带一路"战略的提出以"和平发展、合作共赢"为时代主题，是我国同沿线国家共同打造的政治互信、经济融合、文化包容的利益共同体、命运共同体和责任共同体。"一带一路"战略的实施能够有效促进各种经济要素在区域范围内的自由流动，能够提高资源配置效率，加深沿线国家的市场融合度，推动沿线各国在合作共赢的基础上开展更大范围、更高水平、更深层次的区域合作，共同打造开放、包容、均衡、普惠的区域经济合作架构。

二、我国对外开放的基本内容

对于我国而言，对外开放不仅意味着突破政策限制和国家边界，积极主动地与扩大对外经济、技术交往，同时意味着为顺应经济全球化的客观趋势，融合原有的开放部门和非开放部门，更为积极主动地融入经济全球化，甚至是引领全球化的发展。在这样一个演进的历史过程中，我国实施的对外开放战略，是在"摸着石头过河"思想指导下，在不断总结经验的基础上，由点到线、由线到面，东融西接，层层推进的过程。

1. 对外开放的区域

从对外开放的区域来看，我国对外开放战略的实施经历了以经济特区为点，以沿海城市为线，从沿海地区向中部和西部地区推进为面，再到"一带一路"东融西接，横贯东西南北的欧亚海陆空立体商贸通道格局。

1979 年 7 月，中共中央决定首先在广东、福建两省实施"特殊政策"和"灵活措施"，同时决定在深圳、珠海、汕头、厦门四个城市设立经济特区。1987 年，中央批准海南建省，同时海南成为全国最大的对外开放经济特区。经济特区作为对外开放的窗口和纽带，起到了外引内联的作用。在实施对外开放的政策后，经济特区的经济发展保持了高速增长，提供了成功的经验，为进一步的对外开放奠定了坚实基础。因而，在设立经济特区并取得成效的基础上，中共中央进一步扩展了对外开放的区域。1984 年 5 月，国务院宣布开放 14 个沿海城市作为经济开放区，分别是：大连、秦皇岛、天津、烟台、青岛、连云港、南通、上海、宁波、温州、福州、广州、湛江、北海。在这些沿海开放城市中，一些经济基础好的城市还兴办了经济技术开发区，成为最早招商引资的示范区，通过税收等优惠政策，经济技术开放区成为吸引外资、引进技术、发展新兴产业和产品的桥头堡。1985 年 2 月，党中央和国务院又进一步决定开放三个沿海经济开放区，分别是：长江三角洲、珠江三角洲以及闽南的厦门、漳州、泉州三角地带。随后，我国又开放了山东半岛、辽东半岛两个沿海经济开放区。

1990 年 6 月，我国在对外开放的区域布局上又实施了新的举措，分别批准建立了上海浦东新区、外高桥保税工业区、陆家嘴金融贸易区和金桥出口加工区等开放区域。20 世纪 90 年代以来，对外开放的区域开始由线到面推进，在沿海地区对外开放不断发展的基础上，对外开放区域开始向内陆以及延边地区延伸。1992 年邓小平同志南方谈话在深刻总结以往经济建设经验的基础上，对改革开放的一系列重大理论和实践问题做出了重要的指示，坚定了人们进行对外经济交往的信心，在全国范围内掀起了对外开放的热潮，对外开放从此进入了一个崭新的阶段。1992 年 3 月，我国进一步对外开放黑龙江省的黑河市、绥芬河市，吉林省珲春市以及内蒙古自治区满洲里市四个边境城市，发展同俄罗斯及其他东欧国家的经济交往，促进边境地区的安定繁荣。1992 年 6 月，国务院决定进一步对外开放广西壮族自治区的凭祥市和云南省的畹町市、瑞丽县等边境城市（县、镇），边境贸易和对外经济合作。后来又宣布对外开放一些边境、沿海地区省会（首府）、内陆地区省会（首府）城市以及长江沿岸城市。从而形成了以开拓周边国家市场为目标的东北（以俄罗斯、朝鲜、蒙古为主）、西北（以独联体诸国、东欧、巴基斯坦、西亚诸国为对象）、西南（以印度、尼泊尔、泰国、缅甸、老挝、越南、孟加拉诸国为重点）三大边境开放地带，推动了这些原来较封闭的落后地区的经济发展，使原来对外开放的大后方变成对外开放的前沿，这是扩大对外开放的新举措。根据党中央和国务院的战略部署，我国对外开放从试办经济特区开始，已逐步形成了有重点、多层次、从南到北、由东到西的沿海、沿江（长江）、沿线（陇海线、兰新线）、沿边（边境地区）对外开放的总格局。

2013 年，我国提出"一带一路"战略，借助古丝绸之路的历史符号来发展多边、多层次的区域合作和经济、技术、文化往来，意味着我国对外开放政策更为积极主动，并且成为融合政治、经济、文化往来的全方位政策。

2. 对外开放的领域

除了在区域上逐渐推进以外，我国的对外开放战略在开放行业领域上也随着经济改革的不断发展而逐步扩大。在改革开放初期，我国允许外商投资的部门主要有：能源开发、冶金工业、化学工业、建筑材料工业、机械制造、电子计算机、仪器仪表工业、通讯设备制造业、食品医药业、轻纺工业、农牧养殖业、旅游业等。20 世纪 90 年代以后，在原有对外开放格局的基础上，我国进一步调整了外商投资的部门结构。1995 年 6 月，国务院批准公布了《指导外商投资方向暂行规定》，以规范和指导外商投资方向，使外商投资方向适应我国经济和社会发展规划的需要，将外商投资项目分为鼓励、允许、限制和禁止四个方面。其中，鼓励和允许项目包括18 个行业部门，限制项目包括甲乙两类共 25 个行业，禁止项目包括 13 个行业。2002 年 2 月，国务院又进一步颁布实施了《指导外商投资方向规定》。在拓宽开放领域的同时，我国利用外商投资的方式也在不断地更新，大胆尝试了如 BOT 等吸引外商投资的新方式。与此同时，在实体行业不断开放的基础上，我国又逐步对外开放了金融等服务行业。截止到 1996年年底，在华外资金融机构代表处已达 527 家，营业性金融机构 156 家。

其中，正式营业的 140 家外资银行总资产达到 299 亿美元。外国保险公司已达 8 家，国外零售业也开始进入我国市场，先后在北京、上海、广州、大连、天津等城市开办了零售商业。我国还允许外商在大连、上海、广州、深圳等地保税区内成立中外合资或外商独资公司，从事转口贸易。机场建设外资比例可达 48%。

中国加入 WTO 之后，按照协议我国将全面削减关税，进一步开放以下领域：农产品市场；零售市场，放开更多分销及售后服务领域；专业服务领域，包括会计、法律、医疗等；影音产品市场；开放汽车业，分阶段消减汽车关税税率；开放电讯业；开放银行业及证券业。

第三节　对外开放与经济安全

随着经济全球化步伐的加快，世界各国尤其是发展中国家在融入世界经济的过程中，普遍面临着维护国家经济安全、捍卫国家经济利益的重大问题。我国在实施对外开放政策以来，不断积极地参与到国际经济交往中去，在取得巨大成就的同时，也面临着国际政治经济秩序日益复杂化的严峻形势，因而经济安全问题以及经济发展与经济安全如何平衡的问题成为国家以及社会各界关注的焦点。

一、国家经济安全的内涵与国家经济安全观的历史演变

1. 国家经济安全的内涵

国家经济安全，究其本质可以看作是在规避风险的条件下实现对外开放的最高效益。因而，在开放条件下，一国能否有效实现对本国经济的管理，国家经济命脉是否会被外国资本所控制，国民经济的持续增长和发展是否会中断，国民经济作为整体能否有效抵御来自外部的冲击，尤其是如何防范长期积累的国民财富免遭大量流失的问题都是国家经济安全的重要含义。

作为一个整体概念，国家经济安全是指国家的根本经济利益不受国内外因素破坏和干扰，国家经济持续健康发展的态势。它首先是指一种状态，即国家经济利益的获取受到保护，国家经济的发展不受威胁和破坏，稳定、均衡、持续发展，国家主权不受分割的一种经济状态；其次，国家

经济安全是指一种能力，即在经济全球化时代，国家经济发展所依赖的资源的稳定获取的能力，国家经济抵抗国内外政治、经济和军事变动的冲击的能力，国家经济抵御经济入侵和防范经济危机的能力；最后，国家经济安全是一个目标，是国家在发展经济的过程中，不断发挥和扩大自身优势，增加安全因素，减少不安全因素，在动态发展中保证本国经济安全这样一个目标。20世纪90年代以来，国家经济安全成为各国安全的核心与基础，国家经济安全主要包括金融安全、贸易安全、产业安全与市场、战略资源安全和经济信息安全等方面。其中，金融安全是经济安全的核心，经济信息安全是经济安全的基础环节，产业与市场安全、战略资源安全是经济安全的基本内容。

在经济全球化加速发展的背景下，国家经济安全涉及的是国家的根本经济利益，因此是具有根本性的国家安全。在各国经济相互融合、经济交往日益密切的国际环境下，国家经济安全不单单是自身安全的问题，它与国际经济、政治紧密相连，是国际经济安全大系统中的一个子系统。因此，国家经济安全具有整体性。同时，区域经济一体化发展促使区域性经济集团的形成，区域内的国际合作日益频繁，经济安全成为影响国际合作的重要因素。因而，当前，经济安全是各国制定国家安全战略的基本依据。

2. 国家经济安全观的历史演变

经济安全问题的提出与国家安全观的历史演变密切相关。国家安全概念的内涵和外延在不同的历史时期包涵了不同的内容，体现了历史演变的路径。国家安全的核心内容是要确保主权国家动态中的对内最高权和对外独立权。在全球化浪潮之前，国家安全集中体现在国家的军事安全。随后，国家安全观从原来比较单一的"守土卫边"的生存目标，扩展到以国家利益为核心的综合"利益安全"观，国家安全内涵向包含经济、政治、军事、生态、文化、信息等的"综合安全"范畴转变。早期的国家安全主要是指领土或主权安全，以后逐渐多元化，外延也不断扩大，形成现代意义上复杂而严密的国家安全体系：包括国家政治安全、国家军事安全、国家经济安全、国家文化安全和社会安全等等。新科技革命之后，传统的国家安全观发生了重大改变，国家安全的基点由军事转向经济。在新科技条件下，过去那种仅仅靠军事力量定胜负、以军事力量保国家安全的观念已经时过境迁。当今世界已进入了以科技为主导的综合国力竞争的新时代，谁掌握了高科技，谁就能迅速发展经济、增强综合国力，国家安全就有保障；反之，如果跟不上新科技革命，经济搞不上去，在综合国力竞争中就会失败。

对于国家经济安全的认识，在传统的国家安全理论中，经济安全只是靠政治和军事来维护。在冷战时期，国家经济安全问题被美苏两个超级大国的政治军事上的全球性对抗所掩盖。经济安全缺少独立意义和明确的论证，一般仅是国家政治军事安全的附属。① 冷战结束后，随着国际局势的变化，人们认识到经济发展是国家安全最终的依托和基础，军事、政治因素已经不再是国家安全的唯一核心内容。而经济全球化进程的加速则成为国家经济安全突出的直接原因。

作为一种态势和历史进程，经济全球化以市场化为基础和条件，并进一步促使市场成为各种经济行为、包括维护经济安全行为的基本手段。在全球市场化过程中，交易各方的得失都必须在国际范围内进行权衡，因此主权国家的经济利益和经济安全问题就成为任何政府都必须加以关注的重要课题。在全球化过程中，各种不确定因素日益增多，经济安全的态势和格局经常发生戏剧性变化。在经济繁荣的背后时常隐藏着众多的不安全因素。可见，在经济全球化不断加快的背景下，一国的经济安全具有明显的动态性特点。由经济全球化引发的经济安全问题的日益复杂以及分布的不均衡需要各国从具体国情出发深入思考经济全球化引发的经济安全效应。特别是 20 世纪 90 年代以来，在信息技术和金融自由化浪潮的推动下，国际资本在全球的流动范围大大扩张，呈现出金融全球化的发展趋势。随着全球金融市场一体化程度的日益深化，金融资本的国际运动成为当代世界经济最突出的表现。在国际金融领域爆发了几次大的影响范围广、程度深的金融危机，例如：1992 年欧洲货币危机、1994 年墨西哥金融危机和1997 年亚洲金融危机。由此，国际社会倍加关注经济安全。

二、对外开放对我国经济安全的影响

经济全球化使经济活动的各个环节、经济系统的各个要素都纳入了相互融通而又相互制约的世界经济网络中，任一参数的变异，就可能波及一个国家乃至许多国家。因而，对于一国而言，经济开放程度越高，系统性

---

① Buzan, B. People, state and fear: The National Security Problem in International Relations Hemel Hempstead: Harvester Wheat sheaf, 1991。

风险越高。我国在实施全方位的对外开放政策以来，同样面临着开放型经济带来的对国家经济安全的影响，主要包括以下几个方面：

1. 金融安全问题

金融安全是指一国能够抵御内外冲击，保持金融秩序和金融体系正常运行与发展的状态，以及维持这种状态的能力和对这种状态与维持能力的信心，包括在这种状态和能力下所获得的政治、金融制度和体系的安全、金融财富的安全、金融机构的安全、金融发展的安全以及对整体经济和政治安全起决定性作用的金融运行的安全等。金融安全与金融发展是内在统一的，促进金融发展的金融财富形成了与金融安全的内在统一性，保持金融安全可以为金融发展提供良好的条件，同时金融发展本身是金融安全的重要组成部分。[①]

金融可谓是现代经济的核心，金融安全也就成为国家经济安全的核心和基本内容。[②] 金融安全的核心意义在于规避金融风险，主要目的在于防范金融危机。金融风险是指经济主体在从事资金融通活动中遭受损失的可能性。20 世纪 80 年代以来，随着全球经济虚拟化程度的加深，世界范围内的金融创新活动空前活跃，新的金融工具、金融产品不断出现，技术日益复杂，知识越来越专门化，国际游资和虚拟资本急剧扩张，加之现代化信息传播手段的迅速发展，使金融风险有了更大的不确定性、更强的扩散性，从而具有更大的破坏性。因此，一国国内金融风险防范与金融危机应对正成为当代世界各国经济工作的核心问题。作为经济安全的重要组成部分，金融安全对我国来说是十分严峻的问题。金融业的全球化将会导致财富在全球的重新分配。财富在全球重新分配的杠杆之一是国际短期资本对货币汇率、股市波动的投机活动，这种短期资本的流动对金融体系不健全但开放程度较高国家的经济可能造成严重冲击。

此外，国际货币体系的缺陷使国家金融安全问题十分突出。现行的国际货币制度本质上是一种旨在稳定和促进国际贸易投资关系的货币制度，而不是一种适应金融全球化高度发展的货币与金融制度。汇率与国际收支的压力更多来自于迅速膨胀的各种金融市场，因此现行国际货币制度及其组织的功能定位与金融全球化的现状是不相称的。在当今各国相互依存日渐加深的开放世界里，一国发生的经济变动会在很大程度上迅速影响到其

---

① 陈松林：《中国金融安全问题研究》，中国金融出版社 2003 年版。

② 张幼文：《国家经济安全问题的性质与特点》，载《国际商务研究》1999 年第 4 期，第
1~8 页。

他国家，金融市场是这种传递渠道之一。金融全球化大大增强了国际经济的传递机制，金融系统不仅可能将一国的经济变动全面地向外传递，而且传递的速度更快。

2. 产业安全问题

当前，产业安全成为国家经济安全的基本内容之一。国家产业安全主要是指在对外开放的条件下，一国产业各部门能够保持均衡协调发展，整体上能够保持国际竞争力，能够保障国内产业在国内及国际市场上的利益与可持续发展不受威胁的状态和能力，是指不至于因种种原因而导致一国产业受他国企业在较大程度上控制的现象。[①]

随着对外开放的深入发展，我国经济与世界经济的关联度、融合度越来越高，维护产业安全成为摆在我们面前的一个重要课题。对于全面对外开放的经济体，外商投资的过程中可能会利用其资本、技术、管理和营销等方面的优势，通过合资、直接收购等方式控制国内产业，甚至控制某些重要产业，由此对国家经济安全构成威胁。跨国公司进入东道国会导致产业集中度的提高，若不能有效防止跨国公司垄断东道国的产业，则东道国将面临国家产业安全。近年来，外资并购在一些基础行业领域不断拓展，如装备制造业、机械、原材料、食品等，同时对银行业、高科技产业等的投资并购不断加速。在微电机、小汽车、计算机、程控交换机、光纤电缆、洗涤用品、医药等行业，跨国公司目前已实际上取得垄断或控制地位。在新经济条件下，全球分工体系和世界经济格局正在发生深刻变化。世界各国尤其是发达国家纷纷把发展新材料、新能源、信息科技、低碳环保、生物医药等产业作为新一轮产业发展的重点。这对我国产业安全提出了巨大挑战。

3. 信息安全问题

经济信息安全是国家经济安全体系的重要组成部分，是指经济信息的私密性和可靠性问题，即特定的信息只能让特定的法人或自然人知晓，而不能让不该知道的人知道（信息的私密性），应该知晓某些经济信息的人，一定要令其及时、完备地获得相应的经济信息。[②]

在信息时代，信息对于经济的发展和经济安全起着举足轻重的作

---

① 唐广：《试论外商投资目前存在的问题及对策》，载《商业研究》2004年第13期，第90～91页。

② 黄志澄：《经济全球化进程中的经济信息安全》，载《电子展望与决策》2000年第6期，第5～11页。

用。冷战结束以后，世界主要国家的情报部门把工作重点从获取政治、军事情报转向猎取经济、金融和科技情报，如大宗出口合同谈判、新技术发明等。因此，美、英、法情报部门都开始着重加强经济情报收集能力。激烈的国际情报战关系到各国能否有效保护自己的国内外市场，能否较快地发展经济，能否维护自己的科技发明所应产生的经济效益等。因而，信息的私密性成为国家信息安全的重要方面。与此同时，随着信息技术的普及和信息网络化的发展，网络信息系统已成为一个国家寻求发展的基础设施，信息共享越来越被强调，而不是单纯的信息保密和被动地保护。在信息化进程中，国家的经济安全越来越依赖于信息化基础设施的安全程度。如果信息技术掌握在主权国家手中，国民经济赖以生存和发展的重要信息系统能够正常运转，并具有抵御来自系统内部的入侵、破坏和潜在威胁的能力，就说明该国的信息系统处于安全状态。反之，就是信息不安全。

4. 战略资源安全问题

战略资源是指在当前国民经济生活中有举足轻重作用的，对未来发展和发展目标的实现具有重要影响的稀缺资源，主要包括：粮食、石油、煤炭、钢铁、水资源和稀有金属等，是国家经济实力的主要组成因素。[①] 战略资源安全是指一国可以稳定而可靠地获得所需要的各种自然资源的一种状态，以满足国家生存、经济与社会的发展正常需求的资源供应保障的连续性和稳定性。在战略资源安全中，能源安全有着特别重要的地位。由于作为能源主体的非可再生资源面临枯竭的可能，因而工业化程度高和经济发达的国家面临着严重的对外部能源供应的依赖性。关键性能源供应的可持续性成为国民经济体系运行的重要基础，是国家经济安全的基本要素之一。[②]

在我国的战略资源中，石油具有十分重要的地位。随着20世纪80年代以来改革开放的进行，中国经济持续高速增长，人口基数不断增大。这种持续性的高经济增长速度和庞大的人口基数对石油提出了巨大的需求，使中国成为世界石油消费增长最快的国家。而我国的油气资源一直处于供不应求的地位。[③] 虽然，随着世界经济结构的调整和全球有效利用能源

①　张文元：《经济全球化对我国国防经济安全的挑战与维护对策》，载《东南大学学报》（哲学社会版）2003年第3期，第16～20页。

②　陈波：《论战略资源与国家安全》，载《中国军事科学》2005年第18（1）期，第7～15页。

③　周凤起、周大地：《中国中长期能源战略》，中国计划出版社1991年版。

能力的加强，油价波动对全球经济的影响呈减弱的趋势。但油价波动对国家能源安全的影响仍然是深远的，所以能源安全依然严重影响着国家经济安全。

三、应对经济安全问题的策略

党的十八大报告指出"适应经济全球化新形势，必须实行更加积极主动的开放战略，完善互利共赢、多元平衡、安全高效的开放型经济体系。提高抵御国际经济风险能力。"可见，当前我国的国家安全以经济安全为基础，在新的形势下有效维护国家经济安全，需要正确地选择和实行经济安全战略及对策，以确保国家经济系统的正常运行和发展，有力地维护并拓展自身的经济利益，确保我国经济社会的可持续发展和综合国力的持续提升。

1. 坚持和完善公有经济为主体、多种经济共同发展的基本经济制度

要有效地维护本国的经济安全，首先需要稳固国内经济，保持平稳的经济增长和健康的经济发展态势。对于我国而言，首要的就是要完善我国的基本经济制度，夯实国家经济运行的基础。公有制为主体、多种所有制经济共同发展是我国的基本经济制度，也是中国特色社会主义制度的重要支柱，社会主义社会的基本性质和发展方向。党的十八届三中全会强调：必须毫不动摇巩固和发展公有制经济，坚持公有制主体地位，发挥国有经济主导作用，不断增强国有经济活力、控制力、影响力。这对于牢牢掌握关系国计民生的经济命脉以及维护国家经济安全具有重要意义。

在公有制经济中，国有企业在国家经济安全中扮演着重要的角色，是国家利益的守护者、社会责任的肩负者、经济调控的执行者以及社会财富的创造者。国有企业是推进国家现代化、保障人民共同利益的重要力量。经过多年改革，国有企业总体上已经同市场经济相融合。但同时也积累了一些问题、存在一些弊端，需要进一步推进改革。

应在以下几个方面进一步深化：首先，应推动国有企业进一步完善现代企业制度、提高经营效率、合理承担社会责任、更好发挥作用。在国有资本继续控股经营的自然垄断行业，实行以政企分开、政资分开、特许经营、政府监管为主要内容的改革。健全协调运转、有效制衡的公司法人治理结构，建立职业经理人制度，更好发挥企业家作用，建立长效激励约束

机制，强化国有企业经营投资责任追究，探索推进国有企业财务预算等重大信息公开。其次，要合理增加国有企业市场化选聘比例，合理确定并严格规范国有企业管理人员薪酬水平、职务待遇、职务消费、业务消费。再次，要完善国有资产管理体制。以管资本为主加强国有资产监管，改革国有资本授权经营体制；国有资本投资运营要服务于国家战略目标，更多投向关系国家安全、国民经济命脉的重要行业和关键领域，重点提供公共服务、发展重要前瞻性战略性产业、保护生态环境、支持科技进步、保障国家安全；划转部分国有资本充实社会保障基金；提高国有资本收益上缴公共财政比例，更多用于保障和改善民生。

2. 加强对外商投资的监管与引导

外商投资在资金、技术、管理经验等各方面对我国经济建设和发展都产生了一定的积极作用。但随着我国经济技术的发展和 FDI 在我国的企业规模和形式的发展变化，外资对我国经济安全的威胁也愈益增强。改革开放以来，FDI 在我国一般采取中外合资、中外合作、外商独资三种形式。20 世纪初，外商独资在三种形式中已达 50.2%，至 2002 年上升到 69%，成为我国 FDI 的主要形式。同时，2002 年后，FDI 企业还进一步朝着并购的方向发展，并且并购数量和规模不断扩大，并购的对象通常是行业内优质的骨干企业或龙头企业，从而有可能控制整个行业。例如，我国的日用化工、饮料、啤酒、葡萄酒、家电、感光材料、机械、电池、医药、超市零售等行业几乎都被外商控股。国务院发展研究中心 2006 年 7 月发表的一份研究报告指出，在中国已开放的产业中，每个产业排名前五位的企业都由外资控制，在全国 28 个主要产业中，外资对 21 个产业拥有控制权。对我国来说却意味着构成更大的经济安全的威胁。

对此，应该在以下几个方面引导、管理外商投资：首先，应逐步完善外商投资市场准入制度，探索外商投资准入前国民待遇加负面清单管理模式。在做好风险评估的基础上，分层次、有重点放开服务业领域外资准入限制，创造民营企业与外资企业公平竞争的环境。其次，创新利用外资的方式，优化利用外资的结构，使外资能够与我国经济发展相适应。发挥外资在创新、产业升级、区域协调发展等方面的积极作用。最后，完善外商投资监管体系。建立外商投资信息报告制度和外商投资信息公示平台，充分发挥企业信用信息公示系统的平台作用，形成各政府部门信息共享、协同监管、社会公众参与监督的外商投资全程监管体系，提升外商投资监管的科学性、规范性和透明度。

3. 规避金融风险，提高金融安全，建立现代金融体系

金融全球化的迅猛发展，使世界各国的金融市场紧密联系，国际资本流动速度和规模也不断提高，金融市场更加复杂，控制金融风险的难度更大，随着我国金融开放程度不断扩大，金融自由化的步伐不断加快，防范金融风险和稳定金融秩序，防范金融动荡和金融危机成为维护金融安全，进而维护国家经济安全的重要任务。

首先应建立和完善金融法律法规体系。根据金融市场的开放现状、国际金融监管趋势的情况，进一步修改、完善现有的法律框架。完善的金融法律法规体系将为我国金融的改革开放及健康、稳定运行奠定良好的法律基础。其次，借鉴国际金融监管经验，建立灵敏高效的内部风险控制机制，提升金融机构的内部风险防范和控制水平。主要包括构建金融风险评估指标体系，强化、加大银行处理不良资产的力度，建立符合国际金融标准的财务制度、信息披露制度和资产标准，提高金融机构的资金准备率等，以防范和化解潜在的金融风险和威胁。最后，要增强金融信息安全。提高金融信息安全风险防范意识，建设完备的信息安全风险感知体系，加快建立安全运维管理服务体系。加强安全防范技术的自主开发，增强金融领域网络安全保障能力。

4. 优化产业结构，转变经济发展方式

只有加快转变经济发展方式，促进产业结构优化升级，构建合理的产业结构体系，才能为我国产业安全奠定稳固的基础。为此，应完善现代产业体系，加快推进传统产业技术改造，加快发展战略性新兴产业，加快发展现代服务业，促进三次产业在更高水平上协同发展。大力实施创新驱动发展战略，全面提升产业技术水平和国际竞争力。提高利用外资综合优势和总体效益，推动引资、引技、引智有机结合。加快走出去步伐，增强企业国际化经营能力。

在对外开放中增强主动性是必然要求。对外开放必须以维护我国经济安全为底线。因此，相关产业的对外开放必须适时适度，与改革进程和要求相适应。应坚持循序渐进、逐步开放，坚持积极稳妥、以我为主，把握好产业开放的步骤和程度，为我国产业的改革发展和竞争力提升服务。在积极主动扩大对外开放的同时，增强民族产业持续发展能力，确保民族产业在我国经济社会发展中的主导地位，推动民族企业积极参与国际分工。

　　构建产业安全指标体系是基础性工作。维护产业安全，要求准确衡量产业安全状况，查找问题，及时提出预警。因此，应构建我国产业安全综合评价指标体系、产业安全评估和预警体系、与国际法律接轨的产业安全法律体系、维护产业安全的管理体系等，加强监测预警，提高维护产业安全行为的科学性、系统性、规范性和有效性。

第十二章

社会主义市场经济
条件下的政府干预

当前，中国经济发展到了一个新的历史阶段，一些深层次的体制问题开始阻碍经济的持续稳定发展。我国社会主义市场经济体制改革的核心问题是要处理好政府和市场的关系，在今后一段时期内，必须更加尊重市场规律，更好发挥政府作用。

第一节　政府干预与政府失灵

在现代市场经济体系中，市场调节与政府干预、自由竞争与宏观调控是紧密相连、相互交织、缺一不可的重要组成部分。因为市场机制的完全有效性只有在严格的假说条件下才成立，而政府干预的完美无缺同样也仅仅与"理想的政府"相联系。也就是说，市场调节与政府干预都不是万能的，都有内在的缺陷和失灵、失败的客观可能，关键是寻求经济及社会发展市场机制与政府调控的最佳结合点，使得政府干预在纠正市场失灵的同时，避免和克服政府失灵，这对我国社会主义市场经济体制的建立和完善，无疑具有重大的理论意义和实践意义。①

一、政府干预经济的含义及历史沿革

"政府干预"一词，人们从目标、手段、深度、广度和程度等方面，赋予其不同的含义。大体有以下三种：一是政府干预旨在于弥补"市场失

---

① 金太军：《市场失灵、政府失灵与政府干预》，载《福建省委党校学报》2002 年第 5 期。

灵"，促进经济活动的效率、公平与稳定。二是从最广泛的定义上，政府干预包含了政府对契约自由的一切干预，亦即政府干预在很大程度上等同于为重新分配利益和好处而修正法律规定的调节政策。三是政府干预即是通过经济计划和采取财政金融等手段，对经济生活进行必要而合理的调节或管理，相对于市场机制这只"看不见的手"，政府干预被称为"看得见的手"。从18世纪亚当·斯密揭示"自由市场"这只"看不见的手"到20世纪30年代凯恩斯主义国家干预理论的诞生，从20世纪60~70年代货币学派和供给学派的"市场自发论"再到此后新的国家干预理论的兴起，对于政府对经济的干预功能的认识，经历了一个循环往复的过程。现在，"国家干预和市场机制同样重要"已经成为理论界和实务界的共识，政府要管好该管的，不该管的，要由市场去引导去调节。

（一）政府干预经济的含义

政府是行使国家职能，对社会实施有效管理，维护社会正常秩序的不可或缺的工具。政府对经济运行的干预就是政府借助各种可以借助的媒介（工具、载体、手段、方式、方法等）作用于经济运行的活动，以实现对经济运行过程的直接或间接的影响。政府拥有法定的强制权力，可以动用超经济的强制力量，作用于经济运行的整个过程。正是由于这一特殊属性，政府可以起到经济运行个体无法替代的特殊作用。因为经济运行的个体都是游戏中的角色，而政府的身份之一则是游戏活动的裁判员或控制者。假定前提是政府可以公平、公正、公开地对待每一个游戏角色，可以平衡各种利益关系，经济运行就会因此而进行良性发展。另外，政府手中握有经济运行所需各种资源是政府干预经济运行的必要条件，政府的资源可以是宏观的政策资源，也可以是具体的物质资源。政府可以利用这种资源的投放偏好对经济运行进行干预。政府对经济运行的干预按照不同的标准划分为以下不同干预形式：

1. 按干预的领域可以分为理念干预和实践干预

政府干预经济的领域包括思想领域和社会实践领域。理念干预主要通过主流思想观念的打造、培养、传播和影响去干预人们的思维方法和角度；政府通过借助于操作层面的各种诸如产业政策、财政政策、货币政策等政策手段，去改变经济运行的条件和环境，以改变经济运行的态势，来实现实践干预。

2. 按干预的方式可以分为直接干预和间接干预

政府直接改变经济运行中的运行要素相关参数，通过要素参数的直接调整而改变经济运行的结果就是直接干预，具有强制性特点；干预者承认微观经济主体自主经营和市场机制作用，不改变经济运行要素的直接参数，而是作用于相关的影响因素，运用经济手段和市场参数调节，间接地改变经济运行的直接要素参数而改变经济运行的结果，就是间接干预。

3. 按干预的手段可分为政策干预、制度干预和直接操作性干预

干预手段是指政府干预经济运行的主要途径。政策干预是指通过制定统一的国家政策来影响各级政府行政决策和行政行为，以影响经济的运行。这种政策的制定有些时候是执政党对政府提出的要求，表现为执政党的意图；制度干预是政府对某些经济活动通过制定规则的办法来干预和影响经济运行；直接操作性干预是政府直接向经济运行的活动过程注入各种物质性资源，来达到干预经济运行的目的。

4. 按照干预的阶段可分为源头干预、过程干预、评价验收干预

干预阶段是政府在对经济运行过程的不同流程中对经济运行实施的干预。源头干预就是政府的干预是处在经济运行要素的输入端，对各经济运行的要素进行筛选控制住要素的准入条件；过程干预主要是在经济运行的过程中，政府监督经济运行要素发生作用的效果，以便于及时调整；评价验收干预是政府对经济运行的阶段性成果进行总结结论性的评估和表态，以利于下一阶段工作的方向明确以及成功与失败的认定，做出奖励与惩罚。

5. 按照干预范围大小可分为普遍干预和个别干预

干预范围主要是哪些项目可以进入到干预的范畴里来。普遍干预就是事情没有例外，所有的事情都在被干预的范围之内；个别干预就是干预者只对个别的项及成功与失败的认定，做出奖励与惩罚。[①]

（二）政府干预经济的历史沿革

从 15 世纪资本主义经济的萌芽到现代资本主义市场经济的发展过程来看，政府和市场是推动经济发展的两大基石。政府和市场在经济发展中的作用，以及相互之间的关系问题，一直是资本主义经济建立以来各时代的经济学家们思考和争论的焦点。各个经济学家们根据自己所处的时代背景和现实情况，提出了不同的理论，体现出明显的时代特点。有关政府干

---

① 张春雨：《中国社会主义市场经济条件下政府干预经济运行的探讨》，吉林大学行政学院博士学位论文，2009 年。

预经济的理论发展大致可以划分为五个阶段：

第一阶段：从 15 世纪开始至 17 世纪的重商主义时期。从严格意义来说，此阶段还没有形成真正意义上的政府职能基本理论，但是重商主义已经开始重视政府在经济社会生活中的职能问题，提出了借助政府的力量建立新型的市场秩序和开辟世界市场的主张。

第二阶段：从 18 世纪开始至 20 世纪 20 年代的古典自由主义时期。亚当·斯密等古典自由主义经济学家论证了市场机制的优越性，反对任何形式的政府干预。提出"守夜人"政府的观点，主张放任自由的经济政策，政府职能仅限于为国民的自由、财产、人身等提供保障。

第三阶段：从 20 世纪 30 年代至 50 年代的凯恩斯主义。凯恩斯主义经济学家分析了市场机制的缺陷，指出市场不是万能的，而是存在着各种"市场失灵"的现象。政府有必要对经济进行全面干预，通过相应的政策，实现社会经济目标。

第四阶段：从 20 世纪 60 年代至 80 年代的新自由主义。该理论认为，当前西方政府遭遇的"滞胀"是由政府的过度干预政策所导致，政府在干预经济的过程中必然存在缺乏竞争、效率低下等一系列"政府失灵"的问题。因此，主张限制政府干预经济，政府职能旨在为经济的运行创造一个良好的环境，充分发挥市场机制的作用。

第五阶段：20 世纪 90 年代以来至今的现代主流经济学。面对 20 世纪 80 年代末和 90 年代初西方发达国家先后出现经济停滞增长和失业的问题，出现了现代主流经济学的新综合。现代主流经济学的核心思想，就是强调政府要合理干预经济，他们认为处理政府与市场的关系，不在于政府是否要干预经济，而是在于政府如何干预经济。[①]

1. 重商主义的原始国家干预

15 世纪末，西欧社会进入封建社会的瓦解时期，资本主义生产关系开始萌芽和成长，商业和商业资本迅速发展；同时期，新大陆和新航线的发现，促使西欧各国开始向外殖民，并对殖民地展开掠夺，从而开辟了一个世界性的市场。世界市场为商业资本的活动开辟了广阔的场所，对外贸易的迅速膨胀。由于这一时期处于资本主义原始积累时期，是市场经济发展的早期，市场机制尚不完善；商业资本作为新兴势力，力量还很薄弱，

---

① 董颖华、刘武根：《国内外政府职能基本理论研究综述》，载《江西师范大学学报》2007年第 3 期。

尚不足以对抗国内和国外各种阻碍其发展的力量，商业资本家十分需要有强大的国家政权做后盾：一方面对内打破封建割据对商品流通的束缚，促进国内统一市场的建立；另一方面为了夺取海外商业霸权，打击国外竞争者，争夺殖民地和世界市场。重商主义就是在这种历史背景下发展起来的，反映商业资本利益要求的经济思想和政策体系。

重商主义认为，金银货币是财富的唯一形态，一切经济活动的目的都是为了获取金银；货币财富来源于流通领域，商业是致富之源；利润是从流通中产生，但国内流通只是让渡利润，只有将商品输往国外换回金银，才能增加国家的财富；国家的繁荣依赖于货币财富的多寡。强大的政府力量是发展经济和聚集财富的重要条件。因此，重商主义者界定的政府职能主要有：（1）政府调节货币运动，禁止货币输出。（2）政府实行贸易保护主义政策。（3）政府积极发展工场手工业，特别是发展有出口能力的产品和产业。（4）政府大力发展航海业，扩大殖民地，等等。① 重商主义所倡导的"原始国家干预"，很快被各国政府所采纳。西欧各国政府通过制定相关政策和法规，全面控制和干预经济，使商业资本空前活跃，推动了市场经济的建立和发展，加速了从封建社会向资本主义社会的过渡。

2. 古典自由主义的自由放任经济

随着西欧各国经济的发展，市场也不断地完善和成熟，逐渐形成了强大的自我调节功能。市场机制在经济生活中的优点得到充分显现，政府过渡干预的弊端也日益显现。为了摆脱原始国家干预对自由市场发展的束缚，实现经济自由竞争的市场经济。经济自由主义思想家们对重商主义提出了批判，古典自由主义经济理论应运而生。它的主要思想是自由竞争和市场机制的自动调节，批判和否定原始的政府干预，并提出了"守夜人"的政府职能理论。

1776 年亚当·斯密发表了《国富论》，是自由主义经济理论的开端。亚当·斯密从"经济人"的假定出发，论证了市场机制的优越性。所谓"经济人"就是从事经济活动并追求个人利益的最大化的理性人。斯密认为，在市场机制的条件下，"看不见的手"使得每个人在追求自己最大利益的同时，无意中促成了社会公共利益的最大化。"由于每一个人力图尽可能地使用它的资本去支持本国的劳动，并指引劳动产品具有最大的价值，所以他必然是在力图使全社会的年收入尽可能大。诚然，一般说来，

---

① 尹伯成：《西方经济学说史：从市场经济视角的考察》，复旦大学出版社 2005 年版。

他无意去促进公共利益，也不知道自己在多大程度上促进公共利益。他宁愿支持本国而不支持外国劳动，只是为了自己的安全；他指引这种劳动产品使它具有最大的价值，也只是为了自己的利得；在这种场合，也像在许多其他场合一样，他被一直看不见的手引导着，去达到一个他无意追求的目的。虽然这并不是他有意要达到的目的，可是对于社会来说并非不好。他追求自己的利益，常常能促进社会的利益，比有意这样去做更加有效。"①

因此，政府过度干预只会损害经济增长。自由竞争，自由贸易的市场机制才是实现社会财富增长的最有效的途径。市场能调动人们的积极性和主动性，促进经济发展，实现社会利益。政府最好的经济政策就是实行"自由放任"，给经济"完全自由"亚当·斯密认为政府的职能是有限制的，且只有三项职能：（1）保护国家安全，使其不受其他独立社会的暴行和侵犯。（2）设立严格公正的司法行政机构，保护人民，使社会中任何人免受其他人的侵犯和压迫。（3）建设和维护某些公共工程和公共事业。斯密认为，超过上述范围的政府干预是有害的，"管制的结果，国家的劳动由较有利的用途改到较不利的用途。其年产物的交换价值，不但没有顺应立法者的意志增加起来，而且一定会减少下去"。②

3. 凯恩斯主义时期的全面政府干预

自 1825 年资本主义世界爆发第一次经济危机后，经济危机就像"瘟疫"，每隔数年便发生一次。1929 年，资本主义世界爆发了有史以来最严重，波及范围最广的经济危机，使整个西方资本主义世界陷入瘫痪的境地。大危机的爆发打破了自由市场机制的自动调节能达到供求均衡的神话，使人们开始重新认识政府与市场的关系。

1933 年 3 月罗斯福就任美国总统。就任后，他推行了一系列社会经济政策来克服经济危机，其核心内容就是国家对经济的全面干预。主要包括三个方面的内容：（1）货币金融方面：改革银行制度，制定有关银行的法律，加强了对会员银行的管理；制定证券交易法，加强证券监管，保护投资者的利益；实施币值改革，即颁布禁止黄金出口的禁令，放弃金本位。（2）生产方面：政府对工业品产量、价格等进行调节；补贴农业，提高农产品价格，增加农民收入。（3）解决失业问题，缓和劳资对立：举办公共

---

①②　［英］亚当·斯密：《国富论》下卷，杨敬年译，陕西人民出版社 2001 年版，第 500 ~ 503 页。

工程，增加就业；建立社会保障体制；加强工会组织。罗斯福新政通过国家对经济的大规模干预与调节，使美国渡过了经济危机。

1936 年凯恩斯发表了《就业、利息和货币通论》，标志着凯恩斯主义经济学的诞生。凯恩斯认为，由于存在"三大基本心理规律"，既引起消费需求不足，又引起投资需求不足，使得总需求小于总供给，形成"有效需求不足"，导致了生产过剩的经济危机和失业，这是无法通过市场机制调节的。因此，政府有必要对市场经济进行干预，以校正市场机制的缺陷。政府的职能在于：通过扩张性财政政策，增加政府支出，刺激有效需求，以消除失业；通过税收来鼓励投资；通过货币政策，利用利息率的升降来控制货币供应，间接地影响私人投资和消费。

20 世纪 50 年代，凯恩斯主义的追随者萨缪尔森等人在融合了新古典经济学和凯恩斯主义经济学，形成了新古典综合派的理论体系。新古典综合派的核心思想是凯恩斯主义的"需求管理"来干预经济，即政府积极采用财政政策、货币政策和收入政策，对社会总需求进行实时和适度的调节，以保证经济的稳定增长。需求管理的对象主要有投资、储蓄、消费、政府支出、税收、进口和出口等经济变量。政府通过各种经济政策来设法直接或间接地影响这些经济变量的变化，是社会经济的总产量或总收入符合政府的意图。政府实行需求管理的主要目标有：充分就业、价格稳定、经济增长和国际收支平衡等。

凯恩斯主义虽然也强调政府干预和调节经济，但与重商主义完全不同。重商主义强调政府干预经济，限制经济自由发展，甚至否定市场机制的作用，把经济完全纳入政府的掌控之下。凯恩斯主义强调政府干预，并不是否定市场，而是认为市场机制有不完善的地方，需要通过政府的干预来弥补市场的缺陷，从而使市场机制更好地发挥作用。

4. 新自由主义时期的限制政府干预

（1）英美等国政府干预经济的相关理论。1973 年 10 月，中东战争爆发，导致石油价格暴涨。石油价格的上涨使得西方发达国家的经济在供给和需求两个方面受到巨大冲击，一方面增加了企业的生产成本，另一方面使居民实际收入下降，需求减少。结果西方发达国家经济增长停滞，物价水平不断上涨，失业人口增加，出现了经济停滞和通货膨胀并存的滞胀危机。

根据凯恩斯主义的理论，这种现象是不可能发生的。因为当经济增长缓慢时，不但不存在通货膨胀，而且价格水平还可能下降；只有经济增长较快时，才会出现通货膨胀的现象。这一结论显然不符合现实的情况。而且根据凯恩斯主义的政策主张：当出现失业问题时，政府可以采用扩张的财政和货币政策来拉动需求，增加就业；当出现通货膨胀时，政府可以采用紧缩的财政和货币政策抑制需求，消除通货膨胀。当经济中失业和通胀同时出现时，凯恩斯主义的政策主张便陷入两难的境地，若使用扩张性的政策增加就业，就会推动通货膨胀继续上涨；而当使用紧缩性的政策抑制通货膨胀，又会使失业继续增加。

因此，不能有效地解决通胀危机动摇了凯恩斯主义理论的主流地位，倡导经济自由主义、反对凯恩斯政府干预主义呼声日益高涨。于是以弗里德曼为代表的"现代货币主义"，以阿瑟·拉弗等为代表的"供给学派"，以卢卡斯、萨金特和巴罗等为代表的"理性预期学派"等新自由主义流派的思想逐渐燃起。

新自由主义的核心思想就是限制国家干预，他们从"政府失灵"的角度出发，否定了凯恩斯主义的政策，再次论证了自由市场机制在经济发展中的地位和作用。所谓政府失灵，就是指政府在干预经济的过程中所采取的立法、行政、经济等手段，在实施过程中往往会出现与预期目标相违背的结果和问题，从而导致政府干预经济的低效率和社会福利损失。

在新自由主义看来，政府在经济中的作用就是当好"新守夜人"，政府职能主要有以下几点：第一，保护社会，使它不受外敌侵犯。第二，建立司法机关，制定自由社会的公民在进行经济和社会活动时应遵循的规则，以保护社会上的个人不受其他人的侵害或压迫。第三，建立并维持某些私人无力进行或不愿进行的公共事业和公共设施，但这项作用的目的在于维护和加强社会，而不是破坏它。第四，保护那些被认为不能保护自己的社会成员。

（2）德国弗莱堡学派的政府职能理论和实践。自 18 世纪下半叶到 20 世纪初，亚当·斯密等古典经济学家提倡的放任自由的经济自由主义在西方主要国家处于主流地位，但此时相对落后的德国是个例外，以发展工业为目标，以保护制度为手段的国家干预思想，即历史学派一直处于统治地位。

弗莱堡学派产生于 19 世纪 30 年代，是第二次世界大战后联邦德国流行新自由主义流派。弗莱堡学派继承了古典经济学自由主义的传统，但并不赞同完全的自由放任；主张政府对经济的有效管理和有限干预，但也反对凯恩斯主义的需求管理政策。他们力图在自由放任和政府干预之间寻找"第三条道路"，提出"社会市场经济"的体制模式，并认为这是一种既非资本主义，又非社会主义的特定形式的经济体制。弗莱堡学派的代表人物缪勒·阿尔马克在《经济管理和市场经济》一书中提出，"社会市场经济是依据市场经济规律进行的，以社会补充和社会保障为特征的经济制度"，"可以理解为一种秩序政策的思想"，"目的在于在经济竞争的基础上将自由的积极性同恰恰由于市场经济成就而得到的保障的社会进步连接在一起"。①

弗莱堡学派反对自由放任主义，主张国家干预，但是国家的作用不是干预私人企业的自由竞争，而是组织形成一种能使每个人都可以在其中发挥其积极作用的"竞争秩序"。竞争是国家保障下的自由竞争，干预是以完善自由竞争为目的的有限干预。弗莱堡学派提出的有限干预是针对凯恩斯主义而言的，所谓有限的干预，是指国家不应该直接干预私人企业的经营，国家干预的范围仅限于维护自由竞争的秩序。

5. 现代主流经济学合理干预

20 世纪 70 年代末，英、美等一些发达国家的政府都采用了新自由主义的政策，逐步解决了由于实行凯恩斯主义政策而带来的滞胀问题，但却加剧了经济衰退，失业人口剧增。英美等西方国家都陆续从滞胀状态转入了低通胀和低增长的时代。新自由主义陷入了危机，新凯恩斯主义重新登上历史舞台。新凯恩斯主义经济学在批判地继承凯恩斯主义经济学理论的基础上，融合了现代货币主义，理性预期等学说，同时新自由主义也不断地批判和吸收凯恩斯主义的思想。两者的思想互相融合，出现了现代主流经济学的综合。

现代主流经济学的核心思想就是强调政府要合理干预经济。凯恩斯主义指出了市场失灵的存在，为政府干预经济奠定了理论基础，西方各国的实践也证明了政府干预经济的必要性。新自由主义又指出政府干预经济时存在着"政府失灵"的现象，政府干预经济的过程中往往会出现与预期目标相违背的结果和问题，导致政府干预经济的低效率和社会福利损失。

因此，政府与市场的关系问题，关键不在于政府是否要干预经济，而是在于政府怎样干预经济。现代主流经济学认为，政府要合理干预经济：一方面政府必须在发挥市场机制作用的基础上从事各项活动。政府干预经

---

①　荣裕民：《西德社会市场经济的运行特征》，载《经济社会体制比较》1985 年第 2 期。

济时建立在尊重市场、发挥市场作用的基础上。凡是市场能够解决的问题就让市场解决，市场解决不好，或者无力解决的问题才由政府解决。另一方面政府要合理干预意味着政府干预的程度要与自身能力相适应，干预的目标和手段要与本国国情相适应，对于超出政府能力范围的，可以由社会组织承担。现代主流经济学认为，政府和市场并不能解决所有的问题，对于那些即使市场失灵，又是政府失灵的领域，就应该由社会组织承担。

合理干预的政府职能主要是以下几个：（1）政府主要提供公共产品和社会服务。政府除承担国防和教育外，在提供交通基础设施、道路、航空、港口等方面也负有主要责任。（2）政府不直接承担生产责任的领域，必须通过监管影响私人生产。（3）在消费方面，政府要通过消费引导生产，已达到供需平衡。政府主要的职能是政府对收入再分配，或者是政府直接购买物品和服务等。（4）政府要维护物价稳定。由于政府掌握着货币发行权，政府可以比较容易地通过变动货币供应量等各种货币手段来稳定物价，一旦出现通货膨胀，就会造成很多严重的后果。

从重商主义开始发展到今天，在资本主义经济发展的整个过程中，尤其20世纪以来，政府干预经济和经济自由两大思潮的分歧和争论从未停止过。政府和市场的关系问题，对政府职能的界定，各个经济学理论学派还会继续争论下去，还会有新理论诞生；但不管学者们怎样争论，也不管各国政府采用哪个学派的观点和理论，现代市场经济不可能回到放任自由经济的时代，政府再也不可能是远离经济生活的"守夜人"。政府的影响已深深地植根于我们的经济生活当中。

二、政府失灵及其表现

自从20世纪中叶学者们开始运用现代经济学理论知识对政府失灵展开深入分析以来，无论是政治学家、经济学家还是社会学家对这个问题的研究兴趣丝毫未减，从不同角度对政府失灵进行了探讨。[①]

（一）政府失灵的内涵

在20世纪30年代大危机和凯恩斯主义出现之前，市场经济制度促使

---

① 李岩：《政府失灵及其矫正机制的经济学分析》，济南大学经济学院硕士学位论文，2013年。

社会经济实现了前所未有的巨大发展，因而在社会各界普遍造就了"市场万能"的幻觉，而"市场失灵"则正是针对"市场万能"而提出的旨在描述市场缺陷的经济理论。在 20 世纪 70 年代的"滞胀"现象出现之前，因为第二次世界大战后的"凯恩斯繁荣"，人们也普遍具有"政府万能"的错误幻觉，而"政府失灵"则正是针对"政府万能"而提出的旨在描述政府缺陷的经济理论。政府失灵，又称政府失效或政府失败。保罗·萨缪尔森和查尔斯·沃尔夫对政府失灵概念的论述所作的解释是经常被引用也是影响力最大的。保罗·萨缪尔森认为"当政府政策或集体运行所采取的手段不能改善经济效率或道德上可接受的收入分配时，政府失灵便产生了"。① 查尔斯·沃尔夫认为，由政府组织的内在缺陷及政府供给与需要的特点所决定的政府活动的高成本、低效率和分配不公平，就是政府失灵。② 尽管学者们对政府失灵基本内涵的理解不完全一致，但是无一例外地都认为当政府在克服市场失灵时由于行为不当而引起政策效果高成本、低效率甚至负效率时，政府失灵便会出现。政府失灵是指政府干预经济不当，未能有效克服市场失灵，却阻碍和限制了市场功能的正常发挥，从而导致经济关系扭曲，市场缺陷和混乱加重，以致社会资源最优配置难以实现。

（二）政府失灵的表现

政府干预的主要优点是协调，包括不同产业部门的协调、社会经济关系的协调、短期目标与长期目标的协调、总量平衡与结构平衡的协调。依靠市场机制来解决协调、社会公平、长期发展等问题是比较困难的。但是政府干预的负面效应也是明显的，如果运用不当，就会降低经济效率，付出沉重代价，出现政府失灵。主要表现在如下几个方面：

1. 政府行为低效率甚至负效率

在当今中国经济与世界经济深度融合的时代背景下，市场经济的影响范围和影响深度比历史上任何时期都更加广泛。市场机制是资源配置的基础性力量，然而由于市场配置资源客观上存在着不足，仅仅靠"看不见的手"去配置资源是不够的，市场缺陷必须靠政府这只"看得见的手"去

---

① ［美］保罗·A·萨缪尔森，威廉·D·诺德豪斯：《经济学》（下），萧琛译，中国发展出版社 1992 年版，第 643 页。

② ［美］查尔斯·沃尔夫：《市场或政府：权衡两种不完善的选择》，谢旭译，中国发展出版社 1994 年版，第 51～71 页。

弥补，才能共同促进经济全面发展。但是在现实中，当市场出现缺陷而急需政府进行干预时，政府并不能完美合理地履行职能，有可能造成政府行为低效率。政府行为低效率是指政府在弥补市场失灵而选择对经济进行干预时，由于政策制定与执行滞后，以及由于成本消耗较高而收益较低所造成的行为效率过低现象。这种政府失灵现象的突出特征是政府干预不仅没有完全弥补市场失灵，反而却事与愿违地产生了新的负外部性，或者干预消耗了大量成本而其效果远远低于预期，致使资源没有得到充分利用而产生浪费。人们通过纳税从而以税金形式"购买"政府提供的公共产品或服务，期望的是政府像具备高度竞争力的企业那样提供物美价廉的"商品"，然而，现实情况中却不尽如此。从获取公众对公共物品或服务的需求信息到制定相应的政策，再到"生产"所需的公共物品或服务，以至最终将公共物品或服务投入使用，在这一过程中政府工作流程的各个环节需要高度协调一致，稍加不慎就会造成长时间的工作滞后，从而使人们难以及时获取相应的公共服务。虽然政府最终能够满足公众的公共需求，但是也耗费了巨大的成本代价，使得资源使用效率较低。比如当市场中出现不正当竞争时，政府应当及时出台有效措施，打压不良经济行为，确保市场有序运行。要想正确履行职能，政府需要搜集市场信息，然后根据所得信息制定相应对策，才能开始采取实际行动对市场纠错。但在这一过程中，由于处于信息不对称的劣势，政府可能搜集到的相关信息不够全面、及时，造成应对措施不够合理，从而使得政策效果大打折扣。即便政府制定出了合理可行的政策，也有可能因为政策执行力度不够，不正当竞争波及范围较广而使得部分市场变得有序，而另一部分市场则仍然无序竞争。市场情况通常是错综复杂而又变化多端，政府在对市场进行干预时可能面临多种不利因素，加之决策目标可能相互冲突，政策手段相互牵制甚至矛盾导致大量资源被耗费，行为效果却较低，甚至收益低于成本。在政府提供公共服务的过程中，个别追求私利的官员也可能为追求轻松的工作环境，而不会全力完成工作，花费更多的资金或时间而没有提供质量更好的服务，更有甚者会好大喜功，过于追求"政绩"而造成公共产品供给过剩，致使大量财政支出被浪费，造成政府失灵。

2. 政府盲目干预市场

要想释放现代市场经济体系的巨大活力，就应当充分发挥市场配置资源的决定性作用，政府对经济运行的干预行为必须受到严格约束。虽然市场在资源配置过程中存有不足，但是部分缺陷可以通过市场机制调整而得以自我修复，而不需要政府过度干预。在经济发展中，政府有时会不择时机地直接对市场运行进行干预，不充当市场经济的裁判员或掌舵者，而是选择亲自去比赛或划桨。不仅没有使市场运转更加协调有序，反而破坏了市场机制的正常运行，造成资源配置失效。最具代表性的例子便是价格管制。垄断是市场失灵的重要表现，垄断会妨碍自由竞争，导致市场效率的降低。为了发挥市场机制的调节功能，必须要反垄断。政府对付垄断的一个常用办法就是控制垄断价格，迫使垄断者的定价等于其边际成本。然而，垄断企业的平均成本一般会随着产量的增加而下降，在这种条件下，生产的边际成本要小于平均成本，因此，规定价格等于边际成本将不会给垄断企业带来足够的收益以弥补总成本。因此，垄断企业增产反而会造成利润损失，于是企业便会采取减产的方式以应对，这样一来，供给就会减少。所以，一旦垄断行业被置于政府的控制之下，政府可以规定具有经济效率的价格，生产具有经济效率的产品数量。但是，由此造成的利润损失不得不由财政补贴或减税来弥补。[①] 不仅如此，政府还可能会直接参与到个别领域的生产之中，与私人企业争夺市场份额，导致政府行为更加偏离正常职能。与普通企业不同，由于政府掌握了巨大的权力，一旦直接介入某一领域从事市场行为，通常会形成行政垄断。在正常运行的经济市场中，个别具有垄断性的企业尚且会降低消费者效用水平，导致社会福利极大损失，而由政府所造成的垄断损失通常会更加难以估量。

3. 政府公共政策失灵

政府对经济进行干预需要通过制定和执行公共政策来完成。但公共政策的制定与执行过程十分复杂，面临着众多不利因素。在现代主流经济学中，个人利益通常用个人效用函数来表示，通过对相关事物进行优劣排序来反映个人的偏好与需求，而公共利益用社会福利函数来表示，通过公众对各种事物及相关公共安排等进行偏好排序来反映社会效用。政府决策的主要目的便是提高社会福利水平，追求公共利益最大化。但是社会福利函数是否真正存在？肯尼斯·阿罗的"阿罗不可能定理"早已表明将个人不同偏好结合转化为集体偏好会十分困难。在现代社会中，几乎各个国家或地区都采用投票方式来选取领导者或政府官员。但是阿罗证明随着候选人和选民的增加，投票选举程序民主并不一定给人们带来实质民主。这也就说明人们所选出的领导者并不一定能够符合大部分人的意愿。而由这样的

---

① 　杨瑞龙：《社会主义经济理论》，中国人民大学出版社 2008 年版，第 298 页。

官员构成的政府所制定及执行的公共政策也未必符合人们的共同利益。詹姆斯·布坎南也曾指出政府在进行公共决策时并不存在根据公共利益来选择的过程，而只存在各种特殊利益之间的"缔约"过程。[①] 即便假设政府能够代表公共利益进行公共决策，其所制定的政策也未必能够全面提高社会福利水平。政府对经济进行调控的政策往往能够在短期内收获成效，但是不一定利于经济的长期发展。当经济发展态势萎靡不振时，政府通常会选择扩大流通中的货币供应量来刺激经济增长。这会在短期之内促进就业，增加国民收入。倘若政府一直坚持增加货币供应量而不适时调整政策，长此以往将引起物价持续上升，造成通货膨胀，危害经济健康发展。由于难以全面而又准确掌握不同地区的相关经济信息，政府在进行宏观经济调控时，很难根据不同地区的具体经济形势制定出针对性政策，常常导致政策效果不够理想。由于政府决策深深影响着群众生活的每个方面，一旦政府制定的政策出现偏误或不利于经济长期增长时，将会极大危害经济的健康发展。并且，相较于市场缺陷造成的危害，政府宏观调控政策失误造成的不利影响更加难以抑制与消除。

4. 政府权力膨胀，规模扩大

现代经济的发展已经证明，高效运转的市场经济体系不需要也不欢迎政府权力和规模的过度膨胀。政府权力和规模膨胀意味着政府调控在资源配置中所占比例越来越多，而市场这只"看不见的手"发挥作用的空间则变得狭小，市场机制作用的发挥受到了极大抑制。同时，为追求个人权力扩大、官职升迁和轻松的工作环境，具有利己主义倾向的政府官员会想方设法扩大本部门规模和增加本部门公职人员数量，从而使得政府行政机构与行政人员不断膨胀，最终导致政府运转效率降低。政府规模大小可以通过政府支出占国内生产总值的比例来近似刻画。第二次世界大战以后，各国政府支出有稳中上升趋势，美国、日本、英国、法国、俄罗斯、韩国、中国、印度、南非等 11 个世界主要国家的一般政府最终消费支出占 GDP 百分比平均值由 1990 年的约 18.86% 上升到了 2011 年的约 20.44%，这从一个侧面说明政府规模在不断膨胀。

5. 设租、寻租及腐败

政府在干预市场时，倘若不按照法律法规办事，则常常因为拥有权力

---

① James M. Buchanan. A Contractarian Paradigm for Appling Economics Theory. The American Economic Review, 1975, 65（2）: 225－230.

资源而获得利益。设租、寻租及腐败现象的出现正是政府滥用权力的结果。当逐利的经济人意识到与其在激烈的市场竞争中争取利润，不如通过拉拢政府关系获得他人不具有或少有的权力创造利润时，就会转而依靠各种政治上的或经济上的、合法的或非法的、正常的或不正常的手段来获取租金，如疏通、游说、拉关系、走后门甚至行贿等。为获得政府所给予的特权，寻租者经常消耗大量时间与精力，使用礼品等财物向政府官员拉拢关系，不仅付出大量的时间成本、精神成本、财务成本和物质成本，还影响了政府官员正常工作。一旦具有机会主义倾向的官员经受不住利益的诱惑时就会以权谋私。可以说，寻租行为不仅破坏了市场竞争秩序，还导致政府履行职能失灵，造成社会福利严重损失。在缺乏有效约束和监督的情况下，以权谋私的政府官员为获取巨大利益，甚至可能主动设租、创租，从而导致资源配置更加低效。

第二节　政府干预经济的政策目标与手段

政府干预本身具有市场调节机制所不具备的优势，其主要优点是协调，包括不同产业部门的协调、社会经济关系的协调、短期目标和长期目标的协调、总量平衡与结构平衡的协调。依靠市场来解决以上问题是比较困难的。但政府干预的负面效应也是很明显的，如果运用不当，就会降低经济效率。需要合理确定政府干预经济的政策目标与手段。

一、政府干预经济的政策目标

美国经济学家阿罗认为，经济政策的基本目标可以归纳为经济稳定化、资源配置高效化和分配公平化三种。人们公认效率、增长、公正是经济政策的基本目标。[①] 政府干预经济的政策目标一般包括促进经济稳定健康增长、抑制通货膨胀、增加就业、保持国际收支平衡，通过政策的实施保持社会经济的平稳发展、资源的合理利用，以及公众福祉的提高。

---

① 杨瑞龙：《社会主义经济理论》，中国人民大学出版社 2008 年版，第 306～307 页。

（一）保持经济稳定健康增长

经济增长是指本时期的国民总产出相对于上一个时期的总产出所增加的百分比，是衡量宏观经济运行的重要经济变量之一。经济增长是反映一国某个时期经济发展水平的动态指标，也是反映一个国家经济是否具有活力的重要指标。冷战期间美国由于受到苏联经济高速增长的挑战，20世纪60年代初肯尼迪政府即开始将经济增长列为国家宏观经济调控的一项重要目标。多数经济学家认为，只要一国的国民总产出的增长速度稳定地超过了该国的人口增长速度，即出现"转折点"（Turning Point）时，该国就有可能从发展中国家转变成发达国家。因此，国民经济的持续稳定增长成为各国政府所追求的主要政策目标之一，我国政府干预经济的政策目标也是如此。①

保持经济稳定健康增长的关键在于保持经济增长的协调性、经济增长的有效性、经济增长的持续性、经济增长的稳定性和经济增长的分享性。其中，经济增长的协调性表现为经济增长结构的合理程度，包括产业结构、需求结构等等，经济增长质量本身要求经济结构趋于优化升级。在一个经济体中，经济结构越合理，就越有利于资源的有效配置、降低国民经济的中间消耗，进而提高经济增长效率；而相反当经济结构失衡时，低效率的投入增加、资源配置效率低下，将会抑制经济增长效率。经济增长的有效性体现在经济增长的效率上，即各种生产要素转化为产出的效率，其中全要素生产率是经济增长有效性的集中反映。全要素生产率的提高可以改善资源利用的效率、降低经济增长的成本，从而提高经济增长效率，新经济增长理论也认为一国或地区经济的长期持续增长依赖于其全要素生产率的提高。经济增长的持续性表现为资源和生态环境维持经济长期增长的能力，可看作是从成本的角度来反映经济增长的质量，经济增长的过程伴随着对资源的开发利用以及生产带来的废弃物的排放。尤其以依靠大量要素投入为主要特征的粗放型经济增长模式在很大程度上造成了对资源的过度开发和利用，低效率的生产也给生态环境施加了极大的压力，环境的恶化降低了居民的福利水平，这进一步削弱了经济增长质量。由于资源是稀缺的，生态环境的承载能力也是有限的，因此，为了提高经济增长的持续性进而提高经济增长质量，需要转变经济增长方式，把经济增长从过去主

---

① 林平忠：《宏观经济政策目标与股市调控策略实证研究》，厦门大学博士学位论文，2003年。

要依赖大量要素投入和以环境破坏为代价转变为依靠技术进步、提高资源利用效率和保护环境上来。经济增长的稳定性意指经济增长没有出现剧烈和频繁的波动，经济增长在一个较长的时期内保持平稳的态势。如果经济增长过程中不稳定的因素增加，经济增长的运行机制和秩序就会受到不利影响，资源配置的效率下降，也可能引发经济增长的结构出现失衡，其结果将是经济增长效率低下进而阻碍经济增长质量的提高。此外，经济增长不稳定性的增强也往往意味着商品价格、产出水平或就业水平的波动性增强，这将对居民的福利水平造成不利的冲击。经济增长的分享性是指经济增长提高居民的福利水平以及经济增长成果的分配状况。经济增长的目的就是要不断提高人们的收入水平、改善健康状况并最终提升居民的福利水平，如果经济体只在数量上实现了增长而居民不能享有经济增长的成果，那么这样的经济增长是低质量的。此外，如果经济增长成果只集中在少数一部分人手中，即收入分配状况存在严重不平等，那么这种经济增长的质量也是低下的，收入分配不平等一方面会直接抑制消费需求，另一方面还会进一步导致享受教育和医疗服务机会的不平等，不利于社会整体人力资本水平的提高，进而阻碍了经济实现高效率的增长。而经济增长成果分配状况的改善可以提高消费需求和人力资本水平、优化经济增长的结构，有助于实现经济增长质量的提高。①

（二）抑制通货膨胀

简单讲，所谓通货膨胀是指在一定时期内，商品和生产要素价格总水平持续不断上涨。② 通货膨胀可以分为低通货膨胀、奔腾通货膨胀、恶性通货膨胀。虽然有经济学家认为较低的通胀率有利于经济的增长，但是控制在较低范围内的通货膨胀率仍然是很困难的，因此较高的通货膨胀率始终困扰着政府和民众。因为通货膨胀的危害对人们的生产、生活的危害是最为直观的，也正因为此而被人们视为经济生活中的头号公敌。凯恩斯曾指出，再没有什么比通过摧毁一国的货币来摧毁一个社会的基础更容易的事情了。通货膨胀对收入和财富的分配是有一定影响的，这种影响往往随机地作用于各个社会成员，在有利于某一社会集团的同时有损于另一社会集团。这种收入和财富分配效应往往会对社会造成伤害，造成社会分配不

---

① 毛其淋：《二重经济开放与中国经济增长质量的演进》，载《经济科学》2012 年第 2 期。
② ［美］萨缪尔森：《经济学》，萧琛译，商务印书馆 2013 年版，第 127 页。

公现象，激化社会矛盾，从而影响经济社会发展的基础，所以是政府和民众都不愿意看到的，因此降低通货膨胀率，将有利于减少收入分配效应的副作用。[①]

（三）增加就业

就业是民生之本，是民众改善生活的基本前提和基本途径。剖析就业的内涵可知，就业具有私人产品的属性，与个人的物质与精神生活密切相关。就业机会的获得意味着劳动报酬的获得，促进物质基础的积累；进而，个人的自尊、人生理想、自我价值的实现等都能在一定程度上获得满足。同时，就业还具有公共品的属性。就业是劳动力资源与生产资源有机结合的过程，就业的过程反应劳动力资源的使用情况。就业是一国经济发展的基础，是经济增长的重要源泉；就业良好，能够促进经济增长，而经济增长同时又推动消费水平以及消费需求提升，加速推动就业。[②] 增加就业是政府干预经济的主要目标，国家的和谐健康稳定发展，离不开劳动者的安居乐业。良好的就业，是经济稳定、健康发展的必要前提，是实现社会和谐与公平的重要保障。在市场经济环境下，市场对资源配置起决定性作用，根据市场的供求机制和价格机制形成劳动力供求的双向选择机制。这一机制有利于劳动力的合理配置、使用和流动，有着较高的灵活性和流动性，有利于开拓就业空间。但是，在就业市场上，市场存在失灵，由于价格机制的盲目性和滞后性，市场波动较大，劳动力资源流动存在盲目性，劳动力资源出现不合理的配置，就业出现波动，因此需要更好地发挥政府的作用，政府利用财政税收等工具主要在"市场失灵"的领域发挥作用，进一步完善劳动力市场，促进资源的最优配置。

（四）保持国际收支平衡

国际收支是一个国家在一定时期，从国外收进的全部货币资金和向国外支付的全部货币资金之间的对比关系。收支相等称为国际收支平衡，否则为不平衡。收入总额大于支出总额称为国际收支顺差，或称国际收支盈余；支出总额大于收入总额称为国际收支逆差，或称国际收支赤字。逆差表示对外负债，一般要用外汇或黄金偿付。在现实中，国际收支差额刚好

---

①　尹燕海：《物价稳定与中国货币政策框架构建问题研究》，东北财经大学博士学位论文，2009年。

②　王经绫：《论中国增长的就业效应》，财政部财政科学研究所博士学位论文，2014年。

为零的情况比较少见，只要略大于零或略小于零，即略有顺差或略有逆差即可。因此，实现国际收支"基本平衡"是一个更为现实的选择。① 国际收支是一国国内经济状况的对外反映，国际收支失衡是国内经济和对外经济失衡的综合结果。根据国际收支调节吸收分析法，在内需不足、总供给大于总需求的情况下，实行经济快速增长、扩大就业，就会表现为大量的贸易顺差并伴随资金净流入，持续大量顺差和资金流动性过剩就将促进国内通货膨胀，最终要在无通胀下充分就业和持续快速稳定的经济增长就有困难。另一方面，根据国际收支平衡的结构理论，国际收支失衡也可能是国内经济结构失衡、单一、老化、落后等引起从而影响外部失衡，需要改善经济结构才能改善国际收支状况，通过改变生产结构和产品性质，由此增加出口增长率、减少进口收入弹性，才能在促进经济增长同时又能实现国际收支平衡。同时，如果一国的外部均衡难以实现，反过来也会影响内部均衡的目标。尤其是在出现金融危机时，国际商品市场和金融市场失衡、剧烈动荡，会通过贸易、投资影响国内经济均衡和国际收支平衡。②

二、政府干预经济的政策手段

所谓政府干预经济的手段，是指政府为了确保经济稳定健康增长、抵制通货膨胀、增加就业、保持国际收支平衡这四项政策目标的实现而采取的方法手段。政府干预经济可采取的手段很多，大致可划分为经济手段、行政手段、法制手段三种。

（一）经济手段

所谓经济手段，是指政府尊重和运用供求机制、价格机制、竞争机制、决定机制等市场规律，对国民经济进行调节和控制的手段。经济手段作为政府干预经济的主要手段，具有预见性、自觉性、针对性、灵活性的特征，对于提高经济发展质量和效益，解决经济运行中出现的突出矛盾和问题具有不可替代的作用。这些经济手段主要有财政政策手段、货币政策手段、产业政策手段。

---

① 阎霞：《保持国际收支平衡是宏观调控的重要目标》，载《思想政治课教育》2007 年第 4 期。

② 余旭：《我国宏观经济政策措施对国际收支平衡的影响分析》，载《金融发展研究》2013 年第 6 期。

1. 财政政策手段

财政政策是非常重要的宏观经济调控手段，在调节居民收入分配、保持经济总量平衡以及促进经济结构优化等方面具有重要的作用。总体而言，财政政策影响社会总需求的方式非常直接，财政扩张刺激总需求，财政紧缩则降低总需求。[①] 财政政策通过影响社会总需求，进而影响社会总供求关系，同时通过财政收支直接或间接影响劳动、资本、土地、自然资源等生产要素的分配以及生产结构的状态。主要的财政政策包括国家预算、税收、国债、财政支出等。

第一，国家预算。国家预算是国家基本的财政收支计划，是基本的国家财政政策手段。在现代市场经济中，政府预算制度是现代财政制度的核心，它在一国的政治经济中居于重要地位，集中体现了一国政府在社会、经济、政治等各个领域的公共政策；是政府依法进行筹资、分配和管理财政资金以及进行宏观调控的重要工具，是规范、约束和监督政府行为的一种根本方法，同时，也是推进国家政治民主化、决策科学化的重要途径，是政治民主制度在经济领域的体现。[②] 国家预算包括预算收入和预算支出。预算收入大于预算支出，即为预算盈余；预算支出大于预算收入即为预算赤字；预算收入等于预算支出即为预算平衡。当出现社会总需求小于社会总供给时，可以通过赤字预算政策来扩大社会总需求，刺激生产和消费。而当社会总需求大于社会总供给时，可以通过实行预算盈余消减社会需求总量。[③]

第二，税收。税收是国家为了满足一般的社会共同需要，按事先预定的标准，对社会剩余产品进行的强制、无偿的分配。[④] 税收是国家参与国民收入再分配的重要手段，也是国家财政收入的一个重要来源。国家通过税种、税率、征税环节、税收结构来影响资源的配置和利益的分配：调节生产和流通，促进国民经济按比例协调发展；调节企业的盈利水平，促进企业改善经营管理；调节市场供求关系，保证物价基本稳定；调节国民收入分配，正确处理国家、集体、个人三者之间的关系；调节进出口贸易关

①　王立勇、刘文革：《财政政策非线性效应及其解释》，载《经济研究》2009 年第 7 期。

②　许金柜：《我国政府预算制度的历史演进与改革模式研究》，福建师范大学博士学位论文，2014 年。

③　卫兴华、张宇：《社会主义经济理论》，高等教育出版社 2007 年版，第 237 页。

④　侯梦蟾：《税收经济学导论》，中国财政经济出版社 1991 年版，第 3 页。

系，促进对外贸易的发展。①

第三，国债。国债即国家的负债，分为内债和外债。政府负债对一国经济和居民福利都有着重要的影响，而且内债和外债对经济和福利影响也是不同的。国内债务对居民来说是一种投资行为，而对政府来说是一种资本配置行为。政府债务规模和私人资本利用是相互联系和制约的。国内负债的经济意义就在于调节国内需求的合理规模以实现经济的健康发展，因此，政府在借债时，需要衡量借债所对市场需求和供给产生的影响；外债是政府对国外居民或政府形成的债务债权关系。外债进入一国是因为存在着投资收益或者投机收益，这对该国的经济具体影响虽然不同，但是都增加了该国的资本量。外债被政府用于财政支出，同内债一样，是社会总需求的一部分。但是，外债却比内债面临着更多和更大的风险，包括汇率风险、国际经济、金融和政治局势动荡等风险的影响。所以，借入外债需更加谨慎。但是高负债率不代表债务规模对经济发展和居民福利提高都有积极作用，尤其是持续的积极作用。同时，国债需要偿还，会增加偿还政府和国民的负担，而且负债率越高，政府和国民所需要承担的负担就越重。②

第四，财政支出。财政支出是指市场经济条件下为满足社会共同需要而进行的支出，是一种相对于私人支出而为满足社会共同需要所进行的社会资源配置活动。通俗地说，就是举公众之财办公众之事，通过办公众之事化解公共风险，以此实现政府在资源配置、收入分配和经济稳定方面的职能。③ 根据财政支出有无相等的代价为标准，财政支出可以划分为消耗性支出和转移性支出两类。所谓消耗性支出也称为购买性支出，是政府用税收收入购进并消耗商品和劳务过程中所产生的支出。具体包括政府购买进行日常政务活动所需的商品和劳务的支出，也包括用于进行国家投资所需的商品和劳务的支出，如政府各部门的行政管理费支出、各项事业的经费支出、政府各部门的投资拨款等。这些支出项目的目的和用途虽然有所不同，但都有一个共同点，即都是由财政一手付出资金，另一手相应地获得了商品和劳务，履行国家的各项职能。在这些支出的安排中，政府同其他经济主体一样，从事等价交换的活动。购买性支出反映了政府部门要运用一部分社会经济资源；这必然排斥了个人与一般经济组织对这部分社会经济资源的购买和享用。因此，购买性支出的规模、方向和结构，对社会

①　王军旗：《社会主义市场经济理论与实践》，中国人民大学出版社 2013 年版，第 270 页。

②　王玉强：《中国国债规模的研究》，哈尔滨工业大学硕士学位论文，2013 年。

③　李永友：《我国财政支出结构演进及其效率》，载《经济学（季刊）》2010 年第 1 期。

的生产和就业具有直接的重要影响；所谓转移性支出直接表现为资金无偿的、单方面的转移，主要包括政府部门用于补贴、债务利息、失业救济金、养老保险等方面的支出。转移性支出并不反映政府部门占用社会经济资源的要求，相反，转移只是在社会成员之间的资源再分配，政府部门只充当中介人的角色。因此，转移性支出对社会公平分配具有重要影响和作用。[①]

2. 货币政策手段

货币政策是一国中央银行或货币当局为实现一定的宏观经济目标而对货币供应量或利率等进行调节和控制所采取的指导方针及其相应的政策措施。通过货币政策进行金融宏观调控，实现政府管理货币稳定和金融制度稳健运行的目的。货币政策目标的实现要通过货币政策工具，可分为直接工具和间接工具。利率管制、贷款限额等手段直接限制货币的价格（利率）或数量（信贷量），与中介指标间具有直接的对应关系，被认为是货币政策的直接工具；传统的和一般性的政策工具是中央银行经常使用而且能对经济运行产生影响的，指的是再贴现率、法定存款准备金率和公开市场业务。由于它们与货币政策的中介指标之间不存在直接的对应关系，而是通过政策影响市场交易，间接达到中介指标，一般认为是属于间接的货币政策工具。

第一，法定存款准备金。法定存款准备金是中央银行货币政策工具的纽带，因为准备金率决定金融机构的超额储备水平，而超额储备水平代表金融市场的流动性状况。该政策工具针对市场流动性进行调节：流动性偏紧时，中央银行可向市场注入储备资金以提高流动性；而流动性偏松时，中央银行则吸收储备资金，引起流动性的紧缩。法定准备金工具的优势在于对市场影响速度快、效果直接并且不存在偏袒，较适于在紧急情况下使用。它的劣势则是缺乏灵活性，并且对市场冲击过大。正因为如此，存款准备金制度被认为是最猛烈的货币政策工具。

第二，再贴现业务。再贴现工具实际是泛指中央银行对商业银行等金融机构的再贴现和各种贷款工具。一般包括再贴现率的调整和规定向中央银行申请再贴现或贷款的资格。再贴现利率调整比较灵活，着眼于短期，在成熟市场经济条件下，中央银行可以随时根据市场的资金供求状况调整

①　郭明：《财政支出规模及结构与中国经济增长关系研究》，东北财经大学硕士学位论文，2007 年。

利率的高低，通过影响商业银行的行为，来调节市场上的资金供求。也就是说，中央银行需要通过商业银行间接达到调节市场资金供求的目的。而规定再贴现的票据以及有关贷款种类和申请机构，着眼于长期，可以起到抑制或扶持的作用，改变资金的流向。由于再贴现利率不同程度地与市场利率有关，一些国家的中央银行经常使用公开市场业务调节利率，调整再贴现只是象征中央银行的意愿，主要起"告示效应"。

第三，公开市场业务。在成熟市场经济条件下，公开市场业务是最重要的货币政策工具，因为它是利率和基础货币变动的主要决定因素，而基础货币是货币供给波动的主要原因。公开市场购买证券，增加了存款准备金和基础货币，增加货币供给，降低短期利率；公开市场卖出则起相反作用。但是公开市场业务发挥作用的前提条件是：除了金融市场必须是全国性的，必须有相当的独立性，可用于操作的证券种类齐全并达到一定规模，还必须有其他政策工具，如存款准备金制度的配合。[1]

（二）法律手段

所谓法律手段，是指国家依靠政治权力，通过立法和司法机构来制定法律或执行已生效认可的法律法规来调节人们经济行为的一种手段，即国家通过对经济立法和规范人们遵守法律而实施的一种行为。法律手段的实质是通过法规条例来肯定、支持和纠正、否定人们的某些经济行为，从而达到促进经济发展，巩固国家政权，保持社会稳定的目的。[2] 市场经济是法制经济，法律是各国政府对经济进行干预、维持市场秩序、促进公共利益最大化的保证。政府通过法律的制定以及实施，对经济生活进行干预，可视为政府干预经济的法律手段。一方面，国家通过经济立法，制定各种必要的经济法规，规定企业行为的基本准则和政府行为的规范，调整各方面的经济关系，保证各种经济政策、经济措施、经济合同的贯彻执行，以保证社会生产和流通环节的有序进行。另一方面，政府还可以通过经济司法，审理各种经济案件，制止和纠正经济发展过程中的消极现象，打击各种经济犯罪活动。[3]

---

① 赵海云：《中国货币政策体系框架研究——基于中国特殊经济条件》，中国人民大学博士学位论文，2008 年。

② 孙飞：《国家干预比较研究：理论与实践》，南昌大学硕士学位论文，2009 年。

③ 刘文革、崔日明、王磊：《社会主义市场经济理论与实践》，北京大学出版社 2012 年版，第 200 页。

（三）行政手段

所谓行政手段，是指国家行政机构凭借政权的力量对市场、企业和有关经济活动所进行的超经济的直接干预，包括制定和发布指示、命令、规定等形式。行政手段是各国政府干预经常采用的经济调控手段，在资本主义国家也经常采用行政调节手段。一些用经济、法律手段难以解决的问题，通过行政调节可以有效地加以处理。特别是对公用事业和市场秩序的管理、企业活动的监督，以及在某些特殊情况下（如灾荒、战争），都必须运用行政手段。[①] 政府采用行政手段对经济体系进行干预具有直接、有效的特点，同时也更加容易导致政府人员利用手中的权力向企业寻求权力租金，滋生腐败。因此，必须严格监督政府干预经济时采用行政手段的时机和方法，健全行政听证制度和行政公开制度，保证政府行政行为在民主、科学、合法的前提下进行。要完善行政机关内部监督，更重要的是实施完全、彻底、有效的法律约束。政府行使干预经济权力的过程中，干预政策的制定程序往往比干预政策本身更加重要。政策制定程序的不规范必然导致政府在实施干预政策时有失公正，干预政策本身也失去应有的效果。只有让干预政策的制定程序处在法律的严格监督控制下，才能保证政府采取的经济政策存在法律依据，才能得到市场主体的认可，维护社会公义。因此，规范政府对经济的干预不仅要明确政府干预经济的界限，更要规范政府干预政策的制定程序。促使政府在干预经济的活动中秉承平等和科学的原则，采用更加民主的方式制定出最为合理的调控政策，以实现社会经济整体利益最大化。政府采取行政手段干预经济体系时，行政法律体系要逐步弱化政府行政强制在企业微观经营中的作用，同时更加注重行政指导、行政计划等非强制手段，以利益诱导的方式使企业更加主动积极地配合政府的干预政策，使得调控政策取得更加理想的效果。为了减少政府在制定干预政策时的主观随意现象，必须健全集体决策制度，完善社会听证制度，强化民众在政府决策时的参与权利，加强对政府决策的合法性审查，对于与民众利益切身相关的干预决策，要强制政府向社会公开征求意见，并且进一步完善政府信息公开制度，提高政府工作的透明度，使得政府在制定政策的每一个环节都尽量接受民众的监督。[②]

---

① 王军旗：《社会主义市场经济理论与实践》，中国人民大学出版社 2013 年版，第 271 页。
② 倪肖红：《论政府干预经济的法律约束》，中国海洋大学硕士学位论文，2013 年。

第十三章

中国特色社会主义市场经济
实践中的重大问题

经过三十多年来的改革开放，中国经济得到了长足发展，然而在中国特色社会主义市场经济实践中仍然存在诸如"四化"融合协调发展、促进经济发展方式转变等等的重大现实问题，需要深入研究探讨并加以解决。

第一节　促进工业化、信息化、城镇化、农业现代化的协调发展

党的十八大报告首次提出了要"坚持走中国特色新型工业化、信息化、城镇化、农业现代化道路，推动信息化和工业化深度融合、工业化和城镇化良性互动、城镇化和农业现代化相互协调，促进工业化、信息化、城镇化、农业现代化同步发展"。① 我国今后的社会化发展道路被总结为"工业化、信息化、城镇化、农业现代化"问题，也被称为"新四化"，四者相互关联、相互影响、相互作用、相互配合、相互促进、不可分割，共同推动社会和经济的发展。当前，"四化同步"发展已经具备了坚实的物质基础和制度条件，面临着巨大的发展机遇，但是也面临着一些挑战，要实现工业化、信息化、城镇化、农业现代化的良性互动还有相当长的路要走。

---

① 胡锦涛在中国共产党第十八次全国代表大会上的报告：《坚定不移沿着中国特色社会主义道路前进　为全面建成小康社会而奋斗》，载《人民日报》2012 年 11 月 18 日。

一、工业化、信息化、城镇化、农业现代化的良性互动关系

相较于传统的"四化"建设，我国现阶段提出的"新四化"赋予了现代化新的内涵，工业化、信息化、城镇化和农业现代化是中国特色社会主义现代化建设的重要内容，只有实现了"新四化"的同步发展才标志着我国现代化建设目标的完成。在"新四化"中，工业化促进信息化发展，推动城镇化进程，提升农业现代化水平；信息化发展引领工业化，助推城镇化，支撑农业现代化；城镇化依托信息化，仰赖工业化，带动农业现代化；农业现代化依赖信息化，协助工业化，加速城镇化。工业化、信息化、城镇化和农业现代化协调发展不仅是"四化"同步互动的必然选择，而且是经济社会发展的客观要求。唯有"四化"同步发展，才能促进城乡一体化，加快现代化进程，实现社会和谐稳定和社会主义共同富裕的目标。

（一）工业化和信息化的互动机理

1. 工业化支撑信息化

工业化是信息化的物质基础和市场基础，没有工业化就没有信息化。[①]第一，工业化为信息化提供了物质支撑。工业化过程中伴随着一系列复杂的经济和社会关系的总体发展。其中，工业革命催生了信息技术的萌芽，并且工业的发展为信息技术的发展和应用提供了资金积累和生产条件。第二，工业化为信息化提供了市场支撑。工业化水平的提升有效地刺激了各产业对信息技术及其应用和服务的需求，进而提高整个社会运用信息技术的能力。

2. 信息化带动工业化

信息化是工业化的延续和发展，为工业化提供了强大的动力。第一，信息化丰富了工业化的内涵，能够推动工业化向纵深发展，带动多媒体技术、通信技术、智能计算机技术和交互式网络技术等一系列信息技术和产业的高速发展。第二，信息技术能够改造传统工业，促进传统工业朝着数字化、自动化和智能化的方向发展。目前，信息技术已成为我国工业现代

---

① 姜爱林：《论工业化与信息化的关系》，载《上海经济研究》2002 年第 7 期，第 36 ~ 41 页。

化和农业现代化的技术基础，主导着新时期工业化的发展方向，将诱致工业化朝着高附加值和可持续的方向发展。

（二）工业化和城镇化的互动机理

1. 工业化带动城镇化

工业化与城镇化相互影响、共同发展。工业化带动城镇化，城镇化是工业化的必然结果。① 二者的这一关系主要体现在三个方面：第一，工业生产中存在的规模经济和范围经济必然导致产业、劳动力和资本在地域空间的聚集，这是城镇化的源动力。第二，伴随着工业化进程发生的农村剩余劳动力流动、科学技术进步、产业结构优化都有利于城镇化的发展。第三，工业产值的增长、经济效益的提升、产业聚集效应的增强，促进着城镇规模的不断扩大、城市服务功能的不断完善、人居环境的不断优化。

2. 城镇化促进工业化

充分发挥城镇在经济社会发展中所具有的聚集效应、规模效应、优位效应、创新效应和辐射效应等经济效应，有利于促进工业化的发展。第一，城镇化是工业化发展的土壤，其为工业结构的转变提供空间支持。第二，随着城镇人口的不断增加，形成一个巨大的潜在消费市场，将会拉动对国内工业产品的需求。第三，城镇吸收了很多专业人才，能够为工业化提供充足的人力资源保障。第四，城市拥有相对完善的公共基础设施，能够满足工业化对水电、咨询、通讯、法律等配套设施和服务的需求。

（三）工业化和农业现代化的互动机理

1. 工业化提升农业现代化

工业化提升农业现代化的作用途径体现在劳动力的转移聚集、科学技术的进步和产业结构的优化升级。② 第一，工业化引发大量的农村剩余劳动力流向城市，农业生产逐步走向集约化、专业化和规模化，这将有效提高农业部门的生产效益和经济效益。第二，科学技术进步将惠及农业部门，推动农业领域的科技创新，有利于农业部门的产业升级。第三，工业化能促进农业分工日趋专业化、精细化和合理化，将加快农业结构的调

---

① 姜爱林：《城镇化与工业化互动关系研究》，载《财贸研究》2004 年第 3 期，第 1~9 页。

② 夏春萍：《工业化、城镇化与农业现代化的互动关系研究》，载《统计与决策》2010 年第 10 期，第 125~127 页。

整，实现农产品生产效益和价值的提升，提高农业的竞争力。第四，工业化能为农业现代化提供农机、农药、化肥、信息化应用平台等现代化生产资料，变革传统农业的发展方式。第五，工业化能够为农业现代化提供资金支持。

2. 农业现代化支撑工业化

粮食安全是国民经济发展的根本保障，[①] 这是农业现代化支撑工业化最突出的体现。第一，农业现代化能为工业化提供充足的劳动力供给。农业现代化水平的提升意味着农业生产经营的集约化、专业化和规模化，意味着农业剩余劳动力从农业部门流向非农业部门，成为工业化发展的强大支撑。第二，农业现代化可为工业化提供原材料支撑，随着农业生产率及资源利用效率的提高，农业现代化将可为工业化提供更加充足和丰富的原材料。

（四）城镇化和信息化的互动机理

1. 城镇化支撑信息化

信息化以城镇化为主要载体和依托。第一，城镇化能够为信息化提供空间支撑。信息技术和信息产业的发展都需要一定的发展空间，城镇化能为其提供足够的空间。第二，城镇化能够为信息化提供市场支撑。城镇对信息技术、通信技术、信息产业以及信息化产品的接受与吸纳，能够为信息化的发展提供源源不断的动力。

2. 信息化提升城镇化

信息化能够全方位地提升城镇化，不仅能极大地影响城镇化的进程，还能有效促进城乡空间结构的优化。第一，现代通信信息技术为商品、人力、技术、信息等的快速聚集提供了现代化传递手段，有助于健全城镇功能，改善城市内的产业结构和就业结构，提高居民素质，改变城乡居民生产生活方式和消费方式。第二，信息基础设施将更加高效地装备城市基础设施系统，有助于城市建设、规划和管理快速迈向现代化，实现城市的信息化和智能化。第三，随着现代信息技术特别是通信技术的快速发展，区域界线将越来越模糊，这将有利于加快资源的流动和城乡一体化的进程。

---

① 陈锡文：《工业化、城镇化要为解决"三农"问题做出更大贡献》，载《经济研究》2011年第10期，第8～10页。

（五）城镇化和农业现代化的互动机理

1. 城镇化带动农业现代化

农业现代化依托于城镇化，城镇化带动农业现代化。这一关系主要体现在以下五个方面。第一，城镇化有助于农业生产率的提高。随着城镇中各产业的发展，农业剩余劳动力不断向城镇中的非农产业聚集，使得农村实际人均耕地占有量提高、农村土地逐步实现集约化和规模化经营，加速实现农业现代化。第二，城镇化将促进农产品加工业以及第三产业的发展，这些产业与农业具有较高的关联度，能为农业部门产前、产中、产后提供规范化的服务。第三，城镇化能促进农业部门产业结构的优化调整。城镇化将催生巨大的潜在消费市场，促使对多元化农产品需求的增加，这将刺激农业部门内部的产品结构和产业结构不断进行优化调整，从而有利于农业生产向多样化、高品质、高附加值的方向发展。第四，城镇化为农业现代化提供了资金支撑和技术支撑，一些优秀的城镇企业可以为农业现代化提供资金和技术层面的支撑，推动农业机械化和农业科技的应用普及。第五，城镇的公共基础设施和服务逐渐向农村延伸，可促进农民生产方式和生活方式的转变，提高农民生活水平，改善农村居住环境，推动城乡一体化的发展。

2. 农业现代化支撑城镇化

农业产业化的发展能带动城镇化水平的提升，这一关系主要体现在以下两个方面。第一，农产品的剩余是城镇化发展的最根本的条件。随着农业生产力的不断提高，农业部门将产生大量的剩余产品。在加大农产品的供给，满足城镇人口对农产品日益增长的需求的同时，使得一部分农民能够从农业部门中转移出来从事其他非农产业。第二，农村居民的消费水平将随着农民收入的增加而提高。另外，农业现代化本身也需要大量的农机、化肥等工业产品，这一过程将激发城镇中相关产业的迅速发展，从而对城镇化起到支撑作用。

（六）信息化和农业现代化的互动机理

1. 信息化支撑农业现代化

信息化是农业现代化的重要支撑，是实现农业现代化的有效手段，这可以从以下两方面来理解。第一，信息化将使农业科学决策成为可能。[①]依托于信息化技术以及决策支持系统等的应用可以为农业科学决策提供充分的信息依据，有助于提高农业决策的科学化和智能化水平，信息和技术咨询服务业在整个农业部门的地位将越来越重要。第二，信息化应用系统也是农业高新技术开发及应用的重要实现手段。依托网络化平台，信息化应用系统是现代农业机械化、种养殖技术、农产品加工储运技术、农业生物技术、农业自然灾害防控监测技术、农业资源环境控制技术等的重要实现手段。第三，现代农产品的流通销售需要以互联网信息技术作为依托。随着经济全球化的快速发展，以国际互联网络为平台、利用信息技术手段进行农产品网上交易已逐渐成为现代农产品交易的常态形式。第四，信息化有助于促进农民综合素质的提高。信息服务可以使广大农民接触更多的信息，不断培养新的行为意识、思想观念和思维方式，逐渐向现代高素质农民转变。

2. 农业现代化促进信息化

随着农业现代化的发展，农业部门对信息化的需求将越来越强烈，现代农业将从农产品种养殖、运输储存、销售对接、生产装备、生产决策等各方面对信息技术和信息服务产生依赖，这将推动信息化不断发展，促进信息化在更广阔的领域得到应用，并将促进信息化应用成本的逐步降低，促进信息化的全面发展。[②]

二、我国工业化、信息化、城镇化、农业现代化协调发展的特征

受索洛增长理论的影响，第二次世界大战后，为完成工业资本原始积累，许多发达国家都曾经选择农业支持工业的发展模式。当经济发展到一定阶段后，又通过完善农业补贴政策、加强农业支持保护、改善农村基础设施及公共服务等措施来扶持农业。进入新世纪以来，中央将"三农"工作作为全党工作"重中之重"，制定了工业反哺农业、城市支持农村"两个基本趋向"的重大方针，出台了取消农业税、实行"四项补贴"等重

---

① 谢东：《充分运用信息化手段推进农业现代化发展》，载《广西农学报》2011 年第 8 期，第 93～95 页。

② 袁晓玲、景行军、杨万平、班斓：《"新四化"的互动机理及其发展水平测度》，载《城市问题》2013 年第 11 期，第 54～60 页。

大强农惠农富农的政策措施，初步建立了农业支持保护政策体系。与此同时，农业生产要素配置方式、科技物质装备水平、产业组织管理形式等发生一系列重大变化，传统农业正加速向现代农业跨越，"四化"互动关系也呈现出一些新的特征。

1. 工农业关系由"以农补工"向"以工补农"转变

新中国成立后，按照工业超前发展战略，我国采取对农业课以较高的税赋、工农业产品实行"剪刀差"等政策手段，使农业部门剩余净流入工业和城市。经过几十年的发展，我国初步具备了工业反哺农业的条件，开始调整工农城乡关系，实施"以工促农、以城带乡"战略。2004年以来，我国全面放开粮食收购市场，全面取消农业税，不断完善粮食、棉花、油料等主要农产品的收购保护政策体系，建立起以"四项补贴"为核心的强农惠农富农政策体系；并按照总量持续增加、比例稳步提高的要求，积极调整国家财政支出、固定资产投资结构，确保用于"三农"的投入总量和比重不断提高；还积极拓宽投入渠道，从政府土地出让收益、新增建设用地有偿使用费、耕地占用税新增收入中，安排一定比例用于现代农业建设。按照可比口径计算的中央财政用于"三农"的支出，从2003年的2145亿元增加到2013年的13799亿元，十年平均增长20.5%，高于同期中央财政收入18.1%的增长速度。地方政府也不断加大农业投入力度。农民种田不再缴税，还能拿到国家补贴，工农关系发生了本质变化。

2. 工业化对农业现代化的带动作用显著增强

我国正处在加快发展现代农业的重要战略机遇期。工业化快速发展，将为改造传统农业提供现代生产要素支撑，为农业实现规模化生产、集约化经营提供物质技术支持。近年来，在技术进步和国家补贴政策支持下，我国农业机械化水平快速提升，2013年农作物耕种收综合机械化水平达到59%。[①] 根据有关专家预测，2020年全国农作物耕种收综合机械化水平要达到70%左右，工业化对农业现代化的支撑引领作用将进一步彰显。

3. 信息化成为农业现代化的内在要求和重要标志

我国的信息化建设起步较晚，但是发展较快。信息化为农业现代化进程注入了巨大的活力，正在逐步融入农产品生产、物流、加工、销售的全产业链，已成为当代农业现代化的重要标志。近年来，电子商务在农产品

---

① 《中国农作物耕种收综合机械化水平今年将超过61%》，http://news.xinhuanet.com/fortune/2014 - 11/03/c_1113097444.htm.

营销中的作用日益凸显。一些农业龙头企业建设了农产品电子商务平台进行农产品交易，大大降低了交易成本；一些大型龙头企业建立了农产品加工、贮藏市场信息预警机制，对农产品加工、贮藏各环节进行编码标识和信息采集，实现了农产品加工、贮藏的现代化、标准化和信息化；还有一些农业龙头企业运用 ERP 系统进行企业管理，提高企业在采购、生产、销售、营销、财务和人力资源管理等环节的信息化水平。截至 2010 年底，全国农村电子商务网站已超过 3 万家，其中涉农网站达 6000 家以上，[①] 随着电子商务的推广应用日趋普及，将带来农产品产供销模式的深刻变革。与此同时，一些地区已开始使用作物生长模拟模型、农业专家系统、农业生产实时控制系统、作物遥感估测系统等信息技术，随着农业现代化的推进，今后这些信息技术将在我国农业生产中的应用更加普及。此外，信息技术在农业科学研究与技术推广、农业经济管理、农业防灾减灾、农产品质量安全等领域的应用更加深入，将逐步缩小我国与发达国家农业现代化水平的差距。

4. 农业现代化与城镇化建设相互促进、互动共荣

城镇化需要产业支撑，产业发展是城镇人口聚集、繁荣发展的持久动力。城镇化能否健康发展，关键在于工业化、农业现代化进程中的产业发展是否与城镇化互惠、融合、共荣。"皮革城"、"食品城"等城镇的兴起，表明有龙头企业带动和主导产业支撑的县域经济和城镇化建设，产业才能持续繁荣，经济才能充满活力。推进农业现代化，围绕农业主导产业发展农产品精深加工，带动包装、储藏、运输、信息、金融等服务业，有利于形成产加销有机结合、一、二、三产业协调发展的格局，为县域经济和小城镇发展注入新的活力，从而吸纳农村人口快速有序地向小城镇集中，并带动文化、教育、卫生等公共事业发展，加快城镇化进程。与此同时，城镇化将推动农业现代化转型升级进程。随着居民收入水平不断提高，原来以温饱型为主体的食品消费格局，逐步向风味型、营养型、安全型、便捷型甚至功能型的方向转变，迫切要求通过农业现代化提高生产能力，并通过优化产品结构，加强质量安全管理，满足城乡居民日益增长的多样化、多层次要求和安全、健康消费需要。另外，部分农民进城之后退出农业生产经营，有利于扩大农业经营规模。在今后一段时期内，新型城

---

① 《中国农业农村信息化发展报告 2010》，http：//www. moa. gov. cnh/ztzl/sewgh/fzbg/201112/t20111207_2424850. htm.

镇化将突出以人为本，农业转移人口市民化进程加快，到 2020 年预计有 1
亿农民进城落户，将从市场拉动和产业升级两方面助推农业现代化。[①]

三、我国工业化、信息化、城镇化、农业现代化协调发展面临的主要挑战

我国工业化和信息化、工业化和城镇化、城镇化和信息化、城镇化和
农业现代化在发展过程中实现了良好的互动，能互相影响，但是工业化和
农业现代化、信息化和农业现代化未能实现良性互动。[②] 改革开放三十多
年来，特别是近十年来，工业化、信息化、城镇化、农业现代化都在加快
推进。但是，离科学发展的要求还很远，依然存在着很多不平衡、不协
调、不可持续的问题。从现阶段我国"四化"发展的总体状况来看，我国
处于工业化、信息化、城镇化、农业现代化的深入发展进程中，"四化"
之间进展不一、互动不够、带动不足。我国工业化进展很快，但数量扩张
特征明显、产能过剩；信息化带动工业化、工业化促进信息化的融合放大
作用没有充分发挥；我国城镇化水平持续提高，但城镇化质量不高，两亿
多农民工没有真正融入城镇生活，城镇化为工业化创造需求、工业化为城
镇化提供供给的互动功能没有充分发挥；我国农业现代化取得长足进展，
但仍明显滞后于工业化和城镇化，工业化和城镇化对农业现代化的带动作
用没有充分发挥，农业发展已成为"四化"协调发展中的短板。

1. 工业化对城镇化、农业现代化的带动作用不明显

根据国际规律，人均 GDP 达到 4000 美元左右，城市化率应在 60% 左
右。2013 年我国人均 GDP 达到 6767 美元，[③] 城镇化水平仅为 53.73% ，[④]
并且与发达国家相比，我国的城镇化还处于较低层次。但是问题不在于城
镇本身，而在于工业化的偏差。国际上一般规律显示，城镇化率主要随着
就业结构的非农化而变动，而我国工业化过程中服务业发展滞后，影响了
非农产业就业的增长。这些偏差导致工业化不能有效带动就业结构和消费

---

① 聂振邦、胡恒洋、邱天朝：《大力促进我国农业现代化与工业化、信息化、城镇化协调
发展》，载《全球化》2014 年第 7 期，第 14 ~ 25 页。

② 袁晓玲、景行军、杨万平、班调：《"新四化"的互动机理及其发展水平测度》，载《城
市问题》2013 年第 11 期，第 54 ~ 60 页。

③ 根据当年 GDP 总额（以美元为单位）和人口数计算得来。

④ 国家统计局：《2013 年中国城镇化率为 53.73%》，http：//www.chinanews.com/ gn/
2014/01 - 20/5755331. shtml.

结构的转变，从而影响城镇化的进程。另外，我国的工业化任务还没完成，但产能过剩已成当前最突出矛盾。在绝大多数行业已面临产能严重过剩的形势下，如仍简单通过工业化数量扩张来带动城镇化，大搞工业园区、搞产城融合，只能加剧产能过剩矛盾，城镇化也不可持续。

工业化对农业现代化的带动力也不强，主要表现在三个方面：首先，工业没有充分发挥反哺农业的功能，对农村二、三产业发展、农业物质装备水平以及农业科技水平提高等方面的带动作用有限，农业生产率未能得到提高。其次，工业化过程中的粗放型增长方式，带来了资源的损耗和环境的负外部效应，造成农村生产环境日益恶化。大范围生态恶化、高风险自身污染，使得农业的现代化进程承受着巨大压力。最后，就劳动力而言，农业科技教育和农村劳动力素质的提高是农业实现现代化的关键。而我国工业化的发展吸引了大量优质高素质或有潜力的劳动力进入城市，农村"留守儿童、留守老人、留守妇女"比例过大，农村务农出现空心化现象，务农农民的年龄偏大素质偏低。2.46亿农业劳动力中，留守老人和妇女成了主要力量，文盲、小学、初中文化程度占到80%以上，这对提高农业科技化水平，建设现代农业极为不利。[①]

2. 城镇化、工业化与农业现代化协调不力，城乡二元经济结构长期存在

改革开放三十多年来，虽然广大城乡居民都享受到了改革开放带来的成果，收入水平都有很大提升，生活水平都得到显著改善，但城乡居民之间的收入差距并没有明显缩小，反而日渐扩大。2013年，城镇居民人均可支配收入是农村居民人均纯收入的3.03倍，[②] 明显高于改革开放初期（1978年这一比例为2.57倍）。[③] 城乡居民收入差距的扩大不利于统筹工业化、城镇化和农业现代化发展。农民收入水平低下，制约着农民教育的普及，制约着农业科技的推广，从而也制约着农业现代化水平的提升。与此同时，也影响着社会有效需求的增加和农村市场的繁荣，从而对工业化和城镇化水平的提升产生不利影响。

城镇化的重要任务就是要完成"人的城镇化"，吸纳农业转移人口在城镇就业和定居并使之向市民转变，这是实现农业现代化的艰巨任务，也

---

① 蓝庆新、彭一然：《论"工业化、信息化、城镇化、农业现代化"的关联机制和发展策略》，载《理论学刊》2013年第5期。

② 根据以下文献计算得来：《2013年农村居民人均纯收入8896元实际增9.3%》，http://www.chinanews.com/gn/2014/01－20/5754855.shtml.

③ 根据《2013全国统计年鉴》相关数据计算得来。

是破除城乡二元结构的重大举措。虽然大量农民工及其家属常住在城市，但并未获得城市户籍，工作和生活并不稳定，在教育、就业、住房保障、医疗卫生、社保等公共服务方面还没有完全享受与城镇居民相同的待遇。现存的制度性壁垒与歧视性待遇决定我国的城镇化水平仍是低层次的，农民工对城市没有归属感。这些制度性障碍不消除，就难以实现城乡居民权利平等化和福利均等化，难以实现真正的城镇化。①

3. 信息化与工业化、城镇化以及农业现代化融合不够

信息化与工业化融合不够。信息化与工业化的融合是一种深层次的信息化，其本质是用信息技术来解决工业中各行业的问题，促进工业中各行业的技术创新。② 由于对信息化与工业化融合的研发重视不足、具有行业应用背景的专业信息技术人才和掌握信息技术的管理型人才、复合型人才依然匮乏，信息化仍处于以局部应用为主的阶段，其与工业化融合程度不高。

信息化与城镇化融合度较低。信息化与城镇化的融合程度主要体现在两个方面：从居民的角度，主要体现在"衣食住行"的信息化；从政府角度，主要体现在城市管理信息化。从居民角度来看，关乎民生的就业、住房、医疗、社保信息尚未全国联网；食品安全监管尚未实现信息化，存在卫生部、商务部、质检总局、农业部以及工信部等多头监管和利益划分不清问题。信息化尚未在建筑节能领域尤其是建筑运行能耗管理领域发挥应有的作用。从政府角度来看，政府各个部门纵向之间与横向之间的管理服务存在信息孤岛现象，信息化建设存在各自为政、自成体系、信息共享不足等问题，不利于城市管理水平的提高，进而影响城镇化水平的提升。

农业信息化建设不足。农业现代化的标志就是现代信息技术在农业中的大量应用。但是，目前我国农业信息化建设明显落后，主要表现在农业生产、经营、管理、服务以及农村信息网络设施建设等多个领域。第一，农业生产智能化和精准化不足，尚未实现对农业生产所涉及的对象及全过程进行数字化表达、设计、控制和管理。第二，农业经营管理尚未实现向全程管理和电子商务方向转化：只有个别的种养大户以及涉农企业通过采用现代企业管理软件，实现物资采购、人力资源、企业财务等环节的全程信息化管理，以提高农业经营管理水平；农产品质量的全程追溯管理，即

---

① 蓝庆新、彭一然：《论"工业化、信息化、城镇化、农业现代化"的关联机制和发展策略》，载《理论学刊》2013 年第 5 期。

② 潘云鹤：《实现信息化与工业化的融合》，载《文汇报》2008 年 11 月 22 日。

对农产品从原料供应、加工、包装、销售等整个流通过程进行质量监管，尚未实现；农业电子商务，尤其是农村休闲农业电子商务发展程度不高。第三，农业服务信息化建设滞后。关于良种、农资、农技、收获、流通、消费等方面的农业信息仍主要依靠农村基层开会、发资料、有线广播电视等方式传播，传播效率不高，明显跟不上市场变化，不能满足农业现代化要求。①

四、加快推进工业化、信息化、城镇化、农业现代化协调发展

工业化、信息化、城镇化、农业现代化既是我国社会主义现代化建设的战略任务，也是加快形成新的经济发展方式、促进我国经济持续健康发展的重要动力。在新的历史起点上，要按照党的十八大的要求，坚持走中国特色新型工业化、信息化、城镇化、农业现代化道路，促进工业化、信息化、城镇化、农业现代化协调发展。工业化、信息化、城镇化、农业现代化是一个整体系统工程，其同步发展是实现经济协调发展、可持续发展、从"失衡"走向"均衡"的关键。因此，必须要注重发挥其合力。坚持"四化"同步发展，并形成相互促进的协调发展机制，是从战略层面转变发展方式的重要内容，是从根本上解决当前矛盾和问题的有效途径。②

（一）推动信息化与工业化深度融合

着力推进产业升级、增强竞争力，推进信息网络技术广泛运用，以信息化带动工业化，以工业化促进信息化。

信息化同工业化之间是相辅相成、互相促进的关系。"信息化"能有力地推进工业化的发展，工业化与信息化结合起来可以提高效率，也是提高工业经济和企业核心竞争力的重要手段，而信息化自身的发展也有赖于工业化的发展。信息化和工业化深度融合既是提高经济效率的必由之路，也是提高工业经济和企业核心竞争力的重要手段。信息化必将为工业化插上腾飞的翅膀，工业化是信息化的坚实基础。

---

① 蓝庆新、彭一然：《论"工业化、信息化、城镇化、农业现代化"的关联机制和发展策略》，载《理论学刊》2013 年第 5 期。
② 王成吉、王娟、王菁：《促进工业化、信息化、城镇化、农业现代化同步发展》，载《理论建设》2013 年第 4 期。

1. 要加快发展新型工业化和信息化

加快工业产业结构调整升级，把扩大总量与提高质量结合起来，既要追求总量扩张，更要注重质量。信息技术可以运用在生产经营过程的方方面面，要以结构调整为契机，加快推进工业化与信息化的深度融合，加快信息技术改造传统产业，实现传统产业的信息化改造和工业智能化发展，通过技术改造来让传统产业焕发青春和新的活力。

2. 要大力提高自主创新能力

引导行业瞄准产业价值链高端，形成一批占据产业发展前沿阵地、引领产业发展方向的高端技术和高端产品。信息化发展关键是瞄准国际创新前沿，加大投入，重点突破，逐步掌握产业发展的主动权。

3. 要在新兴产业中实现工业技术与信息技术一体化

新兴产业的发展会促进工业技术与信息技术的融合，产生新的技术，推动技术创新。如汽车制造技术和电子技术融合产生的汽车电子技术，工业和计算机控制技术融合产生的工业控制技术。我们可以在新兴产业的发展中充分地利用这种技术上的融合来实现工业技术与信息技术的一体化。

4. 要在国民经济的各个领域同步运用工业和信息技术

不仅要把信息技术渗透到工业，同时也要渗透到农业、服务业，推进农业和服务业的现代化，从而带动整个经济的现代化进程。整个经济现代化进程的提升又反过来会加速信息化与工业等领域的深度融合，形成良性循环。

（二）促进工业化与城镇化良性互动

工业化与城镇化是现代经济社会发展的显著特征。工业化是城镇化的经济支撑，城镇化是工业化的空间依托，工业化是城镇化的前提和基础，健康、可持续的城镇化只能建立在工业化发展的基础上。城镇化既是新型工业化的空间依托和重要体现，又是推动新型工业化进程的加速器。城镇化速度过慢，工业化将缺乏市场需求支撑；工业化进程过慢，城镇化也将缺乏足够的供给保障。推动工业化与城镇化良性互动，相互促进，既是为工业化创造条件，也是城镇化发展的内在规律。

促进工业化和城镇化良性互动，强化产业结构非农化对就业结构非农化的带动作用。可以充分利用经济快速发展的机遇，进一步繁荣城镇经济，增强城镇产业竞争实力，为农村剩余劳动力转移提供尽可能多的就业岗位。

1. 要对工业进行合理布局，实现工业企业的相对集中

可以推进工业项目进园区，让更多劳动力在一个地区进行聚集。工业产业和劳动力的聚集，会产生物流、商贸、住宿、餐饮、娱乐、教育、文化等生产性服务业和生活性服务业，从而推动城镇化发展。

2. 要深化户籍制度改革

通过改革户籍制度，来有序推进农业转移人口市民化，努力实现城镇基本公共服务常住人口全覆盖，让农村转移出来的劳动力能够平等地享受城市的教育、医疗等公共服务，真正共享城市文明。

3. 要走中国特色新型工业化道路

在大力发展技术密集型工业的同时，运用现代技术改造传统产业，发展新型的更加注重资源节约和环境保护的工业，避免在发展工业的同时污染城市环境，发展与现代工业相适应的现代金融、保险、信息等服务业，提高服务业比重，积极拓展服务业发展和吸纳劳动力就业的空间。

4. 打造良好的投资及人居环境

对城市的功能进行合理规划，实现更多工业生产要素在空间上的合理布局。既要提供配套齐全的基础设施，打造良好的投资环境，也要打造诚实守信、投资者利益得到切实保护的良好人文政策环境。另外，要在打造适宜人居的自然环境、方便快捷的交通服务、均衡优质的教育文化资源等方面下工夫，形成良好的人居环境。

5. 提高国内产业核心竞争力和产业链分工层次

要提高劳动者的劳动技能，从而增加其收入水平；提高农村人口对城镇生活的适应能力，切实地融入城市生活，真正意义上实现工业化带动城镇化的良性互动。另外，还可以采取很多措施来促进工业化和城镇化的良性互动。例如，鼓励企业间的自主兼并联合，引导中小企业产业集群发展，以产业集群带动居住地集中和城镇发展等。

（三）促进城镇化和农业现代化相互协调

城镇化是解决"三农"问题的重要途径，城镇化和农业现代化相互协调是农村发展的大势所趋。没有农业现代化，城镇化就会成为无源之水；没有城镇化，农业现代化也会失去依托目标，农民的出路就会成为大问题。在未来二三十年里，我国每年将有 1000 多万农村人口转移到城市，这必然会带来劳动生产率和城市集聚效益的提高，为农业现代化创造条件。快速发展的城镇化，正在成为我国经济增长和社会发展的强大引擎。

坚持城镇化和农业现代化相互协调是一项开创性工程,最终有利于构建我国科学合理的城镇化格局、农业发展格局、生态安全格局。

1. 要在城镇化过程中树立以人为本观念

应转变观念,对城镇中的农民工要由排斥转向容纳、由管制为主转向服务为主,促进农民工向城镇居民合理有序地转变,健全农业转移人口权益保障机制。

2. 要推进高质量的城镇化

要使广大农民工能够实现第一条腿落地与第二条腿离地,需加快体制机制创新,包括农民工市民化的制度创新、农村土地规模化流转的制度创新等,使土地变成资产,让农民从中获得的资产收益,成为其双腿迈进城市的重要物质保障。

3. 要更加重视和加快推进城镇化进程中的"城乡"协调

加快城乡一体化发展,特别在公共服务、社会保障、基础设施上,要建立覆盖城乡的社会保障体系,无论是进入城市的农民工、转化为市民的"农转非"人员,还是留在农村的农业工人,都必须全部纳入社会保障体系,得到较高水平的医疗保障、养老保障、失业保障。在城镇发展体系上,努力实现大中小城市和乡镇的协调。

4. 要实现高水平的农业现代化

让富余劳动力从农村出来,将他们占有的土地腾出来,流转给农业种植大户,实现农业的规模化经营。让资本进入,推动农业产业化、组织化水平提高,解决单个农户面对的风险和融资困难问题;让知识进去,通过农业组织化程度的提高,吸引有知识、有文化的年轻人进入农业生产,提升农业生产的科技含量、信息含量、知识含量。

除此之外,还要深化改革,完善生产要素市场,促进城乡生产要素平等交换和公共资源均衡配置,形成以工促农、以城带乡、工农互惠、城乡一体的新格局。

总之,"四化"同步发展的实现不是一蹴而就的,它的发展是一个整体的战略,不能偏废,必须统筹、协调发展。要在互动中实现同步,要在互动中实现协调,只有这样,才能最终实现我国经济社会的科学发展。

第二节 实现经济发展方式的转变

改革开放三十多年,我国已经连续 34 年(1979~2012 年)经济平均增速达到 9.8%，已成为世界第二大经济体、第二大贸易国和第一大出口国，吸收外商直接投资（FDI）最多的国家之一。同时，也带来透支式发展、贫困式增长，部分行业产能过剩，进出口不平衡等问题。我国进入潜在经济增长下行、重在实现经济发展方式转型升级的发展新常态。今后一段时期，我国的宏观经济发展目标不再是单纯追求经济增速以及经济总量的扩张，而是寻求促进经济内生增长、提高经济发展效率的有效途径。经济发展方式要由过去的"要素驱动"、"投资驱动"转向"创新驱动"和"扩大内需"，实现经济发展方式的战略转变。

一、经济发展与经济发展方式转变

对于"发展"的内涵，斯蒂格利茨有过经典的阐释，他认为发展代表社会的变化，发展带来的变化能够使个人和社会更好地掌握自己的命运。发展战略应以促进社会变革为目标，找出不利于变革的障碍以及潜在的促进变革的催化剂。① 所谓经济发展，是指一个国家或地区人均实际福利的增长过程，不仅指社会财富的量的增多，还包括社会财富的质的提升，即经济结构、社会结构的变化，投入产出效益的提高，人民生活质量的改善等。可见，经济发展是在经济增长的基础上，一个国家或地区经济结构、社会结构持续高级化的进程和人口素质、生活质量、生活方式不断提高和文明化的过程。

经济发展方式是实现经济发展目标的方法、手段、路径和模式，其中不仅包含经济增长，而且包括结构（经济结构、产业结构、城乡结构、地区结构等）优化、运行质量、经济效益、收入分配、环境保护、城市化程度、工业化水平以及现代化进程等诸多方面的内容。与经济增长方式比较，经济发展方式的内涵更加丰富，经济发展方式包含经济增长方式，但是经济增长方式却没有包含经济发展方式的全部内容。经济增长强调的是量的增加，经济发展不仅仅要求有数量增加，更注重要求有结构改善和质量提高的可持续发展，不仅包含经济增长，而且有结构、质量、效益、环保、消费行为、人与自然的关系、人与人的关系等方面的内容。转变经济发展方式除了要求经济增长方式从粗放型转向集约型外，还要求从盲目地

① ［美］斯蒂格利茨：《新的发展观：战略、政策和进程》，载胡鞍钢、王绍光《政府与市场》，中国计划出版社 2000 年版，第 148～169 页。

单纯追求 GDP 量的扩张转变到更加注重优化经济结构、提高经济效益和经济增长质量上来；从一次性和单一性利用资源转向循环利用和综合利用资源；从牺牲环境发展经济转向力争经济与环保双赢；从见物不见人的陈旧理念转变到以人为本，更加注重不断提高人民群众的物质文化生活水平，让广大人民群众分享改革发展的成果。[①] 现阶段我国经济发展方式转变的内涵至少包括以下五个方面内容：

1. 效率提高

效率提高是经济发展方式转变的最基本要求，意味着要由高投入、低效率的发展方式，转向低投入、高效率的发展方式。要求提升劳动力的素质，优化资本的配置，提升技术装备水平，发展高新技术产业，改造提升传统产业，加快市场化取向改革，转变政府职能，变建设性政府为服务性政府。

2. 结构优化

经济结构尤其是产业结构的优化升级是转变经济发展方式的关键环节，经济发展方式转变也意味着产业结构的高级化过程。根据产业结构演变的一般规律和国际产业发展的一般历程，三次产业发展的逻辑次序为：一二三→二一三→二三一→三二一，产业结构越来越轻型化，越来越服务化。我国产业结构的调整和发展，总体上也要遵循这些基本规律，将之作为产业结构优化的指导。

3. 自然和谐

我国目前经济发展的现状可以归纳为：高投入、高消耗、高排放、不协调、难循环、低效率，这种经济发展方式已经难以支撑完成工业化和现代化的历史任务，所以必须转向减少环境污染、发展循环经济、构建节约型社会、实现可持续发展的轨道上来，保持人、自然和生态环境的和谐相处。

4. 运行平稳

由于体制和粗放型经济发展方式的原因，我国经济运行具有波动剧烈、运行不平稳的特点，新的经济发展方式也必须是有利于减缓经济运行波动幅度、使经济能够持续健康发展。[②]

---

① 唐平：《着力转变经济发展方式——学习胡锦涛同志在中央党校重要讲话精神的体会》，载《广西日报》2007 年 8 月 23 日。

② 王军：《重新解读我国经济增长方式转变的相关问题》，载《西安金融》2006 年第 10 期。

5. 统筹协调

包括城乡统筹、经济社会统筹和区域统筹。城乡优势互补、良性互动、统筹发展；经济社会协调发展，不能偏废；区域发展实现发挥特色优势、发展比较均衡、公共服务比较均等的格局。①

二、转变经济发展方式的实现路径

过去三十多年的长期经济增长中，中国的经济发展在宏观上更多依靠了投资和净出口的拉动，在微观上更多地依靠了劳动力、土地、能源资源、环境等投入要素的低成本使用。这虽然契合了中国劳动力资源丰富、资源配置效率随改革递进提高等比较优势，但是可持续性日趋降低。尤其是经济新常态下，我国经济发展面临着世界经济衰退、外需疲软的冲击，经济下行压力加大、经济增长可持续性受到挑战。如果继续沿袭廉价劳动力等策略，不仅将累及社会稳定水平，而且将不利于内需的提高。同时传统制度改革的红利也正在进入边际效用递减阶段。传统的经济发展方式已经不适应我国经济发展的内在要求，经济发展方式亟待转变，要切实把经济发展方式转换到追求发展的质量和效率上来：要从要素驱动型、出口导向型增长方式向创新驱动型发展方式转变，从外延扩张型向内涵开发型发展方式转变，从资源运营—产品运营—资产运营—资本运营发展方式向知识运营发展方式转变。② 今后，转变经济发展方式的具体实施路径概括如下：

1. 坚持走中国特色新型工业化道路

党的十七大报告提出要坚持走中国特色新型工业化道路，这既是对我国几十年来特别是改革开放以来工业化进程的经验总结，也是今后转变经济发展方式的必然选择。③ 这个"新"是相对于传统工业化提出的，传统的工业化道路促使我国工业快速崛起，为国民经济发展、提高我国综合国力做出了重要贡献，但是也背负了沉重的改革成本。在新的历史背景下，

---

① 张蕴萍：《转变经济发展方式的理论探索与现实对策》，载《山东社会科学》2009 年第 11 期。

② 陈世清：《新常态经济是创新驱动型经济——新常态经济是经济增长方式转变》，求是网，2015 年 6 月 16 日。

③ 吕政：《坚持走中国特色新型工业化道路——学习党的十七大报告》，载《人民日报》2007 年 12 月 28 日。

这种超常规的发展模式已经难以为继，走中国特色新型工业化道路是我国全面深化改革的必然选择。这是一项艰巨的历史性任务。党的十八大为新型工业化道路指明了方向，我国要坚持走"信息化和工业化深度融合、工业化和城镇化良性互动"的新型工业化道路。

2. 坚持扩大国内需求特别是消费需求

投资、消费、出口是拉动经济增长的三驾马车，都是拉动经济增长的重要力量，在经济增长中不能顾此失彼。但是投资、消费、出口在一国经济增长的地位和作用是不同的。消费是拉动我国经济增长的根本动力和关键因素。其中，投资需求和消费需求是内需，出口是外需，所以投资、消费、出口协调增长意味着内需和外需协调，否则就意味着内需和外需失衡。投资和消费同是内需，但投资需求是派生需求，消费需求是最终需求，因此，拉动经济增长的最终动力是消费需求。而且，一个国家在经济发展的不同阶段，投资、消费、出口在经济增长中的地位和作用也是不同的。在经济起飞或者为起飞做准备阶段，更依赖于投资、出口的拉动作用，但是当经济起飞特别是经济走向成熟后，消费在经济发展中的作用更强，就要及时转变经济发展方式，促进一国经济发展方式从投资、出口拉动为主向消费拉动为主的转变。① 我国外贸已进入高成本时期，出口率已拉升至35%的上限，不断的外贸摩擦日益凸显，且引发了人民币汇率不够稳定的国际压力，因此，扩展外贸出口的拉动作用已难有作为，拉动效应唯有依靠扩大内需。毫无疑问，投资是扩大内需的有效手段，但从长久来看，投资如果得不到消费导向和支持，投资结构和投资规模就难以优化，经济效益就得不到保障和提高，资源配置就谈不上有效率。从中长期来看，只有把投资建立在消费市场的有效需求之上，才能有效拉动内需的扩大。消费的需求效应，是拉动经济增长的最终和最关键的动力源。我国的经济建设发展实践也充分证明，消费历来是经济增长的主导因素，消费每增长1个百分点，可以拉动GDP增长0.6%个百分点。②

3. 以现代产业结构带动经济增长

经济增长会伴随着产业结构的优化升级，产业结构的优化升级又会促进经济增长。世界经济的发展进程，同时也是产业结构演进的过程。产业结构的高度化和合理化程度，决定了一个国家经济所能达到的高度。产业

---

① 徐敏：《马克思消费理论及其对中国扩大消费需求的现实意义》，辽宁大学博士学位论文，2014年。

② 刘方械：《消费：经济增长的根本动力》，载《新财经》2006年第3期。

结构的变动、优化、升级往往与科学技术紧密结合，科学技术的发展水平又决定着产业结构及其发展所能达到的高度。中国自改革开放以来，经济持续快速增长，经济总量已超过日本，跃居世界第二。但是，中国依赖固定资产投资、低附加值出口维持经济增长的模式未有根本改变，高能耗、高污染、高排放产业在产业结构中仍占据过高比重，主导产业部门仍然以房地产、汽车为主，经济增长的潜力受到自然资源的严重制约。2008年国际金融危机后，全球经济遭遇沉重打击，以美国为首的发达国家金融体系受到严重冲击，同时也直接削弱了全球市场对中国出口产品的需求。在这种背景下，世界各国加快了产业结构调整的步伐，以求经济尽快走出阴影，走向复苏。如何在全球新一轮的产业结构调整中占据主动，找到适合中国国情的产业结构模式，确立能够带动经济持续增长的产业主导部门，是目前中国产业结构调整和经济发展中的主要问题。[①]

4. 依靠科技进步、劳动者素质提高和管理创新推动经济增长

党的十七大以及"十二五"规划均强调我国要积极推进经济增长向科技进步、劳动者素质提高和管理创新转变。首先，科技进步对经济发展具有至关重要的作用，尤其是我国已处于人均可支配收入超过1000美元的关键时期，科技创新带动的科技进步是保持长期持续健康发展的关键。因此，我国实现经济发展方式转变必须把科技进步置于中心环节，充分发挥科技创新对经济发展方式转变的支撑机制，以此助推经济结构的调整和深化制度创新。其次，要实现经济发展从注重量的扩张转变为注重质的提高，从依赖规模扩张转变为依靠效率提升，从投资驱动转变为创新驱动等目标，劳动者素质的提高以及技能人才的有效参与和支撑是关键。加快我国传统产业优化升级、发展高新技术产业和先进制造业，提高发展的质量和效益，促进我国关键行业和领域实现由"中国制造"向"中国创造"转变，都需要借助劳动者技能提升来体现和实现。[②] 再次，管理创新能够有效推动经济发展方式转变。经济发展方式是生产力和生产关系的有机结合，与各种社会关系、包含上层建筑领域的管理关系紧密相连。离开生产关系的生产力、离开上层建筑的经济基础都是不存在的，因此转变经济发展方式不可避免要牵动、触及生产关系、社会关系特别是政府行政管理关

---

① 郑晓：《产业结构与经济增长——中国战略性新兴产业发展问题研究》，中央党校博士学位论文，2012年。

② 王淑霞：《全面提高劳动者素质》，载《中国劳动关系学院学报》2014年第1期。

系的调整变化。①

三、转变经济发展方式的现实对策

党的十四届五中全会首次提出经济增长方式要从粗放型向集约型转变；十六届五中全会提出要形成低投入、低消耗、低排放和高效率的节约型增长方式；十七大把转变经济发展方式作为战略任务，强调从需求结构、产业结构、要素投入结构三个方面加以转变；十七届五中全会把转变经济发展方式作为主线，更加注重发展的全面性、协调性、可持续性；十八大再次强调转变经济发展方式，提出了要推进经济结构战略性调整、实施创新驱动发展战略的战略措施。在经济新常态下，我国要正视转变经济发展方式的迫切压力，采取各项应对措施，加快社会主义市场经济体系建设。

1. 推进资源和要素价格体系改革，健全资源和要素高效利用的激励机制

实现经济发展方式转变，需要克服过去主要靠增加物质资源投入推动经济增长的惯性。在市场经济条件下，价格机制的运用对资源配置是最灵敏有效的。我国资源和要素价格形成机制不完善，不能正确反映市场供求关系以及资源稀缺程度，在一定程度上刺激了对资源和要素的过度消耗。加快转变经济发展方式，必须坚持以市场为导向，规范竞争秩序，充分发挥市场在配置资源、优化结构、促进创新和提高效益上的决定性作用。逐步弱化价格管制和行政审批的功能，加快推进生产要素价格体制改革。建立能够反映资源稀缺性、市场供求状况和环境代价的资源价格体系。推进垄断行业改革，完善定价和监管机制。推广资源有偿开采制度。完善资本、土地、劳动力等要素市场。加强激励性、限制性和惩罚性制度建设，提高资源综合利用效率和环境质量。形成客观反映资源稀缺程度和市场供求关系的价格形成机制，尤其注重用严格的法规来规制企业开发利用资源的行为，将环境污染、生态破坏等负外部性内部化，从根本上解决资源浪费与低效利用问题，促进资源的优化配置，缓解资源供需的尖锐矛盾。②

---

① 尹华：《论政府管理创新与经济发展方式转变的关系》，载《长春师范学院学报（人文社会科学版）》2011年第7期。

② 汤吉军、陈俊龙：《经济发展方式转变障碍与制度创新》，载《学海》2011年第2期。

2. 综合运用财税等经济手段，引导市场主体自觉转变发展方式

财税体制改革不到位，不利于消除行政力量干预经济发展的利益动因，容易滋长市场保护和分割行为；政府管理经济长期偏重微观经济指标的审批，而对能耗、排放等涉及公共利益的行为规制不足，既不利于提高经济效率，又不利于鼓励资源节约和环境友好的生产和消费行为。应转变政府职能，减少政府对资源和生产要素配置的直接干预，加强公共服务职能。深化行政管理体制和投资体制改革。实行绿色财税政策，逐步把征税重点转向高消耗、高排放的生产、流通和消费环节，加大激励和惩罚力度。财税问题实质是公共资源配置体系与机制问题，财税体制改革对其他改革具有联动效应。在未来要更加突出科学发展的主题和加快转变经济发展方式的主线，加快构建有利于转变经济发展方式的财税体制，促进经济社会又好又快发展。一是加快省以下分税分级体制改革、构建地方税体系，以加快政府职能转变，消解产生地方基层财政困难、巨量隐性负债和"土地财政"短期行为等制度性原因，促进我国社会主义市场经济健康发展。二是加快直接税制建设步伐，缓解收入分配领域的矛盾凸显和负面影响，优化再分配机制和房地产调控机制，加快建立综合与分类相结合的个人所得税制度来加强"超额累进"调节机制；并完善房产保有、交易等环节税制，逐步扩大个人住房房产税改革试点范围，促进经济社会协调发展。三是加快资源税及相关配套改革，促使所有市场主体从自身经济利益出发，开发有利于节能降耗的工艺、技术与产品，以缓解我国资源、环境制约，促进节能降耗和可持续发展。①

3. 改进政府绩效考核体系，完善监督体系

过去偏重经济增长指标的绩效考核体系，使得一些地方片面追求经济增长速度和眼前利益，忽视资源环境成本和长远利益，忽视经济发展的质量和效益，加之缺乏有效的问责机制，因而难以抑制低水平的扩张和无序竞争，各种"形象工程"难以禁绝。应改变过去"唯 GDP 论英雄"的政绩考核机制，以及以经济总量和速度指标为中心的考核方法，防止急于求成和盲目无序发展的倾向。对政绩进行全方位综合考核，通过政绩考核评价机制的创新促进经济发展方式转变。综合考虑经济发展、社会和谐、环境保护等问题，既要将促进城乡就业增长、节约资源能源和保护环境等列

---

① 郭晗、任保平：《经济发展方式转变的路径依赖及其破解路径》，载《江苏社会科学》2013 年第 4 期。

入考核内容，也要研究规范这些指标的统计监测方法和考核办法，提高考核质量。同时，建立健全监督体系，实现对政府权力部门和决策机关的有效监督，强化责任追究，防止短期行为。为此，要做好四方面的转变：一是从过去侧重于考核物质指标，转向注重考核以人为本指标；二是从过去侧重于考核经济数量指标，转向注重考核经济运行质量和效益指标；三是从过去侧重于考核经济发展速度指标，转向注重考核经济社会事业协调发展指标；四是从过去侧重于考核近期利益指标，转向注重考核可持续发展指标。

在实施操作过程中，政绩考核评价主体要注意多元化。强化地方人大的审议和监督作用，使得地方政府官员不仅要对上负责，更要对下负责，加大群众对政府决策的参与力度和影响系数，从主体层面上转变经济发展方式；政绩考核评价要注意区域差异性。我国地域广大，各个地区的气候、经济发展条件、社会条件等差异很大，这就要求在对地方政府进行政绩考核评价时充分考虑各区域的具体情况，因地制宜，区别对待，使转变经济发展方式的过程更加合理和科学。①

4. 大力发展教育和科学技术

近现代史告诉我们，在经济增长和经济发展上领先的国家都是教育和科技领先的国家，很难找到经济领先而教育科技落后的例子。发达的经济是以先进的技术为基础的，而先进的技术是以先进的教育和科学为基础的，只有把经济增长转变到主要依靠技术进步而不是资源消耗，主要依靠知识和人力资本积累而不是物质资本积累和人力增加，我们才能真正转变经济发展方式，这就要求我们要大力发展教育，优先发展教育。第一要促进科技和教育制度创新，为改善供给和提高经济增长质量提供知识、技术和人才支持。第二要创新教育体制、优化教育结构、加大教育投入，使教育与经济发展结合起来，加快创新型人才的培养。第三要完善科技制度创新，鼓励在经济发展的关键技术领域和前沿技术领域进行研发和创新。在创新人才培育方面，要优化教育结构，改进教育模式，培育创新体系各方面所需要的多层次创新人才，充分调动各种创新人才的积极性，形成尊重人才、用好人才的制度和机制保障，为构建全面创新体系构筑坚实的人力资本基础。②

---

① 郭晗、任保平：《经济发展方式转变的路径依赖及其破解路径》，载《江苏社会科学》2013年第4期。

② 任保平、郭晗：《经济发展方式转变的创新驱动机制》，载《学术研究》2013年第2期。

5. 大力推进节能减排和环境保护

节能减排是落实科学发展观的重要标志，要运用经济手段、法律手段和必要的行政手段，把企业推到节能减排和环境保护的第一线。要严格责任考核和责任追究，充分运用价格杠杆推动节能减排，依法加大违法惩处力度。同时，要充分调动社会各方面力量共同推进节能减排，加强资源节约和环境保护的政策法规宣传，加快建立健全使用节能产品的鼓励和引导政策，大力倡导节能减排的生产生活模式，努力营造节能减排的良好社会氛围。节能减排的政策措施必须是多元化、综合性的，需要多种政策措施的综合运用，以建立政府主导、企业主体和全民参与的节能减排长效综合机制。政府应发挥其在节能减排中的主导地位和重要作用，要加强节能降耗管理，建立节能减排长效综合管理机制，坚持依法管理与政策激励相结合，重点做好规划指导，完善法规标准，制定相关推动政策，严格执法监督；企业应充分发挥其主体作用，积极开展节能降耗、污染治理，促进企业生产技术条件和管理水平的提高，增强企业发展后劲；呼唤全民参与节能减排行动，加大宣传教育力度，增强全民节约意识，普及有关资源节约的法律法规、方针、政策和标准规范，从改变居民的生活习惯做起。[1]

6. 倡导健康文明的消费方式

由于生产力的发展和消费主义文化的影响，我国正处于由生产型社会向消费型社会的转型过程中，如何规避消费异化、人的异化以及资源和环境危机，建立中国特色社会主义新型消费文化体系已经成为亟须解决的重大课题。从现代化目标和国际比较看，我国消费占 GDP 比重偏低，努力扩大内需是经济发展的长期战略，但要倡导健康文明的消费方式。我国人口众多、资源相对不足、环境承载能力较弱，从资源禀赋尤其是人均水平看，不具备奢侈消费的条件，从文明传统和社会主义荣辱观看，也不该接受不健康、不文明、不可持续的消费方式。因此，一方面要加大宣传，另一方面要运用正确有效的经济法律手段，矫正过于奢侈和浪费资源的消费。[2] 第一，要树立正确的消费价值观，引导人们逐渐由掠夺性消费向可持续性消费，由重视消费数量向重视消费质量，由注重物质享受向注重精神追求转型。第二，要具备合规律性与合目的性统一，人与人、人与自然

---

① 沙之杰：《低碳经济背景下的中国节能减排发展研究》，西南财经大学博士学位论文，2011 年。

② 张蕴萍：《转变经济发展方式的理论探索与现实对策》，载《山东社会科学》2009 年第11 期。

和谐统一，社会选择与个人选择统一，物质消费和精神消费统一的核心理念。第三，要把握好适度性、公正性、功利性、审美性、主体性等构建新型消费文化体系的基本原则。第四，加强中国特色社会主义消费文化的硬实力建设，应大力发展文化产业，积极造就高素质文化人才队伍，健全文化市场体系，加快城乡消费文化一体化发展，构建公共文化服务体系。第五，加强中国特色社会主义消费文化的软实力建设，应树立正确的消费观念：提倡低碳消费理念，尊重自然价值，理性对待技术。[1]

---

[1] 张召：《改革开放以来中国消费文化变迁研究》，北京交通大学博士学位论文，2013 年。